無料低額診療事業のすべて

役割・実践・実務

吉永 純・原 昌平・奥村晴彦／編著
近畿無料低額診療事業研究会

クリエイツかもがわ
CREATES KAMOGAWA

プロローグ

作・画　ありむら潜

ムム
ムリョーティガク
なんたらや
はっきり言え！
無料低額診療事業やろ
知っとるがな…
まだいる
ネットで読んだことあるわ で その世話になるにはどうしたらええねん？
苦しい〜
苦しいのはこっちや
オレは この際超くわしく知りたいんや 隠すなよ
世界の貧民を救いたいんや
言うから放せ！
モゾモゾ
これを読めばええんや
ソーシャルワーカーや病院関係者にも頼りになる虎の巻や
無料低額診療事業のすべて
クリエイツ
相談室
キャ〜 これ欲しかったのよ
オレのマドンナを喜ばせたくて持って行くとこや
あ、
コラッ
ヨーシ
みなさ〜ん このまま次のページをめくろう！
もう治ったんちがうか
スゴイ効果がある本やな
無料低額診療事業のすべて
クリエイツ

やさしくわかる無料低額診療事業

身体の具合が悪い。でも、お金がない。それどころか保険証がない――。そんなとき、医療を受けるには、どうしたらよいでしょうか。

日本は国民皆保険、つまり、国民みんなが何らかの公的医療保険に加入することが原則になっています。ですが、受診は無料ではありません。このため、経済的理由で医療にかかりにくい人は、まれではありません。日々の暮らしがギリギリで、医療費の自己負担分を払えない人。収入があっても借金返済を優先せざるをえない人。国民健康保険料の滞納が続いて、保険証の代わりに資格証明書が発行されて、医療費をいったん全額負担しないと受診できない人……。

そもそも公的医療保険に加入していない人もいます。ホームレス状態の人、短期滞在やオーバーステイの外国人、退職後や刑務所を出た後に保険の手続きをしていない人などです。

医療を受けずに我慢していたら、病状が悪化して、命を失うかもしれません。

生活保護を申請すればよい？　確かに、生活保護による医療扶助なら無料になります。けれども生活保護には収入や資産の要件があり、すべての人が要件を満たすわけではありません。申請しても、保護の開始決定まで、ある程度の日数がかかります。生活保護へのマイナスイメージから、利用をいやがる人もいます。

そんなふうに、いろいろな事情で医療を受けたくても受けられない人にとって、強い味方になりうるのが「無料低額診療事業」です。

文字通り、無料または低額の自己負担で診療を受けられます。社会福祉法で定められた第二種社会福祉事業の一つで、全国で600以上の病院・診療所が実施しています。

代表的なのは、済生会（社会福祉法人恩賜財団済生会）の病院・診療所です。もともと貧困者医療のために明治天皇が拠出したお金をもとに設立された団体だからです。

民医連（全日本民主医療機関連合会）に加盟する病院・診療所も、無差別平等の医療という理念に立って、多くが実施しています。

そのほか、社会福祉法人、財団法人、宗教法人などが運営する病院のなかにも、無料低額診療をやっているところがあります。

どれくらいお金に困っている人を対象にどれぐらい減免するかは、個々の医療機関によって違います。収入が生活保護基準の120％以下、あるいは150％以下といった基準をそれぞれ設けています。公的医療保険の加入者の自己負担分の減免に限っている医療機関もありますが、無保険の人の診療を引き受ける医療機関もあります。

実際に判断するのは、ソーシャルワーカーという福祉の専門職です。

無料低額診療を行う医療機関には必ずソーシャルワーカーが配置されていて、患者から生活の状況を聞いて相談に乗ります。可能な範囲で収入や資産の状況を示す資料を見せてもらい、無料や低額にできるかどうかを判断します。基準をきっちり満たさなくても、実情に応じて柔軟に対応することも多いようです。急ぐ病状の場合は先に診療をしてから、手続きすることもあります。

とはいえ、ずっと無料や低額というわけではありません。長くても半年か1年以内が一般的です。その間にソーシャルワーカーは、生活保護の利用、年金の受給、介護保険、障害者向け医療といった社会保障制度の利用を援助したり、住宅の確保や借金問題の解決を図ったりして、生活の再建を手助けするのです。

無料低額診療を実施した患者の割合が、厚生労働省の定める基準を満たした医療機関には、法人税や固定資産税が免除されるか安くなるというメリットが用意されています。ただし、医療機関を経営する法人の種類によっては、これらの税金が安くならないこともあります。

（原　昌平／大阪府立大学客員研究員）

はじめに――現代の貧困と無料低額診療事業

無料低額診療事業とは、生計困難な人が経済的理由によって必要な医療を受ける機会が制限されないように、無料または低額な料金で診療を受けられる制度である（社会福祉法第2条第3項に規定する第二種社会福祉事業、および法人税法施行規則第6条第4号。以下、無低診事業）。社会福祉法に基づく無低診事業は、実施医療機関に医療ソーシャルワーカー（以下、MSW）の常勤配置が義務づけられ、実施にあたってはMSWによる支援がセットとして提供されることが特長である。

1　無料低額診療事業の重要な役割

（1）貧困率の高止まりと医療保障の空洞化のなかで

周知のように、日本の貧困率は15・7％と高い水準で推移している（平成28年国民生活基礎調査）。これは6・4人に1人（人口で1944万人）が貧困状態にあることを示している。ここにいう貧困状態とは、一人暮らしで1か月の可処分所得が10万2000円未満の水準である。

日本は国民皆保険制度のもとに、市民への医療提供体制が一応は構築されている。しかし他方で、人身取引被害者、DV被害者、外国人、刑余者、ホームレスなど、社会保険を中心とする医療保障の網から漏れやすい新たな貧困層が増加している。加えて前述の貧困の拡大を背景に、高額ゆえの国民健康保険料の滞納、それを契機とした短期保険証や資格証明書の発行、さらに診療時の自己負担金を払えないための受診控えなど、貧困層の「国民健康保険からの排除」が恒常化している。

また最後のセーフティネットである生活保護においても、保護基準の引き下げや運用の締めつけによる「生活保護からの排除」が顕著になっている。

このように、貧困率の高止まりのもとで医療制度から排除される層が増大している。これらの層の医療を受ける権利を保障し医療保障を補完する制度が無低診事業であり、今日その意義はますます重要となっている。

(2) MSWという人的支援がセットとなった医療制度

無低診事業の対象者は医療保障の網からもれた人たちで、さまざまな生活上の困難を抱えている場合が大半である。そのような対象者に対して単に診療時の自己負担金を減免するだけでは、生活問題の解決にはつながらない。生活困難の原因を軽減除去するためには、当事者に寄り添ったMSWの支援が欠かせない。

無低診事業が「ソーシャルワーカーの支援つき福祉医療制度」であることは、この事業が生活問題解決のための有力な人的手段をもっていることを意味している。

2 無料低額診療事業を広げるために

無低診事業は、その重要な役割に比して市民の認知度は低く、利用者も少ない。その原因として次のような点が考えられる。

第1に、無低診事業を実施している医療機関が少ないことである（医療機関総数の0・4％程度）。

第2に、無低診事業と実施医療機関に関する自治体の広報が決定的に不足していることである。

第3に、無低診事業による医療費の減免率などが各医療機関の裁量に任されているため、市民にとって、どれくらいの負担で受診できるかがわかりにくいことである。

第4は、その原因でもあるが、無低診事業を行う医療機関に対する国、自治体の優遇措置にある。すなわち、減免分を直接補填するのではなく、税制による間接的な優遇にとどまり、さらにその内容が医療機関を運営する法人によっても異なる。無料低額診療事業は医療機関にとってわかりにくい。このような理由によって、医療機関によっては目先の採算ベースから、「負担増」「持ち出し増」となる事業として捉えがちになる。

本書は、このような課題をどのようにして乗り越えるのかをさまざまな実践例を踏まえて検討するとともに、無低診事業の発展方向を提言するものである。

3　本書の特色と構成

(一)　本書の特色

無低診事業については、これまで部分的に紹介されることはあっても、その意義や役割、制度や実績を明らかにし、その全体像を一冊にまとめた書籍はなかった。

本書は近畿無料低額診療事業研究会のこれまで3年余りの研究を踏まえ、本書一冊で無低診事業の全体像がわかる決定版的な書籍として発刊するものである。
また、無低診事業に関する国の通知のほか、法人税や固定資産税など税金の免除の適用一覧など必要な資料や情報を掲載した。さらに利用者の便宜を図るため、全国における最新の無低診事業実施医療機関名を示した。

(2) 本書の構成

本書はまず、医療を受けるのに困った市民がどのような場合に無低診事業を利用できるのか、市民の立場から見たマンガとわかりやすいガイドを示した。

第1部は無低診事業の意義・歴史編である。第1章「医療保障と無料低額診療事業の役割」では、今日における貧困の拡大と一方での医療保障の後退ともいえる状況のもとで、無低診事業の意義と役割を、日本における医療保障全体のなかで整理し、マクロ的に記述する。また第3章「無料低額診療事業の歴史」では、生活困窮者への医療をどのように保障していくかという医療史の重要な一側面ともいえる無低診事業の歴史を概観し、生活困窮者への医療としての同事業の意義を改めて確認する。

第2部の実践編では、医療を必要とするさまざまな現場で無低診事業がどのように役立っているか、またいかなる課題があるかを浮き彫りにする。これらにより、現在の医療制度で「漏れ」が起きやすい領域が具体的に明らかになるとともに、MSWや支援者の目から見た無低診事業の課題が指摘される。具体的には、病院の現場、薬局、歯科、外国人、ホームレス、難民、DV、老人保健施設、医療生協などにおける無低診事業の役割と課題を、実践レポートによって明らかにする。長い歴史をもつ済生会における位置づけも伝える。

第3部は制度・実務編である。第15章「無料低額診療事業の現状と課題」で、複雑な無低診事業の実施要件としくみ、国の政策動向などを紹介し、無低診事業が近年着実に広がっていることを確認する。第16章「こうすればできる無料低額診療事業」では、医療機関が無料低額診療事業を実施する際のノウハウについて示す。無低診事業の届出事項、無低診事業を導入した場合の事務作業、税制面のメリットを紹介する。

そして第4部に、近畿無料低額診療事業研究会の3年にわたる研究成果をまとめた提言を掲載する。これは、本書の趣旨をコンパクトにまとめた基本的な文書と位置づけられるものである。

資料編では、無低診事業に関する関係通知や必要な資料などを収録する。また、現時点で無低診事業を実施している全国の医療機関を一覧で紹介する。実施医療機関はまだまだ少数ではあるが、その利用は、実施医療機関がどこにあるかを知ることから始まる。この意味で、生活に困窮して医療機関の受診を逡巡している市民や支援者にすぐに役に立つ資料といえる。

本書をきっかけにして、生活困窮のために受診をあきらめている人が無低診事業の活用で1人でも多く医療を受け、また無低診事業を実施する医療機関が1か所でも増えることを願ってやまない。

2019年9月

吉永　純

（近畿無料低額診療事業研究会／花園大学）

無料低額診療事業のすべて——役割・実践・実務◉もくじ

第3部　無料低額診療事業の制度・実務

第15章　無料低額診療事業の現状と課題……168

第16章　こうすればできる無料低額診療事業——実務ガイド……200

第4部　無料低額診療事業の改善・充実・発展のための提言
――すべての人々に漏れなく医療を保障するために

資料

第1部

無料低額診療事業の意義と歴史

第1章 医療保障と無料低額診療の役割

日本に住んでいる人は、何らかの公的医療保険に加入することが原則になっている（国民皆保険）。そして保険証があれば、別途の手続きをしなくても、希望する医療機関を選んで受診できるのが原則になっている（フリーアクセス）。この2点により、医療を利用しやすいことが日本の医療制度の特徴であり、栄養状態や公衆衛生の向上と相まって、長寿をはじめ、世界的に見ても良好な状況を実現してきた。

しかしながら、現在の医療保障が万全で、すべての人々の生命と健康が、可能な限り守られているかというと、そうは言えない。制度からの「漏れ」があちこちにある。

とりわけ1990年代後半以降、経済成長の停滞と格差の拡大に伴って貧困層が増える一方で、社会保障が抑制され、公的医療保険の自己負担が引き上げられてきた。生活保護も、利用しやすい制度にはなっていない。それらの結果、必要な医療の利用が妨げられる事態が生じており、経済的理由による受診の遅れで死亡に至るケースもある。

そうした状況に対処する現実的な手段の一つが、無料低額診療である。

1　日本の医療保障のしくみ

日本の社会保障は、社会保険方式が中心になっている。そのうち医療分野の公的保険は、職業・働き方・年齢層によって、いくつもの制度に分かれている。

職域の健康保険のうち、大企業グループの労働者や役員はそれぞれの「健康保険組合」に、中小事業所の労働者や役員は全国一本の「協会けんぽ」（全国健康保険協会が運営）に加入する。船員保険、日雇健保も全国健康保険協会が運営している。公務員、私学職員はそれぞれ共済組合に加入する。

これら職域の保険では、保険料は労働者の賃金水準に応じて決まり、労働者と事業主が折半して負担する。労働者の負担分は給与から天引きされる。また職域の保険には扶養家族のしくみがあり、家族分の保険料はかからない。

建設、理美容など一部の業種の個人事業者や、医師、薬剤師、弁護士など一部の専門職は、国民健康保険組合をつくっている（従業員、その家族も加入できる）。

一方、年齢で線引きするのが後期高齢者医療制度で、職業を問わず、75歳以上の全員と65歳以上で一定の障害のある人は、この制度に加入する。後期高齢者医療は、市区町村が都道府県単位で広域連合をつくって運営する。

生活保護の世帯は、職域の保険に入っている場合を除いて、公的医療保険から外れ、医療扶助によって医療を受ける。

2　自治体国保が医療保障の安全ネットのはず

以上のどれにもあてはまらない人は、自治体の国民健康保険に加入する（2018年度から市区町村と都道府県の共同運営となった）。具体的には、個人経営の農林水産業、自営業者、労働日数や労働時間が短いパート・アルバイト、5人未満の個人事業所の労働者、5人以上でも社会保険が任意適用の業種（飲食・サービス業など）の個人事業所で働く労働者、無職の人などである。

制度的には一応、すべての人に医療保障が提供されるよう、自治体国保がすくい上げる形になっている。

なお、労働者の業務災害（職業病を含む）と通勤災害は、公的医療保険ではなく、労災保険による給付の対象になる。このほか、障害者、難病、子どもの慢性の病気、公害・薬害・原爆の被害者、一部の感染症などには、医療費の公費負担制度がある。自治体の施策として子ども、ひとり親世帯、障害者、高齢者などへの医療費助成も行われている。

3　医療保障からこぼれ落ちる人々

国民皆保険と生活保護があれば、すべての人がカバーされるように見える。

しかし、医療保険制度が複雑に分かれていることも一因になり、現実には、医療保障からこぼれ落ちている人たちが少なからず存在する。

もともと医療保険制度の加入対象から外されている場合、加入すべき医療保険に加入できていない場合、医療保険に加入していても実質的に使えない場合、医療保険は利用できるけれど自己負担が経済的に苦しい場合などである。

(1) ホームレス状態の人々

路上生活だけでなく、宿泊施設やネットカフェ、深夜営業店を泊まり歩いている人、知人宅を転々としている人を含め、広義のホームレス状態の人々は、無保険になっていることが多い。

自治体の国保は、市区町村内に住所がある人を加入対象としている。住民登録は多くの自治体で、定まった住居または施設でなければ、受け付けない運用がなされている。このため、住所不定の人は国保に入れない。

生活保護に関しては、ホームレス状態であっても本人が希望すれば、その人がいる現在地の市区町村で申請できる。ただし後述するように、生活保護には別のハードルがある。

(2) 短期滞在やオーバーステイの外国人

外国人でも、雇われていて常用労働者などにあたる場合は、職域の医療保険に加入する。それ以外でも3か月を超える在留資格なら、住民登録して国保に加入する必要がある。

これに対し、3か月以内の短期在留資格、オーバーステイ、難民認定申請中の場合は、公的医療保険に入れない。海外旅行保険に入っているか、母国の医療保険を使えればいいが、そうでなければ無保険状態になる。

生活保護はどうか。難民条約により、国籍を理由とした社会保障制度上の差別は許されないが、厚生労働省は、外国人に生活保護法を適用せず、1954年の旧厚生省社会局長通知にもとづく行政措置として、法による取り扱いに準じて必要な保護を行うとしている。

そして、生活保護の対象になりうる外国人を、原則として次のように限定している。それ以外は利用できない。

①永住者（無期限の在留許可）
②日本人の配偶者・子・特別養子である者
③永住者・特別永住者の配偶者、日本で生まれて引き続き在留している子
④定住者（定住難民、日系2世・3世、中国残留邦人の配偶者や子など）
⑤特別永住者（歴史的な経緯で日本にいる韓国・朝鮮籍の人など）
⑥難民認定者

(3) 保険の加入手続きをしていない人

国民皆保険とは「加入できますよ、加入しなさいよ」というレベルのもので、未加入の人を自動加入させたり積極的に探し出して強制加入させたりするわけではない。自治体の国保も、手続きをしないと入れない。

このため、退職して職域の医療保険の資格を失った人、以前の職域の保険を任意継続にしたあと保険料が未納になった人、刑務所から出てきて勤め先や家族のない人、外国滞在から帰国した人、来日した外国人も、国保の加入手続きをしないと無保険になる。

（4）無戸籍、無保険の人

出生のいきさつや親によるネグレクトなどの事情から、無戸籍や無国籍の人が相当数、存在する。多くの場合、手順を踏めば、住民登録と国保加入は可能ではあるが、その手続きもされていないことがある。

（5）DV被害で避難中の人

配偶者間暴力（DV）で別の所へ逃げているとき、保険証を使うと加害者の照会などで居所がわかってしまう可能性がある。裁判所の保護命令が出るか、自治体でDV相談の証明を得れば、逃げている配偶者と子だけで、新たに国保に加入することができ、あわせて自治体で公的個人情報の非開示措置を取れる。しかし、そうした手続きに至る前だと、保険証で受診できない状況が生じることがある。

（6）人身取引被害者、虐待被害者など

人身取引とは、搾取の目的で、暴力、脅迫、誘拐、詐欺、権力乱用などの手段を用いたり、弱い立場に乗じて支配下に置いたりして、人の獲得・輸送・引き渡しなどの行為をすることをいう。搾取の目的には、強制的な労働や売春、性的搾取、奴隷化、臓器摘出などが含まれる（国際組織犯罪防止条約に基づく人身取引議定書）。日本でも毎年、数十件の人身取引事犯を警察が検挙している。警察庁によると、被害者は未成年者や外国人を含めて女性が多い。被害者が自力で逃げ出すこともあるが、恐怖におびえ、心理的なパワーレス状態になっている場合もあり、すぐに警察に駆け込めるとは限らない。病気やけがをしていても、医療保険やお金がない。

児童虐待を含めた家庭内の暴力や支配、各種施設での不当な扱いから逃げ出したときも、似た状況になる。

(7) 国保料滞納による保険証取り上げ

保険に加入していても、保険証を使えない人たちがいる。国民健康保険料の滞納で保険証を取り上げられた場合である。職域の健康保険なら保険料は給与からの天引き、後期高齢者医療の保険料も年金からの天引きが原則なので、滞納はあまり生じないが、国保料(市町村によっては国保税)は自分で納める必要がある。

しかも自治体の国保料は、中低所得層にとって、たいへん高い。所得割や資産割だけでなく、世帯単位でかかる「平等割」や、被保険者の人数分だけかかる「均等割」という人頭税のような方式が組み込まれているからである。たとえば大阪市の場合、40代の夫婦と子ども2人で給与収入が年300万円の低所得世帯でも、国保料と介護保険料を合わせて年間36万6000円ほど、月あたり3万円余りになる(2019年度、所得割と均等割には2割軽減を適用)。

そうしたことから、滞納が起きやすい。

自治体の国保で、一部でも滞納のある世帯の割合は、以前より減ったものの、2018年6月1日時点で14・5%(267万世帯)にのぼる(厚生労働省「平成29年度国民健康保険(市町村)の財政状況について=速報」)。

納期限までに国保料を納めないと督促状が届く。それでも滞納が続くと短期保険証(6か月期限など)に切り替えられる。そのあと特別の事情がないのに滞納が1年を超すと、保険証に代えて、被保険者資格証明書が交付される。資格証明書になると医療機関の窓口で医療費の全額をいったん負担しないといけない。後から市区町村に請求すれば、数か月後に保険給付分が払い戻されるものの、実質的に無保険状態になる。滞納が1年半を過ぎると、保険料を納めない限り、後からの保険給付も行われない(または滞納分を差し引いて給付)。

2018年6月時点で、国保の短期保険証は75万世帯、資格証明書は17万世帯あった。

なお、高校生の年代以下の子どもと、病気・けが・失業・災害といった事情があるときは、資格証明書への切り替えは行われない。

(8) 経済的に苦しくて自己負担分を払えない人

有効な保険証があっても、お金に困っていて、自己負担分を払えない人たちもいる。

低所得層のなかには、収入が生活保護基準を下回るのに、保護を利用していない世帯が少なくない。また、保護基準を少し上回る程度の収入がある世帯は、保護世帯と違って社会制度上の負担軽減が少ないため、暮らしの実情は、生活保護世帯より厳しいことが多い。

収入がそれなりにある場合でも、たとえば借金を抱えていたら、その返済を優先せざるをえず、医療費の自己負担分を支払う余裕がなくなることがある。失業などで収入が減ったときも、苦しい。

4 所得水準の低下

以上のように、医療保障からのこぼれ落ちは多様であり、その規模も小さくない。

大きな要因の一つは、所得水準の低下と貧困の広がりである。このごろ、政府の公式な統計調査が必ずしも信用できなくなり、困ったことだが、厚労省による「国民生活基礎調査」で、所得水準の動向を見てみよう。

1人あたりの所得水準を見るときは、公的給付を含めた世帯の収入から直接税と社会保険料を差し引いた「可処分所得」を計算したうえで、それを世帯人数の平方根で割った「等価可処分所得」を目安にすることが多い。

世帯人数の平方根で割るのは、多人数世帯ほど生活コストが効率的になるためで、単身化の進行など世帯人数の変化の影響をなるべく取り除いて比較できる。

3年ごとの大規模調査のデータを見ると、等価可処分所得の平均値は、調査対象全体で見て1997年に339・0万円だったが、2015年には283・7万円まで減った（図1）。

世帯類型別に変化を見ると、母子世帯は133・3万円→137・5万円と微増だが、高齢者世帯は239・5万円→216・2万円、児童のいる世帯は312・5万円→279・1万円と減少した。全体として所得水準が低下したのは、高齢者が増えたせいだけではなく、一般的な世帯の所得水準も下がったためであることがわかる。

5　貧困層・低所得層の拡大

分布に偏りのあるデータは、中央値も見たほうがよい。図1のように、等価可処分所得の中央値（名目）は1997

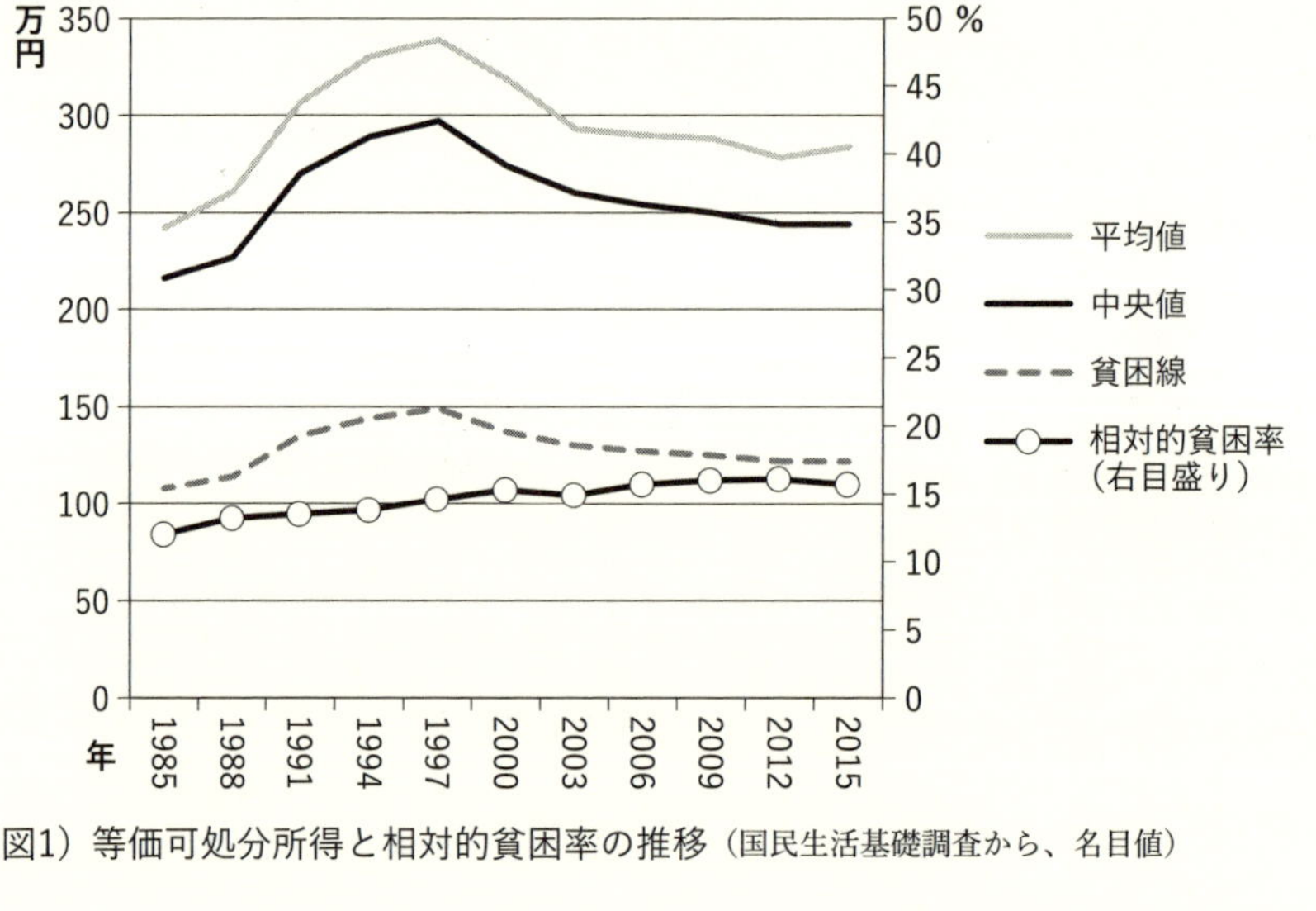

図1）等価可処分所得と相対的貧困率の推移（国民生活基礎調査から、名目値）

年の297万円をピークに低下傾向が続き、2015年は244万円となった。中央値の半分にあたる貧困線は149万円から122万円になり、それ以下で暮らす人々の割合を示す相対的貧困率は、14・6%から15・7%となった。

この相対的貧困率が貧困の指標として、しばしば使われるが、全体的に貧しくなり、貧困線が下がってきた状況で、相対的貧困率だけで議論するのは適切ではない。

そこで、明らかな貧困層にあたる等価可処分所得120万円未満の人の割合を見ると、1997年に9・5%だったのが、2015年は15・0%に増えた。子どもがいる現役世帯に限っても、7・6%だったのが12・5%になった（いずれも2012年から2015年にかけて少し改善）。少し上の階層を含めた低所得層として180万円未満の人の割合を見ても、1997年の20・9%から、2015年は31・0%に増えた（図2）。

この間、年平均の消費者物価指数（総合）は、1997年の99・5から、2015年は100と少し上昇しており、同じ金額の貨幣価値はわずかながら下がっている。

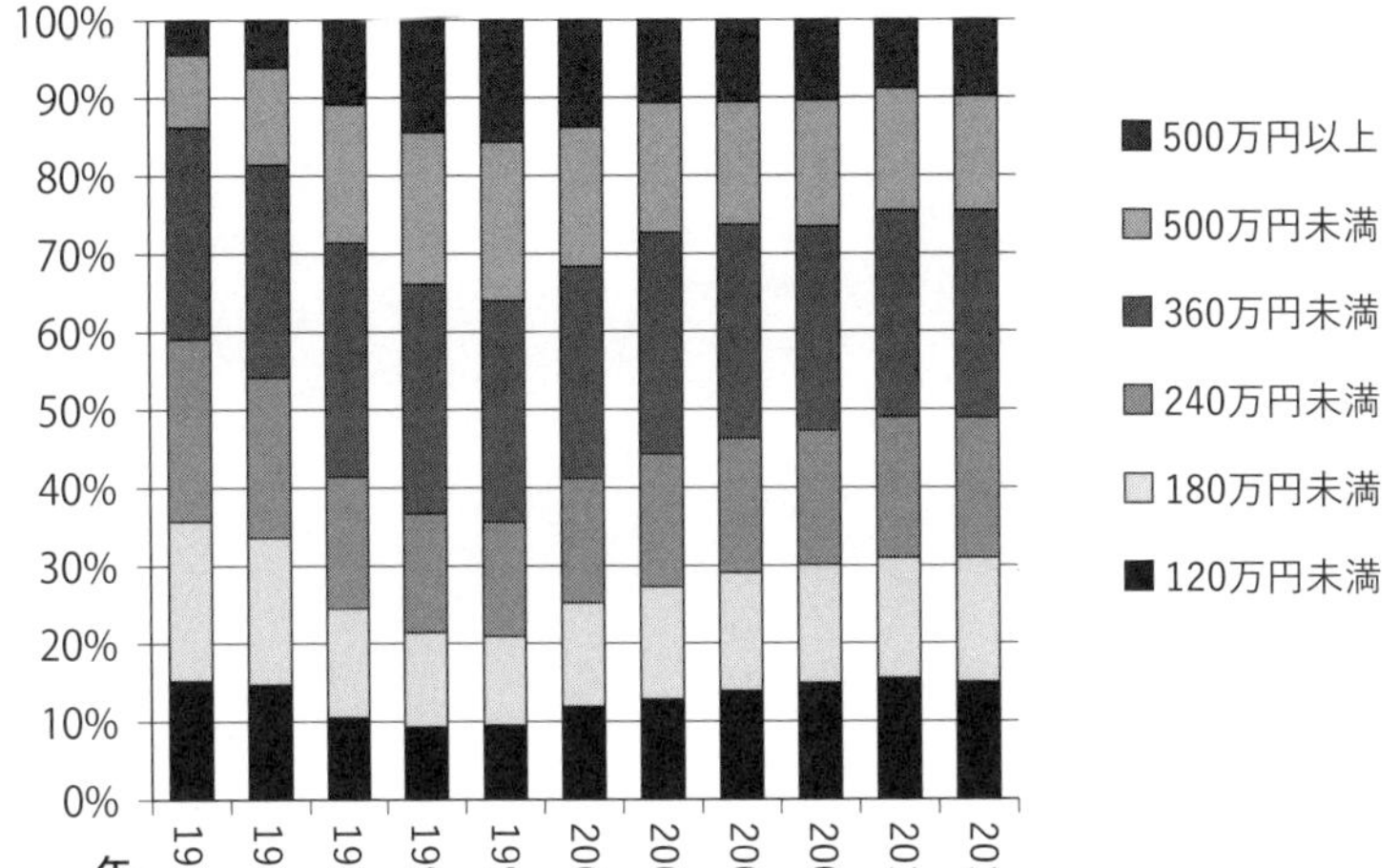

図2）等価可処分所得の相対分布（国民生活基礎調査から）

図2のグラフから、絶対的な所得水準で見た貧困層・低所得層が、大幅に増えたことがわかる。その上の中間層が縮小してきたこともわかる。

貧困層・低所得層が拡大した背景としては、非正規雇用の増加、正規雇用を含めた賃金水準の低下、低年金の高齢者の増加、離婚の増加などが挙げられる。

税金や社会保険料の負担が増えて、可処分所得が減った影響もあるだろう。

6　上昇してきた医療費の自己負担

もう一つの経済的な問題は、医療費の自己負担のアップである。

国民皆保険が実現した1961年4月時点では、被用者保険の本人の負担は「外来1回100円以内、入院1日30円」という上限つきの定額制だった。当時の物価水準（現在の5分の1）を考えても、安い。一方、扶養家族は5割負担。国保も5割負担だった。

高度成長期に入り、国保の負担は3割に下がる。「福祉元年」と呼ばれた1973年1月には、70歳以上の老人医療が国レベルで無料化され、被用者家族の負担も3割に下がった。月あたりの負担上限を定める高額療養費制度も新設された。

しかし80年代に入ると、厚労省幹部が「医療亡国論」を唱えるなど、医療費抑制が叫ばれ、しだいに負担が増えていく。被用者本人は1984年10月から1割負担、1997年9月から2割負担になった。2003年4月からは保険の種類や本人・家族の別、外来・入院の別に関係なく、3～69歳は3割負担になった。

70歳以上の高齢者は、1983年1月から老人保健制度による定額負担、2001年1月からは1割の定率負担に変わった。70歳以上でも現役並み所得の人の負担は2002年10月から2割、2006年10月から3割になった。2014年4月からは70～74歳の中低所得の高齢者の負担が原則2割に引き上げられた。

一方、少子化対策で2002年10月から2歳以下の子どもの負担が2割に下がり、2008年4月からは小学校入学前まで2割になった。

今では3割負担が普通のように感じている人が多いが、被用者本人が3割になってから、まだ20年もたっていないのである。

7 経済的理由による受診抑制

少し前の調査だが、NPO法人日本医療政策機構が2008年に実施した全国調査（有効回答926人）では、過去12か月以内に経済的理由で医療を受けることを控えることがあったかどうかを尋ねた。そのうえで、低所得・低資産層（年間世帯収入300万円未満かつ金融資産300万円未満）、中所得層、高所得・高資産層（年間800万円以上かつ金融資産2000万円以上）の3グループに分けて集計した。

「具合が悪いのに医療機関に行かなかったことがある」と答えた人は、低所得層で39％、中間層で29％、高所得層で18％と、明らかな差が見られた。「薬を処方してもらわなかったことがある」は、低所得・低資産層で16％、中所得層で11％、高所得・高資産層は2％だった（日本医療政策機構「日本の医療に関する2008年世論調査」）。

調子が悪いのに医療にかからなければ、病状が悪化して重症になるおそれがある。重症になってから受診すると、かえって医療費もかさむ可能性がある。場合によっては手遅れになって命を失う事態も起きる（民医連による手遅れ死亡例の調査参照。39頁）。

8　生活保護にはさまざまなハードル

では、医療保険に加入してない人や経済的に苦しい人が、医療にかかるには、どういう方法があるのか。すぐに多くの人が思い浮かべるのは、生活保護制度だろう。

確かに生活保護なら、自己負担なしで医療を受けられる。とはいえ、誰でも生活保護を利用できるわけではない。まず、収入や資産の制度要件がある。

基本的には、月収の見込み額が、生活保護基準額（医療費の見込みを含む）を下回らなければ、保護開始にならない。手持ちの現金・預金も収入認定され、それを含めて1か月分を下回ることが、保護の要否判定の原則になっている。この資産要件は厳しいものだ。

そのうえ、2013年8月から生活扶助基準の引き下げ、2015年7月から住宅扶助限度額の引き下げが行われ、2018年10月から生活扶助基準のさらなる引き下げが進められている。保護基準額が下がるほど、利用できる世帯は少なくなる。

持ち家は、資産価値がよほど大きくない限り、住み続けることができる。自動車は通勤・通院などに欠かせなければ保有可能とされるが、実際には、なかなか認められない。クルマを手放して日常生活の不便に耐えるか、生活保護を利用せずに経済的窮乏に耐えるかという苦しい選択になることも多い。

また生活保護を申請すると、援助の可能性がありそうな親族に対する扶養意思の照会が行われる。それがイヤで、生活保護を申請しない人も多い。

さらに福祉事務所によっては、相談や申請に来た人の尊厳を傷つける職員の言葉や態度、申請させずに相談だけで追い返す「水際作戦」、生活保護になりうるのに生活困窮者自立支援にとどめる「沖合作戦」など、不当な対応もなくなっていない。そのうえ、一部メディアによるバッシングの影響が大きく、生活保護に対してマイナスイメージや恥の意識をもち、拒否する人も少なくない。

なお、ホームレス状態や生活困窮状態にある人が救急搬送されて入院した場合は、収入や資産などの調査を後回しにして、職権による緊急保護が行われる（生活保護の対象にならない在留資格の外国人を除く）。

9　国保法44条などによる自己負担の申請減免

お金に困っている人が医療を受ける方法としては、医療費の自己負担分（一部負担金）の免除・減額・猶予という方法もある。

被用者の健康保険や共済組合の場合、一部負担金の減免・猶予は、震災・風水害・火災などの災害で財産に著しい損害を受けた場合に限定されている。

一方、国民健康保険法44条は「特別の理由がある被保険者」について、市区町村の判断による減額・免除・猶予を認めている。

厚労省保険局長の通知によると、世帯主について、①災害による死亡・障害または資産の重大な損害、②不作、不漁などによる収入減少、③事業・業務の休廃止、失業などによる収入の著しい減少、④上記に類する事由――が生じたときは、減免・猶予した額に応じて、国が市区町村に特別調整交付金を支給する。

より具体的には、収入が生活保護基準の1・1倍以下、預貯金が生活保護基準の3か月分以下になった世帯について、6か月以内は負担を猶予し、入院には負担の減免を適用するとしている。保険料を滞納しているときでも適用を受けられる。この基準は最低ラインで、それより広い範囲を市区町村が独自に減免対象にしてもかまわない。

後期高齢者医療制度でも、都道府県ごとにある広域連合の判断で一部負担金の減免や猶予ができ、国から特別調整交付金が交付される。

しかし実際には、ほとんどの市区町村は、災害または収入が急減した場合しか、猶予や減免の対象にしていない。また、自分から申請しないと減免されないのに、制度の広報周知が十分ではない。

一方、大阪府の東大阪市、八尾市は独自の基準を定め、一定の基準を下回る低所得世帯(ふだんからの低所得世帯)にも減免制度を適用しているが、国保の財政運営が2018年度から都道府県単位になった関係で、しだいに縮小に向かう可能性がある。

10　行旅《こうりょ》病人及び行旅死亡人取扱法

1890(明治23)年制定の古い法律で、自力で歩けない程度の「行き倒れ」の人について、市区町村が救護するよう定めている。医療などの費用は、後から本人または扶養義務者に請求するが、回収困難なら公費負担となる（国が4分の3を負担）。

ただし対象は旅行者に限られ、病気や衰弱の程度がひどい場合しか使えない。

緊急の生活保護もそうだが、すでに危機的な状態に陥った人を対象にした法制度であり、病状の悪化や生命の危険を未然に防ぐものではない。

11 暫定的な手当てとしての無料低額診療

以上のように見てくると、無料低額診療事業によるカバーが期待されるのは、大別して二つの領域である。一つは、ホームレス、外国人、DV被害のように、医療保障制度の創設時に想定されていなかった「谷間」的な領域である。もう一つは、保険料の滞納や借金がある場合を含めて経済的に苦しく、かといって生活保護をすぐに利用できないケースである。

どちらの場合でも、さしあたり医療を提供して、必要な診断を行い、病状の悪化や生命の危険を防ぐという意味で、無料低額診療の役割は大きい。

また、制度そのものの適用と違い、無料低額診療事業を行う医療機関の裁量によって、個別の事情に応じた柔軟な対応ができることも価値がある。

とはいえ、無料低額診療は、医療保障からこぼれ落ちた人々に対する暫定的な手当てであり、それだけで問題が解決するわけではない。

大切なのは、そこから安定した医療保障制度につなげること、医療費の負担軽減や公的給付の獲得、借金整理などによって生活の安定を図ることである。その意味で、無料低額診療においては、ソーシャルワークこそが本質的に重要な意味をもっている。

12　生活困窮者自立支援と組み合わせよう

生活に困っている人を、生活保護が必要になる前に予防的に支援するしくみとして「生活困窮者自立支援法」が2013年末に成立し、2015年度から施行された。

縦割りではなく包括的に相談を受け、寄り添って生活を立て直すプランを立てる自立相談支援事業に加え、就労準備支援、就労訓練、学習支援、家計相談支援、一時生活支援などの事業が、市区町村またはその委託先によって行われている。

しかしながら、この法律独自の給付制度は、離職に伴って住居を失った人または住居喪失のおそれのある人に家賃相当額を支給する住居確保給付金（原則3か月、最長9か月）ぐらいである。それ以外は人による支援と、ほかの制度や社会資源の活用になり、利用できるツールが乏しい。

医療の受診は、生活困窮者で必要とする人が多いのに、それに対応する制度がない。無料低額診療事業を活用するように明記されているわけでもない。

生活保護より少し上の低所得層は、無料低額診療事業の対象者と重なる。であれば、両者を組み合わせてはどうだろうか。

たとえば「生活困窮者医療」として一定期間、無料または低額の自己負担で医療を受けられるようにする。

すべての医療機関を対象に、負担減免分の全部または一部を生活困窮者自立支援法で支出する方法もあるし、無料低額診療を行う医療機関に限る方法もある。

重症にならないうちに医療を受けてもらい、病気の進行を食い止め、回復を図る。それは、生活困窮者自立支援法の趣旨とぴったり合うのではないか。

13 自己負担そのものを問い直す

無料低額診療は、あくまでも暫定的な対応のしくみであり、そこから安定した医療保障につなぐ必要がある。であれば、医療保障制度自体のあり方も問い直すべきだろう。

低所得の人にとって、通常の3割という自己負担は重く、医療へのアクセスを妨げかねない。そこを解決する一つの方法は、所得水準に応じて自己負担割合を定める方式である。

すでに70歳以上の医療には、所得階層別の負担割合が導入されている。高額療養費制度による負担上限額も所得階層別になっている。介護保険制度や、障害者の自立支援医療、障害福祉サービスも、所得階層区分に応じた負担割合・負担上限額になっている。

障害福祉サービスの場合、かつて障害者自立支援法がつくられた際に「応益負担」として定率の自己負担が導入されたとき、障害の当事者から「生きていることに金をとるのか」と強い反発が出た。それを踏まえ、現在の障害者総合支援法では低所得者の負担が軽減されている。

医療についても、通常3割という高い自己負担は、生きること自体のコストを患者から徴収しているようなもので、経済力によって生存可能性、病状が改善する可能性に差をつけているとも言える。

そういう視点から、より大胆に考えるなら、すべての人の自己負担を1割程度に下げるか無料にする政策もありうる。相当な財源の確保が必要だが、よく考えると、公的医療保険の対象になる医療は、生存に必要な手段、または不快な状態を減らす手段である。利用した人が利益を得るわけではない。イギリスやイタリアのように、公的医療保険の利用に自己負担がない国も存在する。医療費の自己負担を根本的に見直す議論もあっていい。

（原　昌平／大阪府立大学客員研究員）

第2章 「経済的事由による手遅れ死亡事例調査」から

歴代政府による医療費抑制政策のもと、1984年の国民健康保険法「改正」以降、国民健康保険（国保）は国庫負担が減らされ、国保加入者の保険料（税）負担は非常に重くなった。国保保険料（税）の滞納世帯が増え、制裁措置として差し押えなどの処分や、有効期限1～12か月の短期保険証交付が行われるようになり、1986年には1年以上保険料（税）を滞納すると保険証返還を命ずることができると法改正された。

さらに2000年には、1年以上の保険料滞納により、保険証返還と、受診時に医療機関の窓口でいったん10割全額を支払わなければならない資格証明書の発行が義務づけられた。そのために、国民皆保険制度といわれながら、実質的な無保険状態におかれた人が医療を受ける機会を奪われ、尊いいのちを落とす事例が次々と報告されるようになった。

全日本民主医療機関連合会（全日本民医連）は、2005年から国保等経済的事由による手遅れ死亡事例調査を実施し、記者会見などを行って、こうした受療権侵害の実態を社会に広く訴えてきた。この「手遅れ死亡事例調査」の事例を通して、経済的な困難によって受療権が侵害されている実態や、手遅れ死亡を防ぐための課題を考えたい。

1　「社会的につくり出された早すぎる死」「救えたはずのいのち」

2005年の調査開始以来、毎年、全日本民医連加盟事業所から、①国保税(料)の滞納などによる無保険もしくは資格証明書、短期保険証発行のために病状が悪化し、死亡に至ったと考えられる事例、もしくは②正規保険証を所持しながらも、経済的事由により受診が遅れ死亡に至ったと考えられる事例を集約してきた。2018年末までに全国の民医連事業所から寄せられた「経済的事由による手遅れ死亡事例」は延べ707件にのぼる(2005年~2018年実施分の総計)。

これらは、国の医療費政策によって、国保料(税)を払えなくなったり、あるいは窓口負担の支払いが心配で病院に行けなかったりしたためにいのちを奪われた、「社会的につくり出された早すぎる死」といえる。お金のあるなしで、いのちに格差をつけてはならない。経済的な心配をせずにもっと早く医療機関に受診できていれば「救えたはずのいのち」である。

以下、2017年の調査で報告された事例を紹介する。

2　経済的困難の背景にある複合的な困難——事例から見えること①

事例は、地域の人たちの複合的な困難の実態を浮き彫りにした。経済的な困難の背景に、高齢者の独居や高齢者のみの世帯、ひとり親家庭、要介護者や障害者と暮らす家族などが抱える医療・介護の問題や、低年金、生活保護の捕捉率の低さ、住宅問題などが複合的に絡み合っている場合が少なくない。地域で孤立していると社会保障や福祉の制度の知識や情報も得にくく、利用可能な制度へのアクセスも難しくなる。

次の3つの事例は、いずれも経済的な困難を理由に受診を中断していた。その背景に、介護離職や本人・家族の障害、地域からの孤立、生活保護の水際作戦や打ち切りなどの問題が絡んでいる。

(1) 経済的理由により受診が遅れた患者——60代男性、協会けんぽ家族(事例①)

妻は20年以上前に他界。タクシー運転手だったが、父親の介護のため60歳で退職。保険は長女が加入する協会けんぽの扶養家族となった。

糖尿病で通院していたが、退職した頃から経済的な理由で中断した。1年ほど前に父親が他界。その頃から体調不良があり、民生委員や地域包括支援センターから受診をすすめられたが、経済的な理由で拒否。徐々に歩行が不安定になり、ついに立ち上がれなくなった。

民生委員が市社会福祉協議会に相談し、民医連の病院の無料低額診療(無低診)の情報提供を受けて長女に受診をすすめ、長女の付き添いで受診、入院となった。そのときすでに心不全、腎不全が悪化、多量の胸水もある末期的状態で、入院後も改善は見られず、1週間後に他界した。

(2) 孤立して支援につながらなかった大腸がん患者——50代男性・国保短期証(事例②)

母・姉と同居。全員無職で疾患などがあり、本人は身体障害者手帳3級を所持。農業収入や障害者就労施設のわずかな賃金、母の国民年金、姉の障害年金で生活していた。借金はあっても貯金や手持ち金はなく、地域でも孤立していた。

以前、ある病院で大腸がんの手術と抗がん剤治療を受けたが、経済的な理由で中断。その際の数十万円の未納がある。その後、心窩部痛で民医連の病院に救急搬送され、痛みが落ち着いてから元の病院へ紹介したが、「自己中断した患者は診られない」と断られた。

市役所に相談し、無低診実施の民医連の病院をすすめられて再受診し、入院。入院後、生活保護を申請し、保護開始までは無低診を利用した。生活保護や社会福祉協議会の窓口に親子で何度も足を運んだが、水際作戦で生活保護利用に至らずにいたことが、後に判明した。

大腸がんのため受診後1か月で永眠した。

(3) 生活保護廃止となり受診を中断していた胃がん患者――60代男性・国保短期証(事例③)

元建設会社の運転手。退職後は厚生年金を受給。妻は他界し、障害のある息子との生活だった。経済的に厳しく、生活保護を受給していたが、年金増額に伴い生活保護が廃止となった。

循環器、腎臓の疾患で定期受診していたが、医療費や国保料を払う経済的余裕がなく、息子のサポートも理由に治療を中断した。その後、息子が作業所通所を開始して時間的余裕はできたが、作業所に通う交通費のため引き続き経済的に困難で、受診を再開できなかった。作業所通所費用の助成制度を知らなかったという。

長男の支援者の保健師が訪問時に、本人が食欲不振、体動困難となっているのを発見。救急搬送され、心不全、腎不全の診断で入院した。その後胃がんも見つかった。息子はグループホームに入所した。入退院を繰り返しながら、約10か月後に永眠した。

3 世代による特徴的な困難――事例から見えること②

世代による特徴的な困難も見える。雇用・労働の破壊がすすんで格差と貧困が拡大し、非正規雇用が全労働者の3割を超える現状のもとで、働き盛りの世代では、本来なら社会保険に入るべき労働者を加入させていない場合もある。低賃金では国保料（税）も払えず、そのため無保険になっているケースも少なくない。

定年後の世代は、退職時にそれまでの社会保険から国保への移行が必要だが、保険料（税）が高額なため、そのまま手続きせずに制度の隙間に落ちてしまった事例も見られる。高齢期では、無年金や低年金のためアルバイトなどで収入を補ってはいるものの、医療費までは払えずに手遅れとなった事例が多い。

次の3つの事例は、そうした世代の特徴的な困難を抱えている。

(1) 有効期限切れの国保証で受診した肺がん患者――40代男性・無保険（事例④）

独身で結婚歴はない。両親・兄弟は疎遠である。大学卒業後正職員として働いていたが、自己都合で退職した。貯金と退職金が底をつきアルバイトを開始。月収10～12万円。国保料が支払えずに2年ほど無保険状態で、職場の健康診断で精密検査が必要と指摘されても、まったく受診していなかった。

半年前より息切れ・黄色の痰や咳が続き体重も5kg以上減ったことから、呼吸苦を訴えて民医連の病院を受診した。同日に短期保険証を取得し、検査の結果、進行性肺がんの疑いとの診断で翌々日に入院となった。生活保護も病院で代行申請した。

化学療法・緩和治療は効果が見られず、新薬治療のため別の病院を紹介したもののやはり同じく効果なく、転院約2か月後に亡くなった。

(2)経済的不安からの受診抑制で食道がんの発見が遅れた患者──60代男性・国保(事例⑤)

65歳までビル管理の仕事に従事。その後は仕事が見つからず、年金で生活していた。年金は月11万5000円で、貯金は30万円程度だった。一度生活保護の相談をしたが、収入も貯金も生保基準を若干上回り対象にならないと説明された。

食欲不振に加えて固形の食事ができず、ミルクのみを摂取していた。こうした自覚症状が出ていたにもかかわらず、医療費が心配で受診していなかった。ようやく近医受診後、入院相談に訪れた民医連の病院に入院した。精査にて進行性の食道がんと診断されたが、放射線の治療などは拒否した。治療費を心配していた。

絶縁状態だった兄弟と連絡を取り、近くで療養することを希望して療養先のホスピスを探している途中で亡くなった。

(3)国保証が留め置かれたため受診が遅れた子宮がん患者──70代女性・資格証明書(事例⑥)

妹と2人暮らしで借家住まい。本人は無年金で、妹のパート収入のみで暮らしていた。国保料を滞納して資格証明書が発行されている。初診時、経済状況は生活保護基準の57%だった。

2~3か月前から膀胱炎の症状や腹痛があった。薬局で痛み止めを購入して服用したが改善せず、妹に連れられ民医連の診療所を受診した。診断の結果、腸閉塞の疑いで、精査のため近隣病院へ救急で紹介した。妹から無保険と聞き、すぐに役所に連絡して当日付けで国保証が取得できた。受診前に何度も国保証交付の相談に行ったが、交付されなかったという。

病院にて子宮頸がんの転移による腸閉塞と診断。手術などの治療を受け、入退院をくり返したが、10か月後に亡くなった。

4 無料低額診療事業の利用を通して

無保険あるいは医療費を心配して受診を我慢していた人が、無料低額診療事業の利用により病院や診療所で治療していのちをつなぎ、健康を取り戻すことは、主権者としての暮らしを立て直す第一歩になる。

無料低額診療事業を実施することにより、民生委員や地域包括支援センターなど、行政や社会福祉関係者からの相談や紹介も増えてきている。困難な状況にある方が医療や介護、社会保障・福祉の制度についての情報や知識をもったソーシャルワーカーなどの専門家につながることは重要である。

次の事例は、もっと早く無料低額診療事業でつながっていればと悔やまれるケースである。

(1)正規保険証を所持しながらお金の心配から受診が遅れた肺がん患者——60代男性・国保(事例⑦)

厚生年金を月額8万円程度受給していた。離婚歴があり独居。息子たちとも疎遠だった。国保料、介護保険料、固定資産税、電気代など滞納が多く、医療費の心配から受診も控えて長年通院していなかった。

しかし、食欲不振で喘鳴《ぜんめい》もあり、這いながらトイレに行く生活だった。自宅は失禁などで床が湿り、散乱して足の踏み場もない状況。民生委員が地域包括支援センターの職員に連絡し、そこから無低診事業を実施している民医連の病院の受診相談につながり、無低診の10割適用で入院となった。

精査の結果、肺がんでステージⅣ、リンパ節・骨転移の診断だった。その後同一法人内の病院へ転院し、引き続き無低診10割適用で治療を続けたが、約6か月後に亡くなった。

(2) 低年金のために受診を控えて手遅れ――60代男性・国保(事例⑧)

自治体健診で肺の陰影を指摘され、再検査を促されたものの未受診だった。近隣から「具合の悪そうな人がいる」との連絡があり、地域包括支援センターが訪問したが、それでも受診を拒否していた。

経済的事情と察した町職員から、無低診を実施している民医連の診療所に連絡が入った。地域包括支援センター職員と診療所職員が訪問すると、衰弱しており、すぐに診療所に搬送した。

年金は月6万5000円程度で、生活保護基準以下だった。治療費について無低診適用の説明をして本人は安堵し、同一法人の有床診療所へ転院したが、2か月後に肺がんで死亡した。

(3) 高額な医療費で通院困難。無料低額診療で治療を継続できた乳がん患者――60代女性・国保(事例⑨)

夫婦2人暮らし。収入は本人の国民年金と夫の企業年金、県外の子どもからの仕送りであった。胸のしこりを自覚するも、経済的問題で受診しなかった。

その後、疼痛が出現。受診のために生活保護を申請し、民医連の病院を受診した。しかし、夫の年金増額に伴い生活保護は受給廃止になった。

化学療法、抗がん剤治療で医療費、薬代が高額になったうえに、病状が進行して在宅酸素も必要になった。限度額認定証が発行されたが、その限度額一杯の自己負担分も支払いが困難になった。ソーシャルワーカーが介入し、無料低額診療の利用で全額減免となった。

その後は緩和ケア病棟への入退院をくり返し、永眠に至った。

5 無料低額診療を社会保障制度の入り口に

経済的な困難のために受診の機会を遠ざけられ、尊いいのちを落とした人たちの事例から、再び同じような理由で亡くなることが起きないよう、しっかり学ばなければならない。

無料低額診療事業は、何よりもまず、お金の心配をせず安心して受診でき、さまざまな社会保障・社会福祉の制度につながる入り口と考える。「保険料を払っていない人が悪い」など、政府がふりまいて国民に深く浸透している自己責任論を乗り越え、権利として社会保障制度を利用するためには何が必要か。無低診事業をさらに周知し、まず必要な治療をして、本来その人が権利として利用できる制度につなぐことができれば、と願っている。


（山本淑子／全日本民医連事務局次長）

第3章 無料低額診療事業の歴史——社会福祉としての医療はどのように成立したのか

1 施薬・施療の系譜[1]——明治以前

現代の無料低額診療事業（以下、無低診事業）の起源を、国家にあたる権力が、統一した制度で医療の保護事業を行った、という点に求めた場合、それは意外に新しい。明治以前に中央や地方権力が行った保護は、救貧・備荒《びこう》や行旅《こうりょ》病人対策が中心であり、わずかにされた施療は宗教組織または個人による慈善や篤志活動によるものであった。

ここでは、のちに無低診事業の系譜につながるとされる、近代以前の事業を述べる。

まずは仏教文化との結びつきである。教義としての「博済慈恵」が浸透し、594年難波に建立された四天王寺内の四か院（「敬田院」「療病院」「悲田院」「施薬院」）で救済が行われたとされる。[2]「悲田院」「施薬院」は各地に置かれ、困窮・病者、孤児棄児、老残者の救助を行った。その後、律令制のもとで「鰥寡孤独貧窮老疾《かんかこどくひんぐろうしち》」[3]と呼ばれる者、さらに行旅病人の取り扱いが定められる。しかし基本的に近親間、相互扶助が原則であった。鎌倉時代になると、仏教との関係はさらに強まり、各寺院で施療が行われた記録もある。

渡航外国人が伝えた医療が宗教的篤志と結びつき、施療がなされた例も多い。安土桃山時代にはルイス・デ・アルメイダの府内病院（大分）、フロイスとオルガンチーノの南蛮寺（京都）が代表的で、キリスト教が禁じられた後も信仰者による施療が続いた。

江戸時代で特筆すべきは、幕府運営の「施薬院小石川養生所」である。施薬院は、形骸化していたのを１５９１年豊臣秀吉が京都に復興させたものの、継続しなかった。「施薬院小石川養生所」としての再興は１７２２年、貧困や流行病に悩む新興都市の江戸において、町医の小川笙船による目安箱投函が契機である。最高１７０名の貧困病者を収容し、衣食住ならびに薬草治療を施す「公営」救貧施設として、１４７年間運営された。

幕末には、長崎に海軍伝習所が設立され、欧州から軍医が招聘された。ポンペと彼に連なる蘭学医は、先端の西洋医学を伝えるだけでなく、「病院」という収容治療[4]と医育教育を兼ねたシステムも持ち込み、門下生の多くは維新後、主要官僚として医療行政を創設している。富裕層の利用だけになりがちな西洋式病院（「小島養生所」）で、貧困者への治療費減免制度を採用した点に注目したい。

(1) 戦前の無低診事業に相当する用語は、「施療」「救療」「医療保護」が代表的である。ここでは以上の語をほぼ同義ととらえ、参考文献の表記に従い使用している。

(2) この聖徳太子が行ったとされる四か院開設については異論もある。記録上明確なのは723年の光明皇后による興福寺内「悲田院」「施薬院」の設立である。

(3) 鰥寡孤独貧窮老疾は、律令制度下の救済対象をさす。鰥とは61歳以上で妻のいない者、寡とは50歳以上で夫のいない者、孤は16歳以下で父のない者、独は61歳以上で子のない者、貧窮は財貨に困窮している者、老は61歳以上の者、疾は傷病・障害のある者をそれぞれさし、救済はこの範囲にあって、かつ自力では暮らせない人とされた。

(4)明治以前の医療は、概念も実際も現代とはまったく異なる。病院や診療所は存在せず、医師や医者は薬籠と匙を持ち、自ら患者のもとへ出向いた。小石川養生所や「棄病人」の例を除けば、収容治療もしない。一部権力者や富裕者には御典医や藩医と呼ばれる世襲制の「医師」が診療をしたが、それ以外の者は専門的な薬種や治療とは生涯無縁であった。都市部には庶民を対象とする「医者」もいたが、無資格で信頼性も低く、自己養生の要から江戸時代には薬行商（配置薬）のシステムができた。

2　近代化と済生会の成立

明治維新のあと、脱籍無産者や棄農者が増え、貧困層は広がった。特に都市部では、貧困者が集住し、治安・衛生上の問題が深刻となる。

医療では、西洋医学の採用が決まるとともに「……鰥寡孤独貧窮者等に対する特別な医療」の必要性が提議された。小石川養生所は貧病院へ変更し、1874年には東京府立病院が、1877年には東京帝大病院がそれぞれ貧民施療を開始、その後官公立病院が続く。

しかし、施療目的で設立されたはずの官公立病院は、一般医事と医学教育に忙殺され、また経営の利からも中・上流階級層を対象とし、官公立病院の施療は間もなく廃れてしまう。

1874年に恤救《じゅっきゅう》規則により困窮者救助が定められたが、高齢、独身など限られた範囲以外の病者には適応されず、その保護に関しては、災害のほか、政府が特殊医療と位置づけていた伝染病、行路《こうろ》病人、精神病、癩《らい》などに法で一部対策が講じられただけであった。

社会不安と疾病が蔓延した明治期は、政策上また治安維持上、病人対策が緊急度の高い問題であったが、政府の公的施療は成立しなかった。その一方で、民間の施療事業が各地で興されていった。同愛社（1879年）、慈恵会医院（1882年）、博愛社（1886年、後の赤十字病院）等が代表的である。

社会主義運動も活発化するなか1911年、明治天皇により「施薬救療の勅語」が下される。(5) 下賜金をもとに同年「恩賜財団済生会」（以下、済生会）が設立されたが、この済生会への参画が、国が行った初めての医療保護事業といえよう。

済生会は表向き民間機関であったが、国や地方行政がその運営に大きく関わっていた。当初は警官や役人が「診療券」を渡し、公立病院、赤十字病院などを受診させていたが、その後、直営の病院・診療所を設立し、直接救療する方法へと変わる。

済生会が成立した明治40年代、多くの民間慈善事業が興ったが、これらは「感化救済事業」という精神発揚の面が強かった。医療保護も「施薬施療の勅語」が「聖旨奉戴」と位置づけられ、開業医も救療を行った。全国の社会事業者は組織化し、日本慈善同盟会が設立される。内務省はこうした民間慈善組織と連携することとし、中央慈善協会（1921年に中央社会事業協会と改称）の結成に関わっていく。

(5) この勅語と下賜金は、前年の「大逆事件」収拾のため、政府が天皇に働きかけたとの見解が有力である。

3　社会事業の拡大と無産者診療

大正期後半から、公的な救護制度の充実が求められ、1929年には「救護法」が規定された。救護項目に医療も定められたが、もとより制限が厳しい上、医療にあてられた費用は、生活扶助のわずか1割強に過ぎなかった。

こうした公的保護の補完として、国は民間業者による保護を充実させる方針をとり、1938年「社会事業法」を公布する。施療では、済生会を中心に民間事業者への助成が整備された。少ない助成金を補うため、社会事業に供する土地や建物に対する免税措置が講じられたが、これが現在につながる税減免制度の発端である。

特殊な立場で医療保護活動を行ったものに「無産者診療」がある。労働者や農民への医療提供をめざし、1930年以降、各地で診療所が設立された。しかし当時は取り締まりの対象であり、1933年頃にはほぼすべてが閉鎖、唯一残っていた診療所も1941年に消えた。

4　医療保護法と太平洋戦争

戦時体制下、国内の社会活動は国家総動員体制へ組み込まれる。社会事業も例外ではなかった。1938年、厚生省が新設され、国民の体力向上と国防生産を目的とした「厚生事業」が優先政策とされた。同省は、国民、とりわけ中産階級以下の者の健康・疾病治療を重視していたが、これは人的資源の確保・育成の観点といってよい。困窮者への医療保護は、救護法や済生会の救療事業、市町村や民間事業者によるもの、その他多様な事業が生まれていた。1941年、これらを政府が一元的に実施する目的で「医療保護法」が公布される。

従来の救護法が対象を特定の貧困者に限定した「制限扶助」であったのに対し、医療保護法は、貧困の原因を問わず等しく保護の対象とする「一般扶助」原則を不完全ながらも取り入れた。同法は救護法にならい、方面委員が認定をして困窮者に医療券を渡し、費用は医療機関が定率で負担した。運営設計は、済生会を第一にしたもので、当時の済生会は「国家の医療代行機関」と称されるほど民間組織では別格であった。

しかし医療保護法の保護は、ピーク時でも対象困窮者の約11％にしかなされていない。物資の調達不能で医療提供が困難であることに加え、予算がほかの軍事特別立法へ多く配分されていた。要救護者の実態は、数字発表が制限されていたため把握が難しい。

参考までに１９４５（昭和20）年度の数値をあげると、救護人員３３５万人中、軍関係者の傷病を対象にした軍事扶助法が２９８万人で９割にのぼる。残るわずか１割を医療保護法５・８％（19万３０００人）、救護法２・８％（９万３０００人）、母子保護法２・５％（８万５０００人）が占めていた。(6)


⑹厚生統計協会（１９５４）「生活保護以前の制度別救護状況」『厚生の指標』18頁。

5　戦後社会福祉事業法の成立

１９４６年に新憲法が策定され、戦後日本の民主化の柱として、「健康で文化的な最低限度の生活を営む権利」が明記された。被災国民の援護が迫られ、同年９月には生活保護法（旧法）が制定される。

済生会でも現在の医療扶助とほぼ同じシステムに移行したとされているが、実はその時期の済生会は、戦前の医療保護助成を失ったうえに、翌年には設立根拠であった勅令が廃止となり、存立すら危ぶまれていた。幸い、１９４８年に公布された「医療法」で、済生会は「公的医療機関」に指定され、経営の安定を得る。

１９５０年には、旧法をより民主的にした新生活保護法が制定される。保護の種類は、救護法以来の５種が

7種に、従来の医療は「医療扶助」となる。

戦前の社会事業法は、1951年に社会福祉事業法へと発展的に移行した。同法では、社会福祉事業を第一種・第二種に区分し、第一種は国として重大な責任があるとして経営主体を、国・地方公共団体と社会福祉法人に限った。第二種は経営主体の制限はないものの、届出が必要とされた。

戦前に施療救療、または医療保護とされた事業は、第二種事業の「生計困難者のために、無料又は低額な料金で診療を行う事業」となった。終戦直後、全国には500以上の医療保護事業施設があったが、社会福祉事業法制定の翌年には130余となり、多くが社会福祉法人へと改組したとされる。

戦後医療の復興に伴い興ったものに、民主的医療運動がある。潜伏していた無産者診療の活動者や、レッドパージで医療機関から追放された労組指導者らが中心となり、住民や労働者が自ら医療機関を運営することをめざした。

1953年に全日本民主医療機関連合会（当時は全医連、後に全国民医連、現在は全日本民医連）が結成され、22都道府県より117の医療機関が加盟した。労働者の立場に立つことを綱領に掲げ、医療活動のみならず、社会保障確立、平和を守る、という理念を示した点が特徴的だった。その後、組織改編をしつつ、参加機関を増やしていく。

6　社会保障制度の整備と無低診事業の抑制

社会経済はめざましい復興と発展をとげ、国民所得や生活水準は上昇した。社会保障制度は、「福祉三法」

から「福祉六法」へと拡充していく。

その一方で、無低診事業は、規定直後からその意義が問われる。1953年の厚生省社会局長児童局長通知（社発第536号）では『生計困難者のために無料又は低額な料金で診療を行う事業』については、種々疑義を生じている」とし、厳正な扱いが指示されている。

1957年には無低診事業の事業基準が定められたが、①取り扱い患者の60％以上が生活保護又は無低診患者、②減免額総額は総医療収入の10％以上、③対象患者の療養費は無料又は10％以上を減免、という内容であった。

社会福祉法人に厳しい事業基準が課せられた一方で、公益法人にも同年、シャウプ勧告にもとづく課税開始が決定される。しかし翌年、京都府公益法人医療機関協会が運動を展開し、中央への陳情を行ったことが「第二種社会福祉事業が収益事業ではない旨の告示」につながり、非課税優遇を得ることができた。

1961年、皆保険体制が成立する。一部の無医村を除く全ての市町村で国民健康保険事業が開始されたが、「保険あっても医療なし」であった。医療提供体制と医療保険の両者が整備されるまで、無低診事業も一定の役割を果たしていたと考える。

57年基準は、事業者の求めにより再三、経過措置が取られたが、措置延長停止のやむなきにあい、1974年には新しく10項目からなる基準が制定された。ここで必須とされた項目が、①取り扱い患者の10％以上が生活保護又は診療費の10％以上の減免の患者、②生計困難者に対する減免方法の明示、③医療ソーシャルワーカーの配置、④対象者への健康相談、保健教育、の4項目である。前基準の数値的義務は、生活保護または診療費の10％以上を減免した患者が「総患者の60％以上」であったが、新基準では「総患者の10％以上」になり、また前基準にあった「減免費が総医療収入の10％以上」が削除された。

さらに、6項目の選択項目より2項目以上選ぶ義務があった。選択項目の内容は、高齢者・難病（公害）・被保護者等の要介護者の収容、高齢者・身障児者等の施設の併営、前記施設職員への研修、時間外診療体制、離島・無医地区への診療派遣であり、この当時急速に整備された医療体制にあってなお取り残されていた諸問題への対応が、無低診事業の実施機関に求められた[7]。

前基準に比べ数値的基準が格段に緩和された一方、無低診事業の新設・増床についての抑制が打ち出され、事業の発展性が大きく閉ざされる。この後続く低成長期には、社会福祉も合理化・削減化が図られ、無低診事業にも長い抑制時代が続く。

一連の福祉施策見直しで、無低診事業への風当たりは強く、1989年の社会福祉関係三審議会からの意見具申では、無低診事業は「見直す必要がある」とされた[8]。一方、1987年には全国社会福祉協議会（全社協）内に、全国の社協医療部会に属する医療機関によって「福祉医療研究会」が設置された。1989年「全国福祉医療病院連絡会」に改称した同会は、こうした動きに対して、全国緊急大会を開催し無低診事業の存続を訴えた。関係者は来たる社会福祉事業法改正も視野に入れ、法人枠を超えて組織的運動を行った（259頁⑫要望書）。その結果、1990年の福祉八法改正時、無低診事業は「社会福祉事業法」に残り、税優遇も維持できた。

厚生省（2001年から厚生労働省）は、抑制策の一方で、無低診事業の対象者を拡大する動きも見せる。まずは1995年、「外国人に係る医療に関する懇親会報告書」において、「国籍を問わず、また入管法の適法・不法の別なく」無低診事業が対応すべきとされた。この流れも影響したのか、1998年「社会福祉構造改革分科会中間まとめ」では、「新たな（福祉的）課題が生じており……（無低診）事業については、引き続き、社会福祉事業として位置付ける必要が認められる」とされた。

２０００年の「社会福祉法」への改正時にも、無低診事業は存続を果たす。さらに同年には、「ホームレスの自立支援方策に関する研究会」、「社会的援護を要する人々に対する社会福祉のあり方に関する検討会」報告でホームレス等が、２００４年の「人身取引対策行動計画」関連通知では、人身取引・ＤＶ被害者についても、それぞれ無低診事業の対象とされた。厚労省は、無低診事業を強く抑制する一方、制度の狭間にいる人への医療には同事業を「活用」した。

(7)ただし、このような無低診実施機関による積極的な対応については、１９６８年に全社協が事業者を取りまとめて事業継続の陳情をした際、事業者側から提案したものであった。

(8)関係者には「無低診事業はほぼ使命を終わった」と理解された（恩賜財団済生会〈２０１２〉259頁）。

7　無低診事業参入の抑制緩和

２００１年の地方自治法改正の際、厚労省から無低診事業の抑制が改めて通知[9]された。30年以上にわたるこの方針に大きな風穴を空けたのが民医連である。戦後の無低診事業の表舞台には、主に社会福祉法人がいた。だが、１９５８年から無低診を始めた京都保健会のように、民医連加入で無低診を行う病院・診療所もあった。民医連は、それら先駆機関の実績から２００８年、急速に進行した格差・貧困と受療困難者増加への対策に無低診事業への新規参入を提案する。先駆けとなった尼崎医療生協は、同年に県[10]と交渉を始めたが、交渉は難航・膠着《こうちゃく》した。

一方、自らも医師である小池晃参議院議員が国会で「無料低額診療事業の拡充に関する質問主意書」(255頁⑦)を提出。その答弁として、2001年通知は「届出の不受理を求めるものではない」ため、基準を満たした医療機関の届け出は受理される、との国の見解を引き出す(256頁⑧)。これで新規参入抑制は事実上廃止となり、尼崎医療生協は翌年より事業を開始、多様な法人の参入がこれに続いた。

質問主意書が提出された2008年の実施機関数は290か所(減免患者延数571万人)だったが、2012年には558か所(同705万人)、2017年には687か所(同757万人)へと増加している。

かつて事業の中核にあった済生会だが、戦後は一般経営へと傾いた自省に加え、2009年、無低診事業での不適切な取り扱いが発覚した。その後、「施薬救療」理念による無低診事業の実施と、生活困窮者支援事業「なでしこプラン」の推進に取り組んでいる。

(9)2001年7月23日社援発第1276号「社会福祉法第2条第3項に規定する生計困難者のために無料又は低額な料金で診療を行う事業について」(245頁①)

(10)尼崎市は2009年4月より中核市に指定され、現在の無低診事業の行政担当は尼崎市である。

8 無低診事業の実効性を高めるために

戦後まもなく構想された医療保障とは、すべての国民が医療保険に加入し、それでも医療にかかれない人には生活保護で補完をする、というものである。特定疾患や障害、特定家族類型には、公費負担医療制度で対応する。この医療保障の設計図では、受療困難者は発生しないと目され、無低診事業はいわば制度成熟までの「つなぎ」として規定されたと考える。

そのため、早々に事業縮小へと舵が切られ、折に触れて国から抑制・中止方針を持ち出された。それに対して、実施団体が策を講じて食い止める、というくり返しが、戦後の無低診事業の歴史の大部分を占める。

しかし当初の国の見通しとは異なり、受療困難者の発生は依然として食い止められていない。医療保険のネットから脱け落ち、最後のセーフティネットとされる生活保護の医療扶助にもつながらない人々が存在している。社会福祉が提供する無低診事業が、その実効性を高めるためには、事業基準の見直しや、税減免制度の整理などが必須であろう。

一方で医療保障の核である医療保険（とりわけ国民健康保険）と生活保護の両制度にも、相応の変革が求められている。

（阿川千尋／日本女子大学人間社会学部社会福祉学科 学術研究員）

【参考文献】

・阿川千尋（2017）「無料低額診療事業の歴史的検討」『日本女子大学大学院 人間社会研究科紀要』第23号、139〜153頁
・福永肇（2014）『日本病院史』ピラールプレス
・吉田久一（2004）『新・日本社会事業の歴史』勁草書房
・恩賜財団済生会（2012）『社会福祉法人恩賜財団済生会100年誌 上巻全体編』

（本研究はJSPS科研費18H05720の助成を受けたものである）

第2部 無料低額診療事業の実践と課題

第4章 社会福祉法人の無料低額診療事業の実践
――愛染橋病院でのソーシャルワーク

1 社会福祉法人石井記念愛染園と愛染橋病院の歴史

「児童福祉の父」と呼ばれ、1887（明治20）年に岡山に孤児院を開設した石井十次は、その取り組みから、スラムに孤児そのものを生み出さない施策として、都市部での事業展開を考え出した。その場所として、江戸時代からの貧民街で支援を必要とする人が多く暮らしていた大阪市の名護町（愛染橋西詰）を選び、1909（明治42）年に保育・教育・無料職業紹介・宿泊施設・往診・困窮者の保護などの事業を始めた。

石井記念愛染園は、1914（大正3）年に事業半ばで生涯を閉じた石井十次の遺志を継ぎ、「貧しい人の福祉を増進するために、教育・救護などの済貧事業を行うこと」を目的として、1917（大正6）年に財団法人として設立された。1937（昭和12）年には、「母性並びに乳幼児保護事業に取り組み、安く適切な医療を早期に受けられるようにすること」を目的に、28床の診療所として愛染橋病院を開院している。

1952（昭和27）年の社会福祉法人への組織変更を経て現在まで、低額診療、助産施設、生活相談所、保育所、健康相談所、母親学校など多くの事業を続け、地域の医療機関・福祉機関として新生児から高齢者まで幅広く、医療事業・隣保事業・介護事業を展開している。

愛染橋病院における医療ソーシャルワーカー（MSW）の歴史は1952年、生活相談所に相談員を配置したのが始まりである。2年後の1954（昭和29）年に着任した初代のMSWが、以後36年におよぶ長い期間をかけて医療福祉相談室の基盤をつくった。それは、家庭訪問やセツルメント活動を中心にした関わりから、徐々に病院内のさまざまな相談に対応する形に移行し、妊娠・出産に関する問題発生への予防的対応をするための院内体制の整備など、さまざまな方面での取り組みであった。

60年の月日を超えて現代まで多くのことが引き継がれているのは、時代が移り変わっても続いているこの地域の貧困を背景に、MSWが病院にとって必要な存在であることを、院内スタッフはもちろん患者や家族に認識してもらう工夫を重ね、困難な事情をもつ人にMSWが、どのように関われるかを示してきたことによる、と感じている。

2　愛染橋病院におけるソーシャルワーク活動

(1) 医療福祉相談室の概要

現在の医療福祉相談室は医療サービス部に属し、MSW3名で業務に取り組んでいる。特徴は、現在も周産期への関わりが中心となっていることである。

児童福祉法の入院助産制度を利用する人とＮＩＣＵ（新生児集中治療室）に入院した子どもの家族への面接は、現在も全数をルーティンとして行っている。そのため、関わっている妊産婦は全分娩件数の20％弱になる。また２００９（平成21）年から5年間、大阪府のモデル事業（ＮＩＣＵ長期入院児の退院支援に関する事業）に参加して取り組みを強化したこともあり、この10年間は小児患者への関わりも大幅に増加している。

相談も産婦人科30％、小児科32％と、周産期からが6割を占める。相談内容は、妊娠・養育に関するものが最も多く、療養上の問題、社会福祉制度の活用、経済的問題の順となっている。

高齢者の退院支援に関しては、院内の退院調整看護師が主な業務を担っているため、医療福祉相談室では周産期の退院支援に特化して関わっている。

病院のある浪速区は、現在も生活保護受給率が大阪市で西成区に次いで高く、さまざまな社会的背景を抱える人たちが多く暮らす地域である。そのため、産み育て、生活し、療養するそれぞれの場面で経済的な問題が浮かび上がる。相談件数の増加や業務の拡大のために関わり方の変更や縮小も行っているが、ＭＳＷが支援を必要とする人にどのように関われるか、常に意識して工夫を重ねている。

(2) 周産期・小児期への取り組みについて

妊娠・出産・育児は、人生における大きな変化であり、時には危機ともなる事態である。妊娠・出産すれば自動的に母になれるわけではなく、予期しないこと、わからないことが連続して起こり、不安や困難も数多く待ち受けている。多くの人は、「子どもを無事に出産し、家族として幸せに暮らしていきたい」と願い、周囲の手助けも得ながらこの大きな変化を乗り越えている。

妊娠・出産・育児の過程において、経済的問題や母の病気・障害、望まない妊娠、DV、未婚、若年、外国籍、子どもの病気・障害、多子などの生活課題を抱えるときにはよりいっそう、生活不安や養育不安につながりやすい。このような場合に支援者の不在が重なると、生活困難・養育困難に陥りやすく、子ども虐待への危惧も高まる状況となる。

愛染橋病院では、院内の周産期関連部署がそれぞれ連携・協力しながら、このような背景を抱える母子に対して支援を行っている。産婦人科外来では妊娠期の準備のための支援を行う。出産時にはそれを産婦人科病棟が引き継ぎ、退院に向けた育児支援を行う。子どもが入院する場合には、NICU・GCU（回復治療室）・小児病棟にその支援が引き継がれていく。この支援体制を、40年近く維持している。情報を伝達するだけではなく、養育支援を目的とした検討を状況ごとに行っている。

MSWは、社会福祉の視点から、妊娠や育児が困難になる問題や生活背景を抱えていないか、妊娠・出産・育児を支える人やものにつながっているかどうかをアセスメントし、養育環境や支援者について具体的に確認する作業を行う。また、どのように暮らしていて、どのように考えているか、どんな力をもっているかを判断しながら関わり、暮らしと育児が営めるように環境を整えあるいは備える。さらに、母子が安全に暮らせる形になっているかを評価し、生活状況や危惧点を院内スタッフや関係機関と共有・検討し、支援している。

周産期・小児期は、次の世代につながり影響していく生育歴となる時期であり、連鎖するといわれている貧困や虐待に対する予防としての取り組みの意義も大きい。子どもが健やかに安全に育ち、家族が幸せに安定して暮らせるために、MSWとしての関わりを開始したり再開したりできる好機であると考えている。

3　無料低額診療機関の医療ソーシャルワーカーとして

「石井記念愛染園八十年史」には、1935（昭和11）年に病院の開設を大阪府に申請したときの文書が載っている。そこには、病院開設の目的として次のように書かれている。

「社会問題ノ対象タル貧困ソノモノヲ発生スル主要原因ナルコトヲ思フトキ安易ニシテ然モ充実セル診療事業ヲ開設シ早メニ医療ノ恵沢ニ浴セシムルコトハ一面ニ於テハ人道上又国民保健上看過シ難キ問題タルノミナラズ貧困病者ヲシテ更ニ窮民階級者ニ転落スルコトヲ防止スルノ意味ニ於テ防貧政策上重要ナル意義ヲ有スルモノト言ワザルベカラズ」

「本園ガ行フ施設ト関連シテ無産病者ノ保護特ニ死亡率最モ高キ母性及ビ乳幼児ノ保護ニ全力ヲ傾注スル考エナリ」

病院創設期には、石井十次の下で社会事業家となり病院設立・運営に尽力した人が長きにわたって理事を務め、福祉病院としての基礎がつくられた。80年以上前に書かれたものとは思えないほど現在にも通じる内容で、無料低額診療機関のＭＳＷとしても根本となる内容だと感じている。

貧困の形は時代とともに変化し、病院にＭＳＷが配置された60年前とも状況は大きく変わっている。大多数の人が食べることや生きることに苦労する時代ではなくなった現代においても、困窮から暮らす場所や食べるものに困る状況を抱えていることがあり、その状況ゆえに病気にかかったり、病気があっても受診できなかったりしている。

「ずっと調子が悪いけど、病院に行くお金がない。保険証がなくて病院に行けない」

こういわれたときに、いくつかの要件は示しながらも「まずは受診して、病気があるか調べましょう。その結果で先のことを考えましょう」と伝え、受診・受療への支援だけでなく、その先の生活安定のための関わりにつなげていくまでを業務にできるのが、無料低額診療機関のMSWの強みである。

周産期に関わっていると、困窮する家庭で育つ子どもたちが、子ども虐待の危惧にさらされたり、保育や教育を受ける機会を喪失したり、必要な愛着関係が不足したりする状況を目の当たりにする。子どもたちの生活や育ちを守るためにも、親たちの困窮に働きかける必要があり、それは長い時間をかけた取り組みになる。何かあるときに相談できるという関係が保てることで、流れる時間のなかで起こる生活課題に予防的に働きかけたり、危機を回避できたりもする。一つの家族に対し、関連する事業所とともに、世代を超えて関われることも、重要な取り組みと感じている。

時代の移り変わりとともに、病院創設期を身近に感じていた世代はもちろんその次の世代の職員も現場から退く時期に入り、福祉病院としての使命に職員が一丸となって取り組むという流れからは少しずつ離れてきている。だが、地域のなかで困難な事情を抱えて生き続ける人は存在し続けている。病院がこの地域に存続するのであれば、その人たちに適切な医療を届け、それ以上生活が難しくなることを防ぎ、次の一歩を踏み出せるために関わることは、無料低額診療機関である愛染橋病院の使命である。この使命を引き継いでいけるよう院内に働きかけ続けることも、MSWの役割であると考える。

事例①

働ける限りは働きたい！

Aさんが MSWのもとを初めて訪れたのは5年前であった。内科の主治医から、数か月ぶりの受診だったが薬も飲めていなくて病状が悪化し、この先の定期受診をすすめても「お金がなくて通院できなかった。保険証も切れている」との話だったため相談にのってほしい、との依頼が入っていた。

Aさんには甲状腺の病気があり、病院には1年前から来ていた。しかし、お金が用意できなくて何度か診察に来られず、半年前からはまったく通えなくなっていた。

Aさんは73歳の女性で、45歳の長男と2人暮らし。夫とは死別し、長女は結婚して遠方に住んでいた。清掃の仕事に就いているが、仕事を休むと給料が入らないため、身体がしんどくても我慢して働いていた、との話であった。長男は就労が難しく、家に引きこもる生活が20年近く続いている。Aさんの収入だけですべての生活費を賄っていたため、保険料の支払いが難しくなり、滞納して保険資格が切れていた。

収入は2人世帯の生活を維持できる金額ではなかったため、MSWは生活保護制度の利用についても説明したが、Aさんからは、「まだ働けるので、身体が動く限りは仕事をしたい」との思いが語られた。

主治医に確認すると、通院が継続できるなら就労は可能ということだった。そこで、仕事を続けながら受診できる方法を相談していくこととした。

MSWは区の担当者に、滞納している保険料の分納と保険証再発行の手続きについて確認・相談し、保険証の再発行と保険料の減額手続きをとることができた。また、外来診察費用の自己負担分3割の医療費を無料低額診療事業により一定期間の減免をすることで、通院が続けられる状況を確保できた。

Aさんはその後も、滞納した保険料を支払いながら、外来受診を継続していた。MSWは、3～4か月ごとに面談し、病状や仕事の状況・生活状況を確認しながら、Aさんがいずれ迎えることになる〝働けなくなる時期〟についての相談と、長男への働きかけの提案を続けた。

2年近い経過のなかで、滞納した保険料は完済し、外来費用の減免を終了することができた。長男に関われる機関ともつながりができた。Aさんが75歳を超してもまだ働くことができているのは、無料低額診療事業があったからこそである。

事例② 幸せに暮らすということ

Bさんが初めて病院を受診したのは、妊娠8か月目を過ぎた頃だった。同郷の友人にお腹が大きくなっていることを指摘され、妊娠検査薬で妊娠を確認したものの、受診するお金もなく、今後の生活をどうしたらいいかもわからなかったという。インターネットで調べて行った区役所の保健センターの保健師から病院に連絡があり、受診した。

MSWは、受診の受付をしながらBさんから生活状況や妊娠の経緯を聞いた。

Bさんは24歳。居酒屋のアルバイトをしながら、友人と共同のアパートで暮らしている。給料は、折半した家賃と光熱費、食費や生活費、携帯代を支払うのがぎりぎりであった。お腹の赤ちゃんの父親と思われる人とは連絡も取れなくなっており、家族とも疎遠になっている、との話であった。

MSWは、まずは診察を受けて妊娠状況を把握すること、出産になるまで定期的に妊婦健診に通う必要があること、区役所や病院の担当者とこの先のことを一つずつ相談しながら考えていくことについて説明し、妊婦健診の費用については今後のことがはっきりした段階で話し合っていくことを提案した。診察の結果、妊娠経過や赤ちゃんの状態には問題がないことを確認できた。

その後も、妊婦健診に通いながら、病院のスタッフは妊娠・出産・育児に関する知識や準備についての情報提供を続けた。MSWは、Bさんが今後の生活を具体的に考えられるよう、医療・福祉・保健それぞれの機関で対応できることを伝え、区役所・保健センターの担当者とともに働きかけて各機関の調整・検討を進めていった。Bさん自身はどうしたいのか、提案と検討を繰り返し、Bさんの話と希望を聞き取る時間をつくり、Bさんの選択を尊重することを伝え続けた。

そのなかではBさんから、施設で過ごした学童期やその後の家族との確執、生活が変化することへの不安、出産や育児への怖れとともに、家族と暮らす生活への憧れなども語られた。そして出産になるまでの限られた時間でBさんが出した答えは、「生まれてくる赤ちゃんといっしょに暮らしたい」というものであった。

出産後は、母子生活支援施設・生活保護制度が利用できるよう区役所で手続きをとり、入院中に育児練習を行った。出産費用は助産制度が利用できたため、妊婦健診費用のうち公費負担額を上回った自己負担分について、無料低額診療事業を活用して減免した。

このことにより、新しい生活への不安は抱えながらも、生まれた赤ちゃんとともに一歩を踏み出すことができる退院となった。

（上原　玲／社会福祉法人石井記念愛染園 愛染橋病院）

第5章 民医連の無料低額診療事業の実践
――京都民医連中央病院でのソーシャルワーク

1　京都民医連中央病院の無料低額診療事業

京都民医連中央病院は1987(昭和62)年に開院した。現在411床、11病棟あり、二次救急対応、DPC(包括医療費支払制度、189頁注参照)対象病院である。公益社団法人京都保健会の中核病院で、京都民医連で京都市西部地域のセンター病院としての役割を果たしている。

無料低額診療事業は開院当初から実施している。開院当時は第二種社会福祉事業が抑制されていたため認められず、法人税法施行規則に基づき法人税が減免される事業だけが認められるにとどまった。2010(平成22)年に京都市にようやく届け出を受理され、以降、第二種社会福祉事業実施医療機関となって地方税の減免が認められ、従来の法人税法施行規則に基づく事業との二本立てで実施している。

無料低額診療事業利用者は、外来患者で年間約1100世帯を超える。適用期間は原則として1年。毎年2〜3月に全世帯面談を基本とした更新を行う。生活に変わりはないか、収入に大きな変化はないか、治療の中断はないかなど個別確認を行う。それ以外に毎日のように生活相談も受けている。

直接面談を行うことで、医療ソーシャルワーカー（以下、MSW）という相談支援者がいること、他制度利用へのつなぎ、何より「安心して医療を受けられる」という安心感を伝えることができる。

相談経路は診療場面、診療事務、地域、ホームページなどさまざまだが、職員が「経済的理由で治療に不安を抱えている患者を、何とかできる病院」として無料低額診療事業を意識していることが、日常の医療活動の土台となっている。

ここでは京都民医連中央病院の無料低額診療事業を利用された方で、印象に残ったケースを紹介する。

事例①　安心してがん治療を！——71歳男性のケース

Aさんは71歳男性。腕のよい友禅職人で、同い年の妻と2人で暮らしていた。職能国保に加入し、生活の糧は友禅の収入と妻のパート収入であった。

Aさんは2013年に肺がんが見つかり、仕事が思うようにできない状態になった。一度は放射線治療と抗がん剤で症状が緩和し、日常生活は問題なく送れるようになった。自身の体と相談しながら少しずつ注文を受け、細々と仕事をしてきた。

着物業界の不況も重なり、仕事は減る一方だったから、依頼してもらった仕事は受けないと、一度断ったら次はないという思いで必死だったという。副作用がひどくて仕事が思うようにこなせなかった一時期は、妻の扶養家族になっていた。5年が過ぎ、夫婦で何とかしんどい時期を乗り越えて、ようやく精神的にも肉体的にも落ち着いた生活が送れるようになってきた。仕事も年間で130万円程度はこなせるようになった。

しかし2017年の夏頃から体調不良で寝付く日が増え、がんの再発に対する不安がよぎるようになった。そんな頃に得意先から大きな仕事の依頼があった。断るわけにもいかず、無理を押して作品を仕上げた。

「毎日2時間も筆を持てない。疲れたら横になり、だましだましで仕事をこなしました。無理はしましたが、やり遂げた満足感はありました」

とAさん。その結果、その年の収入が一定額を越え、確定申告で一気に税金、国保料が増えた。その支払いに思い悩んでいる矢先にがんが再発した。

「今回の再発では、以前の抗がん剤は効かないかもしれません。使う薬によっては副作用が強く出て、手先のしびれも出現するかもしれません」

と主治医は説明した。5年前とは違い、体力も気力も衰え、自分の身体が思うように動かなくなっているいま、抗がん剤治療を受けながら仕事をしていく自信はない。しかし、払わないといけない税金を滞納するわけにはいかない。病院の医療費も毎回高額になる。Aさんは、どうやって工面しようと抗がん剤治療を受けながら「考えたら、気が狂いそうだった」という。

妻は夫の病気が再発し、仕事も激減している現状を再三役所に訴え、申告の見直しにより税・保険料の「数千円」の減額を実現した。しかし大きく変わらない現状に頭を悩ませていたとき、病院の受付横の「患者総合サポートセンター」の文字を見て、「自分の気持ちを聞いてもらいたい。何か打てる手だてがあるかもしれない」という思いで声をかけたそうだ。

そして妻は初回面談の際、5年間の思い、行政の対応への怒り、夫の様子などについて、堰を切ったように話し続けた。妻の思いを受け止めたうえでMSWは、無料低額診療事業の利用を提案した。

「このままでは安心して治療の継続はできないでしょう。生活していくのも不安だと思います。医療費だけでも心配しなくてよいように、相談に乗らせていただきます」

経済状況を聞き取ると、月収入が保護基準を上回っている様子だったので、あえて生活保護については言及しなかった。

「まったく収入がなくなった場合には公的制度の利用も考えましょう。現段階ではまず、無料低額診療事業の利用を優先しましょう」

数日後2度目の面談時にAさん本人とも会い、切羽詰まった現状を聞いた。収入計算をすると基準ぎりぎりだったが、無料低額診療事業の利用は可能だった。

「治療を続けたい強い想いはありました。しかし、このままではニッチもサッチもいかない。川に飛び込もうか、首を括ろうかと追い詰められた気分でした。医療費の心配をしなくてもよいと聞いて、本当に救われた気持ちになりました」

Aさんは深々と頭を下げた。

その後Aさんは、2クール目の抗がん剤治療を受けながら、「秋から冬にかけては着物が動く。少しでも仕事ができればありがたい」と、前向きな言葉が聞かれるようになっている。

事例② お金がなくても受診できるところ――50歳女性のケース

Bさんは50歳女性。自営しながら、夫と小学生の2人の子どもとの4人暮らしであった。

Bさんは下血、食欲不振で京都民医連中央病院の系列診療所を訪れ、受付で国民健康保険の資格証明書を提示して告げた。

「お金の心配があり、無料低額診療で診察が受けられるところをネットで見て相談に来ました」

外来で診察した医師は「すぐに入院が必要。悪性腫瘍が強く疑われ、手術が必要になるかもしれない」と診断し、京都民医連中央病院に入院することになった。夫とともに診療所のMSWが区役所保険年金課に同行し、「治療が必要な状態」と訴えて短期保険証発行の支援を行った。

その後の支援を京都民医連中央病院のMSWが引き

継ぎ、Bさんと面談した。不況の影響で収入が不安定だという。結婚当初から保険料の滞納があったが、収入が上がると保険料も上がり、支払いが追い付かない状況だった。子どもが生まれてからは、子どもの保険証は何とか確保し大人は後回しでがんばってきた。

「もっと早く受診したかったんです。体の不調は気がついていました。でも保険証もなく高額な医療費は支払えません。毎日トイレに行くたびに不安で仕方ありませんでした」

と、思いを吐露するBさんだった。

「よく当院にたどり着いてくださいました。これからは医療費の心配をしなくても安心して治療が受けられるよう対応していきますから」

MSWは無料低額診療事業の手続きを進め、並行して国民健康保険法第44条減免の利用（国基準）の申請支援も行った。

入院精査の結果、悪性疾患であることが確定。手術適応であると主治医が説明した。その後Bさんから次の相談を受けた。

「小学生の子どもが2人います。父親の帰りも遅く、毎日2人だけで留守番をさせておくのがつらい。妹に支援してもらってはいますが、長く負担はかけられません。だから、自宅近くで無料低額診療事業をしている病院を探していただけないでしょうか。治療はそこで受けたいと思うんです。家の近くなら子どもたちも帰りに立ち寄れますし、毎日『おかえり』と言ってやれますから」

幸いBさんの自宅から遠くないところで、無料低額診療事業に対応可能なC病院が見つかり、転院が実現した。C病院のMSWに国保法第44条減免（国保一部負担金の減免）の追求、必要時の無料低額診療事業の対応、家族の協力などの支援を引き継いだ。

数か月後、C病院のMSWから「無事に44条減免が認められました（京都民医連中央病院の入院分も適応されたことをのちに確認）。また実家の家族が滞納していた保険料を立て替えて、通常の国保証が発行されました。今後は外来診療について無料低額診療事業で対応していきます」と、うれしい知らせが届いた。

2　この制度でしか救えない人のために

無料低額診療事業では、生活のすべてを支援することはできない。しかし「病」が原因で働けなくなり、生活そのものも成り立たなくなるから治療をあきらめる、控えるなどという現状を軽減する役割は担える。事例②のように自分たちが健康である間は「大人は何とかできる」でよいだろうが、何が起こるかわからない不安定な現代では、社会保障の改善への運動、無料低額診療事業の拡充も福祉医療施設の役割ではないだろうか。

公益社団法人京都保健会では、無料低額診療事業を利用される世帯が2016年度の2倍になる可能性がある2025年を見越して、2017（平成29）年度から3年をかけて減免基準の引き下げを実施せざるをえなかった。無料低額診療事業をこの先も安定して運用していくためのやむなき対応であった。

しかし2018年10月から実施された生活保護基準の引き下げによって、対象から外れる患者が増えることが予想されるなか、いま一度制度の必要性、あり方を踏まえた運用を考える必要があると感じている。無料低額診療事業を、制度の狭間にいる患者や生活困窮者など、この制度でしか救えない人たちの、「最後の砦」（＝生活保護）へのつなぎの制度として、さらに利用しやすいものにしていくべきであると考える。

（植松理香／公益社団法人京都保健会 京都民医連中央病院）

【参考文献】

・吉永純／公益社団法人京都保健会（2015）『いのちをつなぐ――無料低額診療事業』クリエイツかもがわ

第6章 保険調剤薬局と無料低額診療事業

1 無低診利用患者にとって大きな保険調剤薬局での負担

1980年代より開始された政府の医療費抑制政策（「医療費亡国論」）によって患者負担が導入され、今日それは健康保険本人・家族とも義務教育就学後は3割、高齢者（70～74歳）2割、後期高齢者（75歳～）1割という状況にまで拡大されてきた。さらに保険外給付拡大など負担増が計画されている。

現役で働いている60歳代半ばの患者は、糖尿病治療のために月1回クリニックを定期受診している。窓口負担は3割である。クリニックでの支払いは診察料、検査料、生活指導料などを含めて1回約7000円である。一方、保険調剤薬局での負担は1回に約1万円となる。現役の収入があるために定期受診し、病気のコントロールは良好を保てているが、年金生活になったらこの負担に耐えられるかと大きな不安を抱いている。

深刻なのは、若年で発症した1型糖尿病の患者である。30歳代の現役であるが、若年層であるために収入は多くはない。一方で、インスリン療法を欠かすことができず、毎回の多大な治療費が大きな負担となっている。糖尿病、肝臓疾患、がん患者などは高額な治療費、薬代負担が生計を大きく圧迫している。

一般財団法人淀川勤労者厚生協会（以下、淀協／大阪市）では２００９年以来、無料低額診療事業を実施してきた。２０１７年度に限れば、５事業所（1病院5診療所）で無料低額診療を実施した件数は入院３４３５件、外来４６３５件、減免金額は入院と外来を合わせて２１７９万５６７７円であった（ほかに老人保健施設での減免制度あり）。ちなみに一般財団法人の場合は制度上、固定資産税の優遇措置を受けることができないため、法人の持ち出しである（なお、２０１８年12月より公益財団法人となった）。

この制度によって救うことができたいのちは少なくない。たとえばノーベル医学生理学賞につながったがんの免疫療法薬であるオプジーボ使用にあたり、無料低額診療を適用したケースもある。また、淀協では対応できない高度医療などが必要とされる患者に対し、近隣の無料低額診療実施施設である済生会病院と連携し、その治療を無料低額診療事業で実施することも少なくない。

しかし、院外処方箋を出した場合、保険調剤薬局は無料低額診療実施施設として認められておらず、薬代は全額自己負担となっている。実際に薬代が高いがために保険調剤薬局に処方箋を出さなかったり、治療そのものを中断したりするケースも少なくない。

無料低額診療を利用しても薬局代の支払い困難でたびたび受診中断になった事例――60歳代男性

自営で土木関係の下請けの仕事や契約社員など職を転々としておられ、家計収入は本人の不安定な収入と実母の年金の収入のみで経済的にも困窮されていた。国民健康保険料滞納が70万円以上あった。

２００９年夏、総胆管結石で緊急入院した際、２型糖尿病と診断され退院後、通院加療されるも経済的問題で中断がたびたび。入院費も未納状態だった。再入院された際に、無料低額診療を申請し10割減免となった。しかし、その後も院外薬局代の支払いが困難なために治療中断もしばしば。

本人は「無料低額診療の対象になり、病院代の支払いはなくなったが、薬局代が高くて払えない。１回が1万〜1万5千円程度かかり支払いできない」と訴えられていた。

やがて2型糖尿病が悪化し、人工透析に移行され加療が続けられていたが、脳幹出血で緊急入院後、発症から数日で亡くなられた。

（全日本民医連「経済的事由による『手遅れ死亡事例』調査」より）

2　無料低額診療と医薬分業政策

社会福祉法にもとづく無料低額診療事業は、戦後間もない１９５１年に開始された。生活困窮のために多くの国民が医療機関を受診し難い状況があり、国民皆保険制度も未実施の時期だった。当時の薬局は病院、医院内にあり、患者は院内薬局で薬を受け取るのが当たり前であった。したがって院内で処方された薬代は医療費総額に含まれ、薬代も無料低額診療の対象であった。

しかし、１９７４年より政府の医薬分業政策が本格的に推進され、１９８９年には国立病院で院外処方箋が発行され始めてから医薬分業は一気に加速した。今日では日本の病院、診療所のほとんどは院外処方箋の発行を行っており、２０１８年2月現在、約8割の医療機関が実施している。これは今後、ますます増加していくものと思われる。

院外の保険調剤薬局の利用が当たり前になっているのに、保険調剤薬局が制度上無料低額診療の対象とならないために、病院やクリニックで無料低額診療適用の患者でも、保険調剤薬局では自己負担となっている。この制度上の矛盾が療養を阻害する大きな要因となっている。

病院、クリニック、往診などでの検査、診断、療養指導などの医療行為と保険調剤薬局での投薬、服薬指導などが一体となって医療が成立することを考えると、保険調剤薬局での無料低額診療事業の適用は当然のことである。このような制度上の矛盾で、病気の重症化や治療中断となるなど「お金の切れ目がいのちの切れ目」となるような事態はけっして招いてはならない。

3　保険調剤薬局における無料低額診療事業の適用を求める

こうした矛盾に対し、保険調剤薬局でも無料低額診療事業が実施できるように求める要望が全国各地であがり、国への請願や陳情が行われている。全日本民医連も毎年、国および厚生労働省に対し請願を行っている。また、国の制度化を待たずとも当面する受療権を守るために、各地でそれぞれの地方自治体に対し、無料低額診療事業を利用する患者への保険調剤薬局での負担の軽減、解消が可能となる独自助成制度を求める請願運動が起きている。

これまでに北海道旭川市、苫小牧市、東神楽町、東川町、青森県青森市、高知県高知市、沖縄県那覇市の7自治体で、自治体独自制度として薬代への助成が実現している。これらは自治体独自財源の活用のため、助成期間が自治体によって2週間から6か月と制限があり、当該自治体居住患者以外には適用できないという限界もあるが、今後の保険調剤薬局での無料低額診療事業実施への足がかりとなる貴重な取り組みである。

まだ実現には至っていないものの北海道札幌市、千葉県千葉市、神奈川県横浜市、奈良県奈良市、山口県宇部市などでは毎年のように請願署名や自治体交渉、懇談が取り組まれている。那覇市の独自制度は、署名、陳情、懇談などを通じ、地元マスコミも大きく取り上げるなか、全会派一致で実現したものであった。

薬代の助成が実現した自治体でも、まだ実現に至っていない地域でも、無料低額診療事業に取り組んでいる医療機関や全日本民医連加盟の保険調剤薬局、地域社会保障推進協議会が主体となり、地域の諸団体などの協力賛同を得て運動がすすめられた。

奈良市では請願を受け「保険薬局への無料低額診療事業に関する意見書」が定例市議会で議決された。議決された意見書では「医薬分業が進展する昨今においても保険薬局は無料低額診療事業の対象所となれないことから、院外処方箋は対象となっていない」「ついては、院外処方箋をもらわれた患者においても安心して無料低額診療事業が受けられるよう、国に対し要望する」と述べている。

また2016年以来、政令都市民生主管局長会議は、国に対する予算要望として「無料低額診療に係る調剤のあり方について」の項目を設け、次のように提言している。

「……診療代が無料または低額になった方が処方箋の交付を受けたとしても院外処方で調剤を受けるにあたっては自己負担が生じ、中断される方がいるために、制度の趣旨に沿っているとは言いがたい状況があります。自己負担の発生は国がすすめてきた医薬分業政策に起因するものであり、早期に社会福祉法に基づく事業として位置づけになるのが望ましい」

2013年以来、田村智子参議院議員は参議院厚生労働委員会で「保険調剤薬局での無料低額診療事業の実施」を迫り、2017年12月15日（第195回国会）には同趣旨の質問主意書を提出している。同日付の政府答弁書は「今後の無料低額診療事業を行う医療機関における調剤の在り方については、厚生労働省の関係部局において、現在、検討しているところ」と答えている。

2017年に全日本民医連が実施した厚生労働省との懇談で、同省は、患者の薬歴の一元管理やかかりつけ薬剤師の必要など医薬分業の必要性を強調する一方、医療機関が発行する無料低額診療適用患者の処方箋に限っては、院内処方で対応してほしい旨の意見を述べている。彼ら自身、医薬分業政策による無料低額診療事業が保険調剤薬局に適用できない矛盾をジレンマとして感じているのであろう。

院内調剤は、実施医療機関が一部に存在するものの、圧倒的多数の医療機関に、無料低額診療適用患者のみ院内処方に切り替えられる体制はほとんどない。病院の薬剤師は入院患者への服薬指導が主たる仕事であり、そもそも外来患者に対応する体制は取っていない。ほとんどのクリニックは薬剤師を配置しておらず、薬剤ストックもないのが現状である。また医薬分業政策とも矛盾する。

いま日本の医療機関のなかで無料低額診療事業を実施しているところはわずか687施設（2017年厚労省）であり、また地域住民、国民にもこの事業はあまり周知されていない。しかし、この無料低額診療事業の役割は増しており、自治体病院など公的な役割を担う医療機関や地域の多くの医療機関が実施するようになれば、厚生労働省のいう院内処方での対応はますます非現実的なものとなる。

医療機関の運営にあたっては「非営利であること」と医療法で定められており、日本では営利企業の参入は禁止されている。一方、保険調剤薬局は株式会社や有限会社などの一般企業の参入が認められており、国はそのこともネックだという。

しかし、全日本民医連では、薬局法人の法人形態を非営利型一般社団（財団）法人へ変更することも推奨している。これらの法人では、医療機関で無料低額診療を適用されている患者への相談窓口を設け、薬代の分割払い、生活保護や公的減免制度への移行などについて懇切な相談活動を行っている。相談に来た患者の97％が「相談に乗ってもらい安心した」と答えている。少なくともこれらの法人形態を取る保険調剤薬局での減免を認める制度改正を行うことで、救うことのできるいのちがたくさん存在する。

一方、全日本民医連に加盟するあおぞら薬局（大阪市西淀川区）は、「無料低額診療対象の患者は一般の糖尿病患者よりヘモグロビンＡ１ｃ（過去1～2か月の血糖値の平均値）が高い」という論文（「保険薬局における一部負担金割合からみた2型糖尿病の治療実態」）を発表した（「日本糖尿病学会誌」２０１７年9月）。見えてくるのは生活に追われて治療が二の次となっている患者の現実である。

西淀病院の糖尿病専門外来を担当する結城由恵医師は「病状が悪化すれば透析が必要となる。国は医療費削減をいうなら、生活が安定し治療中断せずに済むような制度を」と指摘する。

改めて、医療費の自己負担を軽減すること、無料低額診療を保険調剤薬局まで拡大すること（無料低額調剤事業の導入）、そして独自に助成制度を実施している自治体への国としての財政支援を行うことを求めたい。そうすれば、新たに独自助成開始に踏み切る自治体も少なくないと思われる。

（長瀬文雄／公益財団法人淀川勤労者厚生協会副理事長）

第7章 歯科と無料低額診療事業

本章では、歯科の無料低額診療事業（無低診）における可能性と課題について、さまざまな状況を整理して記述する。

1 歯科における無料低額診療事業の現状と有効性

（1）歯科における無低診の現状

無低診事業は、歯科事業所（歯科医院、病院歯科など）も実施対象であるが、そのことはあまり知られていない。

3大都市圏の福祉担当局の公式データでも、無低診実施事業所自体の総数が非常に少ないうえに、歯科診療を行っている事業所はさらに少ない。たとえば2018年2月の東京都保健福祉局の発表によると、無低診実施は約50事業所あるが、そのうちの歯科は、全日本民主医療機関連合（民医連）の歯科診療所の数件と恩賜財団済生会の病院歯科だけである。地方では、歯科の無低診の事業所が皆無の自治体も散見される。

厚生労働省の2018年度無低診実施総件数の発表を見ても、医科と歯科の区分がなく、全国的な歯科診療の無低診実施数は把握できていないことがわかる。

民医連に限っていえば、無低診を行う歯科事業所は年々増加し、無低診適用患者数も増加傾向である。

(2) 歯科の受診特性から見る無低診の有効性

このような現状にもかかわらず、歯科無低診は社会的情勢に照らし合わせて非常に有効な手段と考えられる。その理由はまず、歯科の受診特性にある。

歯科疾患は一般に、よほどの激烈な痛みを除けば、いわゆる〝後回し〟にされがちである。理由として、すぐに生命を脅かすような疾患ではないと認識されている(長期的には生命予後にかなり関わっていることが近年証明されている)ことに加え、治療のほとんどの場面で歯牙の切削行為など何らかの身体的侵襲を伴うため、心理的、肉体的にストレスがかかることなどが挙げられよう。

また、治療に数回ないしそれ以上の通院が必要なため、多忙もしくは不定期のシフトによる仕事に従事している人たちには、予約しながら継続的に受診するだけでも困難となり、治療中断に至ることも多い。

さらに、受診抑制の実際の大きな要因に、歯科診療における自己負担金が高いという認識があることは事実であろう。全国保険医団体連合会の患者アンケートでも[1]、治療しない理由は「時間がない」「費用が心配」「治療が苦手」と続く。

歯科の治療では、保険でカバーできる内容に加えて、自費診療が提案されることもある。数万~数十万円と高額かつ幅広い価格での自費診療が提案されることがあると、軽微な治療の場合でも低収入世帯では受診に二の足を踏む心理が生まれることは、想像に難くない。

①宮城県の例から――受診抑制となる窓口負担金

一般に、歯科の受診件数は景気動向に敏感に左右されやすいといわれている。(2) これを非常に悲しい形で証明したのが、宮城県保険医協会が発表した東日本大震災時の医科歯科受診件数および国保支払い状況である。

２０１１年3月11日の東日本大震災では、多くの被災者が家財を失い、復興にも生活再建にも険しい道のりを強いられてきた。そのようななか、災害対応の特例措置として期間限定で医療費窓口負担免除が施行された（健康保険法第75条の2、国民健康保険法第44条などに基づく）。宮城県民の実に25％が該当し、医療面でのサポートがなされた。

この免除措置の影響を最も敏感に受けたのは歯科医療であった。窓口での支払いが不要と知った被災者が多数訪れたのは、歯科医院だったのである。震災前から経済的理由による治療中断が頻繁に見られていただけに、受診を我慢していた歯科への流れは顕著だった。

この特例措置は当初2年間続き、その後1年間の免除

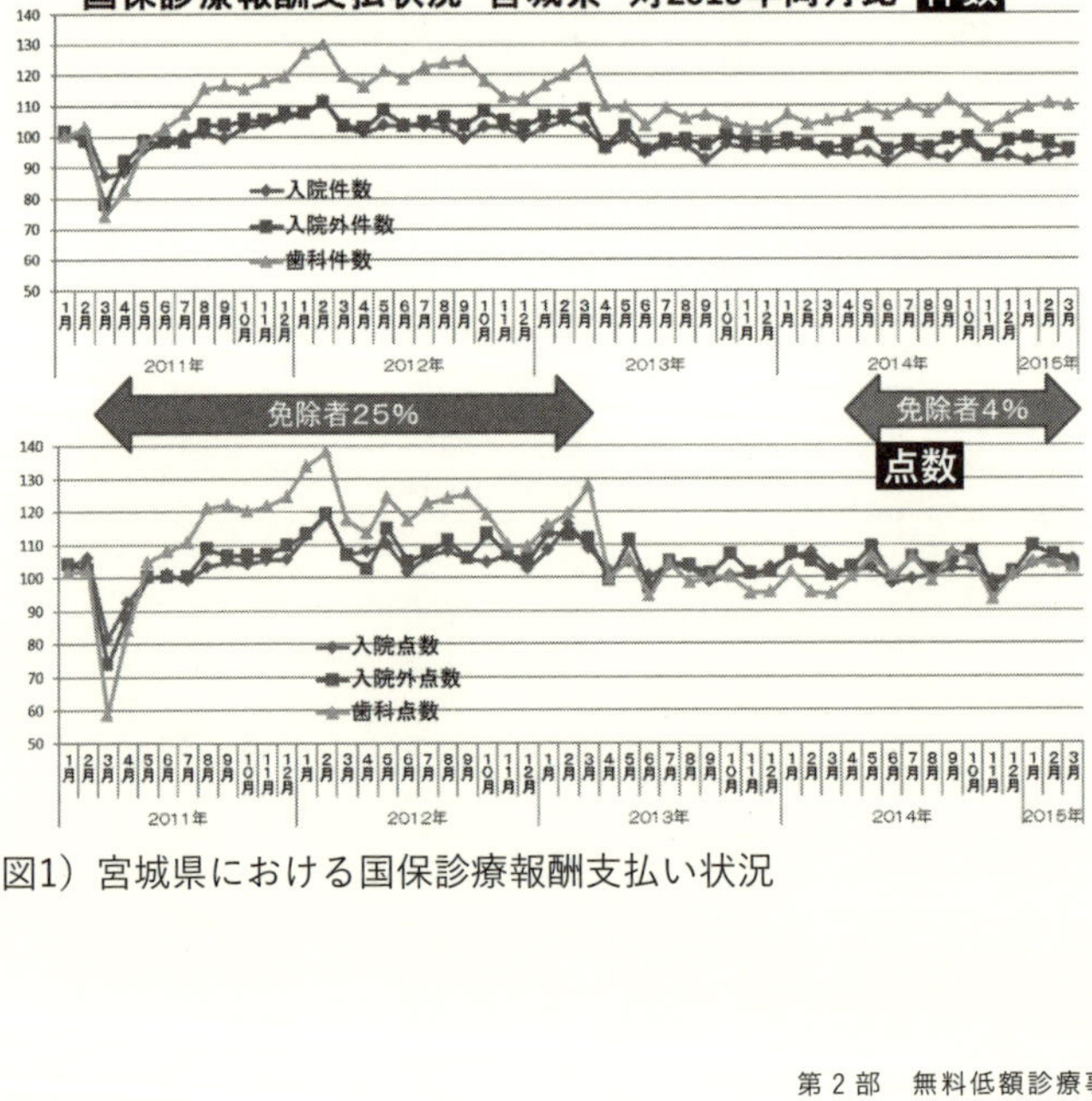

図1）宮城県における国保診療報酬支払い状況

打ち切り期間に受診減が見られたが、その後再度免除期間が始まると、受診件数は再び増加していったことがグラフから読み取れる。窓口負担金がいかに歯科受診の抑制原因となっているかがよくわかる。

②「歯科酷書」から――要治療歯が多い無低診対象者

無低診対象者の口腔内の現状がどのようなものかを調査した研究がある。図2は、後述する民医連歯科部がまとめた「歯科酷書　第2弾」に掲載の無低診対象者のDMF歯数を年齢階級別に表したものである。

このグラフで注目すべきは20～60歳代の無低診対象者である。この年代のDMF歯数は、全国平均と比較して1・4倍前後の乖離がある（筆者が診療従事する事業所では、特に30～50歳代での乖離が最大1・7倍であった）。

つまり、それだけ治療が必要な歯が存在するにもかかわらず、無低診対象の収入状況にある人は受診を抑制している可能性がある、ということである。

もともと所得格差と残存歯の関連については、いくつかの研究で裏付けがなされてきた。田代ら[3]は、個人や都市間の平均所得の格差とDMF歯数に相関関係があることを究明し、歯の状態の格差は個人的な問題だけではなく、社会的な問題であることを投げかけている。

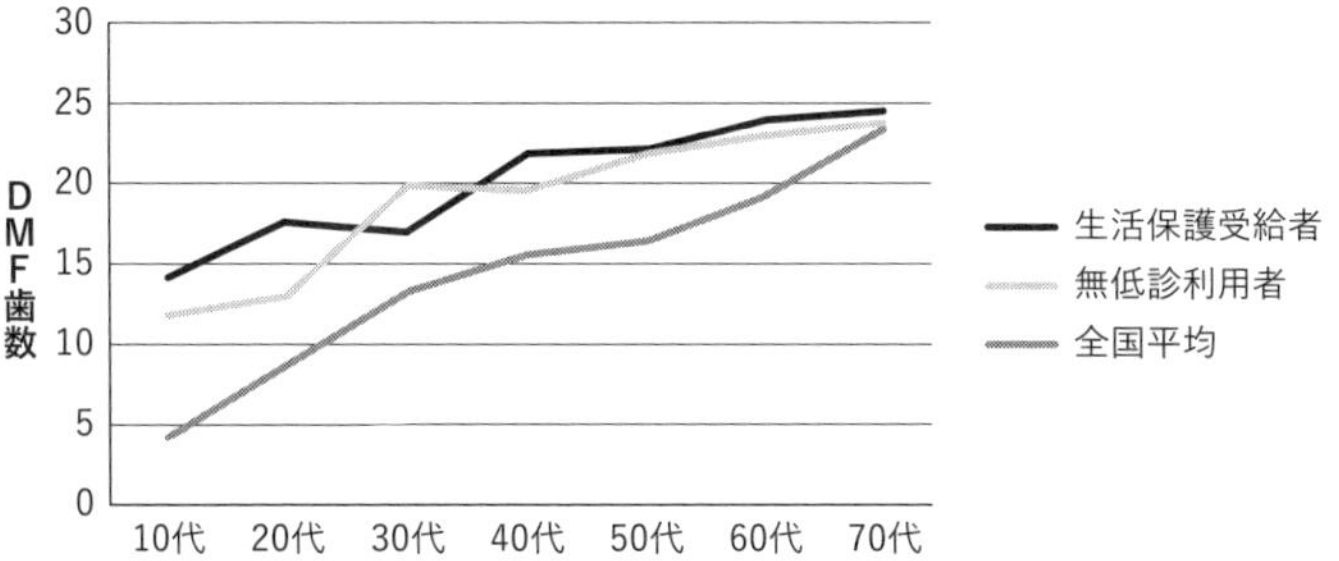

図2）DMF歯数

DMF歯数とは、歯科治療が必要な虫歯や治療済の歯、抜けてしまった歯の合計を表したもの。成人の歯はすべて生えて28本（智歯、いわゆる親知らずを含めて32本）だから、虫歯や抜けた歯がなければDMF歯数は0、すべて要治療歯またはすべて抜ければ最大28である。よって年齢が上がれば当然28に近づく。

昨今の相対的貧困率、低年収世帯の増加からは、歯科無低診対象の世帯および人口の増加が推察され、ここからも歯科無低診の有効性が示唆される。

③歯科的処置内容の特性と無低診――投薬処方箋発行が少ない

歯科無低診の有効性としてさらに考えられるのは、歯科では投薬処置が少なく、歯牙に対する修復処置（いわゆる詰め物、かぶせ、入れ歯など）が主体ということである。もちろん感染や疼痛などに対する投薬処置も少数行われるが、厚生労働省による歯科診療別行為件数を見ても処方箋発行割合が全体の数％未満である。

つまり、前章で触れている調剤薬局での自己負担金が医科に比べて圧倒的に少なくて済む、ということからも歯科無低診の有効性は高い。

こうして無低診は、治療回数が多くても自己負担金が少なくてすむ結果、心理的なハードルを下げ継続的な受診を可能にするため、歯科においても非常に有効であるといえよう。

2　歯科における無料低額診療事例

歯科無低診の事例発表は全国的に見ても非常に少ない。ここでは全日本民医連歯科部が発行した「歯科酷書第3弾」*から2事例を紹介する。

*「歯科酷書」＝2009年より発行。歯科における、いわゆる〝手遅れ事例〟報告として、その社会的責任を問うもの、あるいは歯科でも根強い自己責任論と対峙するものとして2018年までに第3弾の発行を重ねている。

（1）義母の介護と通院困難で……（無低診事例①）

60代の女性Aさんは義母との2人暮らし。夫とは死別し、娘は離れて暮らしている。Aさんは義母の介護のため無職。収入は義母の年金と娘からの仕送りのみであった。

このような経済的困難に加え、義母の介護で時間がなく、Aさん自身も足が不自由になって転倒することが増えた。通院にはタクシーが必要となり、受診も困難になっていった。そのため、具合が悪くても歯科を受診するのは二の次となるなど口の手入れがおろそかになり、咬み合わせることができない状態にまでなってしまった。

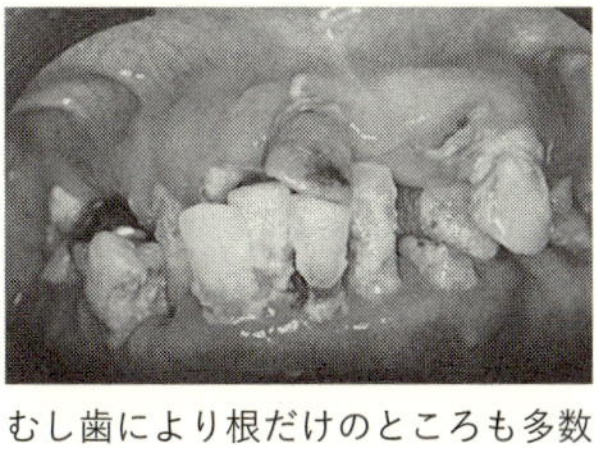

むし歯により根だけのところも多数あり、残っている歯も歯垢が大量に付着しグラグラしている。

（2）介護による就労困難と経済的困窮で……（無低診事例②）

60代の女性Bさんは兄と2人暮らし。38年間母親の介護をしてきた。介護中は就労できず、母親の年金と貯金、兄のアルバイト代のみで生活してきた。介護が忙しく歯科受診もできなかった。

母親が亡くなった後、就労するにあたり歯が気にはなったが、経済的困難で受診に至らなかった。新聞で無料低額診療を知り、受診して義歯を作製することができた。

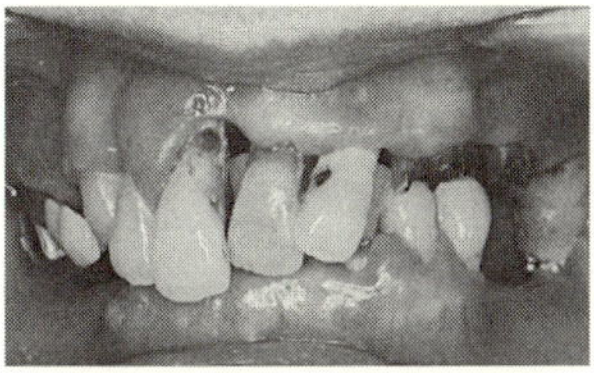

むし歯と歯周病が進行し前歯が抜けそうになっている。

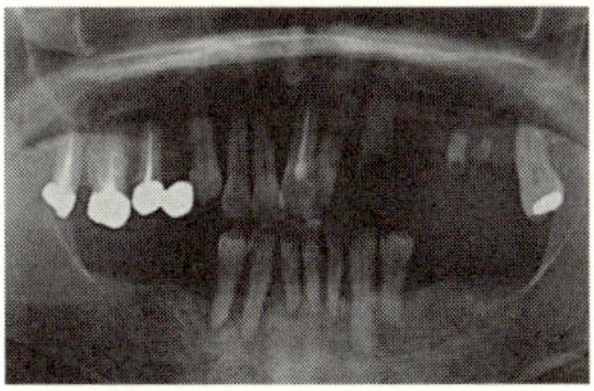

奥歯がほぼなくなっており噛むことが困難になっている。

(3) 社会的、生活的な視点

これらの症例で着目すべきは、やはり事例の人たちの社会的、生活的な経緯である。「歯科酷書」からは、無低診を利用しなければならない事例のほとんどは実際に、自己責任論ではまったく解決できない状況だったことがわかる。

このようなことから、歯科においても無低診実施事業所および担当者は社会的、生活的な視点で利用者をサポートする必要があり、その選択肢も社会的処方を踏まえた広い視野で提示することが求められる。

3 子どもの貧困と「口腔崩壊」

歯科の無低診を論じるうえで除外できないのが子どもたちである。

厚生労働省の調査によれば、日本の子どもの貧困率(2015年)は13・9%と7人に1人が該当する。さらにひとり親家庭の貧困率は50・8%と、先進国のなかでも最悪の水準だといわれている。

要治療歯(いわゆるむし歯)がある子どもの数、あるいはむし歯の総本数は減少傾向にある。その一方、学校歯科検診で「要受診」と診断されたにもかかわらず未受診の児童・生徒や、未治療歯が10本以上あり噛むことが困難ないわゆる「口腔崩壊」の児童の存在が、見過ごせない状況になってきている。

兵庫県保険医協会が実施した県内の学校調査で、検診で歯科受診が必要と診断された子どもの65%が未受診であり、また「口腔崩壊」の児童・生徒の存在が確認された学校が35%に上ることが判明した。[4] 同様の調査結果は大阪をはじめ他府県でも報告されている。

同調査によると、「口腔崩壊」の児童・生徒の家庭状況は「ひとり親」「保護者の健康への理解不足」「経済的困難」と続く。ひとり親家庭は貧困率が高いため、歯科への受診抑制がかかる可能性が非常に高い。もちろん近年拡大してきている自治体での医療費助成が適用されるケースが多いとは思われるが、各自治体によって上限額や年齢が異なる。自己負担があれば、歯科受診は高確率で後回しになる。義務教育段階なら低所得世帯の子どもには就学援助制度があり、その制度による「学校病」の一つとして、むし歯の治療は無料で受けられるのだが、あまり周知されていない（学校で学校病医療券を発行してもらい、保険証とともに医療機関へ出す）。「口腔崩壊」の児童の家庭環境にはほかに、ネグレクト、DV、貧困、不安定雇用、若年出産などを指摘する報告[5]もあり、世代間での「口腔崩壊」連鎖も示唆される。

乳歯期にいったん「口腔崩壊」となれば、永久歯においても要治療歯は多くなるため[6]、治療は一生涯必要となる可能性も高い。現在の技術では、かぶせたり詰めたりしたものは必ず有限で寿命を迎えるからである。また、その人の生活や労働環境を変えられなければ、原因が除去できないことが多いからである。

さらに、歯科の定期検診を受ける人ほど、生涯の医療費が低くてすむ[7]というデータがある。それを考慮しても、無低診が子どもだけでなくあらゆる世代に歯科受診のハードルを下げることが期待される。

4　歯科の無低診拡大のための今後の課題と「保険でよい歯科治療を」運動

(一) 歯科が無低診に取り組むための三つの課題

歯科に無低診を広げるためには課題も多いが、さしあたり次の三つの課題を考察する。

①生活保護患者と減免患者が取り扱い患者の10％という要件

歯科無低診を実施できる事業所の要件が厳しい。その一つ「生活保護患者及び無料又は診療費の10％以上の減免を受けた者の延数が取扱患者の総延数の10％以上であること」という要件は、地域によっては高いハードルとなる。すべての地域の患者が公平に受診できるよう、要件の緩和もしくは撤廃が求められる。

②いわゆる「持ち出し」をどうするか

歯科の診療特性は処置が多く、特に義歯などの修復物の現物提供は歯科技工費用が高く診療報酬が高額となるため、窓口負担金を減免する無低診ではいわゆる「持ち出し」額が多くなる。利用者側にとって有利な条件が、逆に歯科事業所側の無低診運用のハードルを高くする。健康保険で作製の義歯が数万円の「持ち出し」となれば、税金面で優遇されても無低診の実施に踏み出す歯科事業所の拡大は困難であろう。

一つの方策として、処置内容や治療期間は各事業所の裁量に任せられているため、それらを検討し（たとえば応急処置のみ無低診で扱うなど）、利用者を早めに公的な救済策（生活保護、医療費公費負担）に結びつけることは有効な手段である。

③相談対応などの条件整備

従業員数10人未満の小さな規模の診療所形態が9割以上を占める歯科では、いざ無低診の患者を受け入れるとしても、医療ソーシャルワーカーの配置などの手続きや対応が困難である。

たとえば、事業所単位で行う現状の制度ではなく、公的機関に審査を委ね、事業所では簡便な手続きのみとなれば、無低診取り扱い事業所も拡大しやすいと思われる。

これらの課題の解消と改善を行うためには、まず実施済事業所が無低診の歯科医療従事者へのさらなる周知と、開始手続きや運用の難易度を下げるよう国や自治体に働きかける運動が必要である。

また、歯科無低診の実施を前向きに考える事業所は、近畿無低診研究会や全日本民医連の歯科事業所などと、開始方法や実践例などについて交流するとよいだろう。

（2）「保険でよい歯科治療を」運動との連携

歯科無低診拡大のもう一つの基軸と考えられるのが、全国保険医団体連合会（保団連）と民医連が共同で推進する「保険で良い歯科医療を」の運動である。

この運動は、医療を受ける患者と、歯科医師、歯科技工士、歯科衛生士など歯科医療従事者が共同して取り組んでいる。１９９２年頃から「保険で良い入れ歯は国民の権利」「歯科医療従事者の技術と労働の適正な評価、経営と生活の確保」という問題の解決に向け、満足できる「入れ歯」が保険で保障できることを求めて運動してきた。

その後、２０００年に「保険で良い入れ歯を」の名称を「保険で良い歯科医療を」全国連絡会に変更した。「入れ歯」問題だけでなく、乳幼児から高齢者までの歯科の保健・医療制度全般の改善を課題にして「お口の何でも相談」、講演会、シンポジウムなどの宣伝と交流、署名、国会議員への要請、自治体意見書運動など幅広い活動をすすめている。

近年は、①患者自己負担の大幅な軽減、②保険診療の適用拡大、③診療報酬の改善、を運動の柱としている。

これまで述べた通り、歯科受診は窓口自己負担の高さによる抑制傾向が根強く、また保険で良質な医療を提供している歯科医院も、伸び悩む診療報酬で経営体力は疲弊、逼迫している。

歯科医療が、無低診対象者のみならず一般の利用者に「いつでも、どこでも、だれでも」安心して受診できることが認知され、そして歯科事業所が保険でも良質な治療を提供でき、かつ経営体力を維持できることを「保険で良い歯科医療を」のような運動が後押しできれば、歯科無低診の拡大と長期的には国民の健康長寿につながるであろう。

（冨澤洪基／尼崎医療生協 生協歯科）

【引用文献】

(1)全国保険医団体連合会（２０１４）「健康長寿社会に向けて〝保険でより良い歯科を〟」

(2)川渕孝一（２０１０）「医療経済学から見た歯科界の現状と課題」日本学術会議公開シンポジウム「新たな歯科医療制度を考える」の講演資料（http://www.scj.go.jp/ja/event/houkoku/101217houkoku.html）

(3)Tashiro A, Aida J, Kondo K et al. Association between income inequality and dental status in Japanese Analysis of data From JAGES2013 日本公衆衛生雑誌　2017; 64(4); 190-195

(4)兵庫県保険医協会編著（２０１７）『口から見える貧困―健康格差の解消をめざして』クリエイツかもがわ

(5)新里法子、番匠谷綾子、香西克之（２０１２）「一時保護された被虐待児童の口腔内状況について」「小児歯科誌」50(3)、２３７～２４２頁

(6)Yoshihide Okazaki, Tomohiro Higashi, Koji Tanaka, et al. The Relationship between the Combined Caries Activity at 1 year-6 months and 3 years of Age with Caries Status at 6 years of Age. The Japanese Journal of Pediatric Dentistry. 2000, Vol.38, No.3, p.622.

(7)Kenji TAKEUCHI, Yukihiro SATO, Shino SUMA, et al. Associations of Oral Health Status and Dental Health Service Utilization with Dental and Medical Expenditures. JOURNAL OF DENTAL HEALTH. 2017, Vol.67, No.3, p.160.

第8章 外国人の医療保障と無料低額診療事業

非正規滞在外国人の医療を考えるとき、無料低額診療事業の果たす役割は非常に大きく、この役割は今後も変わらないだろう[(1)]。しかし問題は、いのちの危機にさらされている外国人が多く存在しながら、事実上、無料低額診療事業以外に、彼ら・彼女らを救うすべがないという現実である。

また、２０１８年12月に拙速に改定された出入国管理及び難民認定法（入管法）では、２０１９年４月から新たな在留資格での受け入れを開始し、５年間で最大34万人を超える外国人労働者を受け入れる計画である。いまでも外国人労働者の人権無視が問題になっているもとで、医療保障の最後の砦としての無料低額診療事業の果たす役割が、今後もますます大きくなることは必至である。

そこで本章では、急増する外国人住民の実状を見たうえで、外国人への医療、社会保障制度の現状と問題点を明らかにする。そして、医療から排除された非正規滞在外国人の問題点を指摘し、最後に無料低額診療事業の重要な役割と課題を示すこととする。

1　急増する外国人住民

１９８０年代後半から来日する外国人が増加し定住するようになってきた。２０１８年6月現在の在留外国人数は約２６３万人（法務省発表）となっている。今後、日本に在留する外国人がさらに増加していくことは確実であり、地域社会で外国人の存在は特別なものではなく、住民である外国人が社会で果たす役割はますます大きくなってくるだろう。

生活していると誰もがさまざまな事故や病気、けがなどの困難を生じるが、これは外国人であっても同様である。その解決のために社会保障・社会福祉・医療制度は存在するが、公的医療保険への加入を拒否されている外国人が数多く存在している。外国人支援団体には、そのような相談が途切れることがない。それは非正規滞在の外国人である。

在留資格がない非正規滞在の外国人の多くは、日本に生活の基盤があり、日本の厳しい職場で就労してきた人たちやその家族である。日本人と結婚生活を送っているけれども在留許可を得られていない人、40年も日本で就労してきた実績がある人、技能実習生で労働条件の悪さと人権侵害に耐えかねて逃げ出した人、難民申請が認められなかった人、入管（入国管理局）収容中に病気にかかり仮放免となった人、ブローカーに騙されて来日した人など、一人ひとりにそれぞれさまざまな事情が存在していることは理解しておきたい。

事例①　体調不良に耐えられなくなったアフガニスタン人

2001年、難民申請したが不認定となったアフガニスタン人は支援団体シェルターで保護されていた。体調不良でも我慢していたが耐えられなくなり、無料低額診療事業の医療機関を受診した。胆石と診断され治療を受けることができた。いまも在留資格はないまま滞在している。

2　外国人医療をめぐる状況

外国人の医療問題を考えるために外国人の医療、社会保障に関する動きを振り返っておきたい。

日本は1981年の難民条約批准に伴い、労働や社会保障制度などについて内外人平等で取り扱うことが必要となった。そのため同年に「児童手当法」「児童扶養手当法」「特別児童扶養手当法」「国民年金法」が改正され、外国人を制度から排除する国籍条項は削除された。また「国民健康保険法」は、まず法施行規則改正と通知で対応し、1986年3月に法改正が行われて国籍条項が削除された。しかし生活保護法は、実質的に外国人にも同じ扱いをしているから条約批准に支障はないという説明で、国籍条項を残したまま現在に至っている。

こうして、生活保護法を除く社会保障、社会福祉、医療の分野の制度で国籍条項がある制度は存在しなくなっている。[2]

実は1990年までは、在留資格の種類や有無にかかわらず生活保護を適用する例が全国で存在していた。国も国会で、密入国の外国人でも生活保護を適用するのは当然であるという考えを示していた(3)。

しかし、1990年10月に開催された「生活保護関係指導職員ブロック会議」で、厚生省保護課から「保護の準用となる外国人の対象は、特別永住者、入管法別表第二の外国人、入管法上の難民に限る（活動の制限のない特定活動の場合は厚労省に照会して適用）」という口頭の指示が出され、以後、これ以外の外国人が生活保護を受けることが困難になっていった。

また、国民健康保険の加入資格も、1992年3月31日の国民健康保険課長通知で、1年以上の在留が確認できる場合に制限されることとなった。

こうして、外国人の生活保護と国保の適用が制限され、医療にかかることができず、そのために治療が遅れ重篤な状態になる外国人の事例が全国で発生し、外国人の医療保障が大きな問題となってくるのである。

この国の方針の転換の背景には、1990年の入管法の改定などによる外国人の増加がある。国は、外国人を事実上労働者として受け入れる方針を取りながら、建前ではそのような説明をせず、また、そのための環境整備を行うのではなく、生活保護と国保の利用資格の制限という施策で対応したのである。

このような状況のなか、関東の自治体や兵庫県で「外国人未払医療費補填事業」が予算化されるようになり、国は救命救急センターを対象とした外国人未払医療費補填制度（救命救急センター運営事業）を1996年にスタートさせた。また、関東ではほとんど利用されていなかった行旅病人及行旅死亡人取扱法（行旅病人法）の運用が、外国人の医療問題を契機に復活するようになってくるのである。

1995年には、厚生省内に設置された「外国人に係る医療に関する懇談会」が、在留資格のない外国人の医療について、無料低額診療事業、行旅病人法、母子保健・助産などの活用を提言した。

それらと並行して、在留資格の有無にかかわらず利用できる制度を活用する取り組みも行われるようになり、入院助産(出産費用)、養育医療(未熟児の医療)、母子手帳、予防接種は、在留資格がなくても利用できることが確認された(2000年大脇雅子参議院議員の「外国人の医療と福祉に関する質問主意書」への政府答弁書)。

1990年代にはさらに、生活保護や国保の利用を拒否された外国人の問題で訴訟が相次いで提起されるようになった(留学生の生活保護利用をめぐるゴドウィン訴訟、交通事故で大けがをしたオーバーステイ外国人の生活保護適用をめぐる中野宋訴訟、在留資格のない外国人の国保加入をめぐる訴訟など)。

横浜外国人国保訴訟は、在留資格はないが外国人登録をして飲食店を自営していた外国人が国保加入を拒否された事案で、最高裁判決(2004年1月15日)は、安定した生活を継続的に営み、将来にわたって維持し続ける蓋然性が高いとして、在留資格がないことを理由に国保加入をさせなかった決定を違法と判断した。

しかし、この最高裁判決は傍論で「法施行規則や条例で規定すれば、在留資格のない外国人を適用除外とすることも許される」と述べたため、2004年6月、厚労省はそれまで通知で制限していた内容を、国保法施行規則で規定して、住所があっても在留資格がない場合は、国保の適用除外とする取り扱いを維持することになったのである。

2012年7月の新たな在留制度の実施により外国人登録制度が廃止され、3か月超の在留資格がある外国人が住民登録の対象とされたことに伴い、国保の加入資格もそれに合わせて改定されることとなった。

それまで在留資格はないが外国人登録をしていた外国人は住民登録の対象とされなくなったことにより、制度利用ができなくなるのではないかという懸念が出された。そのようななか、国は「在留資格の有無にかかわらず提供の対象となっている行政サービスについて、その取扱いに変更はない」として、2012年7月4日付け、総務省自治行政局長事務連絡文書「入管法等の規定により本邦に在留することができる外国人以外の在留外国人に対して行政サービスを提供するための必要な記録の管理等に関する措置に係る各府省庁の取組状況について（通知）」を、各自治体に発出した。

この通知は、在留資格がなく住民登録がない場合であっても利用できる制度について自治体に周知を図る目的で出されているもので、3年ごとに改定されている。2018年8月10日付け通知では、予防接種、感染症予防法、小児慢性特定疾病医療、婦人保護事業、母子保健事業、精神保健福祉法の措置入院、被災者生活再建支援法、災害救助法などの26の制度が掲載されている。

3　医療から排除された外国人の存在――非正規滞在の外国人

非正規滞在の外国人のなかには、健康を害して医療が必要となる人も少なくない。これらの人は健康保険に加入できないため、受診すると医療費は自由診療として10割以上の請求がなされることになる。莫大な費用が必要となり、受診せずに我慢することになってしまうのである。

最近は、オーバーステイなどで入管に収容されている間に重い疾病を患った人を、入管当局が仮放免する例が見られるようになっている。在留資格がないままの仮放免であるから、国保加入も生活保護も利用できない。収容所内で治療が必要であれば入管当局が医療に責任をもたなければならないが、重篤と判断した場合はあえて仮放免をするのである。

もちろん、釈放されたとしても医療が保障されているわけではない。非正規滞在の外国人が重篤な病気に罹患している場合に、「療養する活動目的」の特定活動（法務省告示外の特定活動）が与えられる場合はある（この場合は国保加入できる）。しかし、この「療養する活動目的」の特定活動について、国保への加入を拒否する自治体があり、厚労省も自治体からの疑義照会に対し、基本的には自治体の判断としながらも、国保に加入できないという見解を伝えていた。これは国保の適用除外であるいわゆる「医療滞在ビザ」（入院治療を目的とした入国で裕福な外国人が対象で、特定活動に関する法務省告示25、26に規定がある）と医療に困る外国人とを同じように扱うもので、制度の趣旨を逸脱した取扱いというしかないものであった。このため、療養のための在留資格が与えられても治療を受けることができないという事態が生じていた。

このように、できる限り国保に加入させないというスタンスの厚労省と、外国人問題に理解が不十分な自治体の姿勢が相まって、外国人の医療を受ける権利が不当に制限される事例が生じている（この問題に関してはＮＰＯ法人移住者と連帯する全国ネットワークが問題を指摘してきたが、厚労省は、２０１９年2月にこれまでの見解を改め、法務省告示外の特定活動で「療養する活動目的」の在留資格を与えられた外国人は国保に加入できるという取り扱いを明らかにした）。

これが現在の外国人の医療をめぐる状況である。こうして、非正規滞在の外国人が重篤な状態であるが、治療が受けるにはどうしたらいいだろうか、という相談が支援団体に寄せられた場合、最終的に頼りになるのは無料低額診療事業しかないのである。文字通り、無料低額診療事業は外国人の医療保障の最後のセーフティネットとなっているのである。(4)

事例② **逆子とわかって入管から仮放免された中国人女性**

日本人夫と離婚した中国人女性は、手続きを知らないまま超過滞在になり、入管に収容された。その後妊娠がわかったが収容は継続され、逆子とわかって仮放免された。しかし頼る先もなく、困って役所に相談したが取り合ってもらえず、支援団体に助けを求めた。無料低額診療事業で出産した。その後シェルターを経て母子生活支援施設に入所した。現在は在留資格が認められ、母子ともに日本で生活している。

4 今後の課題と方向性

非正規滞在外国人が運よく無料低額診療事業で治療ができたとしても、これですべてが解決するわけではない。基本的には、国民健康保険や生活保護の適用対象外とされ、医療保障から排除されていることが問題であり、長期的には在留資格にかかわらず医療を受けることができるような制度改正が求められる。

当面の課題としては、制度の運用として在留資格の有無にかかわらず利用できる制度については、確実に制度適用させていくことが必要である。自治体によっては、在留資格がないというだけで利用可能な制度であっても利用を拒否する事例も少なくないのが現実で、現場での取り組みが重要となっている。

外国人の医療問題に取り組んでいるなかで、これまで無料低額診療事業の医療機関に、本当に多くのいのちを救ってもらった。感謝しても感謝しきれない。

しかし、無料低額診療事業を実施している医療機関の一部で行われている、健康保険に加入していない場合は、無料診療券の対象としないという運用については、どうしても納得できない。また、健康保険に加入できない外国人が受診した場合、無料診療券の利用を認めるものの、医療費の3割（保険適用の場合の自己負担分）は免除するが7割分は自己負担として本人に請求している事例も見受けられる。このような健康保険加入が前提の無料診療券の運用は制度の趣旨に反するもので、見直しを求めたい。

外国人が増加する状況が必至のなかで、政府は制度改悪を進めている。外国人の医療についての「ただ乗りキャンペーン」「外国人により健康保険制度がつぶされる」などの根拠のない情報を背景にしたもので、今後も外国人の医療保障、社会保障の権利を制限しようという動きが出てくる可能性が高い。

しかし、このような外国人をターゲットにした利用制限、内外人平等原則に反した制度の改悪は、日本の社会保障や公的医療保険制度に穴をあけて、日本人も含めて制度から排除される人を生むことにつながるということを認識しておかねばならないだろう。

（觜本《はしもと》　郁／NPO法人移住者と連帯する全国ネットワーク運営委員、NGO神戸外国人救援ネット運営委員）

【注】

(1)在留資格がない外国人を行政機関は「不法滞在」と呼ぶが、在留資格がないことにはさまざまな事情が存在し、それ自体で犯罪であるかのような表現をすることには問題があることなどから、本章では「非正規滞在」と表現する。

(2)国は、恩給法や戦争犠牲者援護関係法は社会保障制度ではなく国家補償の制度であると説明し、これらの法には国籍条項が存在している。

(3) 外国人の原爆医療法適用をめぐる孫振斗事件。

(4) 入管法第62条第2項は、オーバーステイなど入管法に違反する外国人を知ったときの国または地方公共団体の職員の通報義務を規定しているが、この規定に関する国の正式見解は「通報すると行政機関に課せられている行政目的が達成できないような例外的な場合には、当該行政機関において通報義務により守られる利益と各官署の職務の遂行という公益を比較衡量し、通報するかどうかを個別に判断することも可能」（2011年12月13日、阿部知子衆議院議員の質問主意書への政府答弁書）というものであり、そもそも公務員以外に通報義務はない。また、厚生労働省社会・援護局総務課長通知「社会福祉法第2条第3項に規定する生計困難者のために無料又は低額な料金で診療を行う事業における人身取引被害者等の取り扱いについて」（平成17〈2005〉年3月8日付、社援総発第0308001号＝254頁⑥）では、「無料低額診療事業を実施する医療機関が不法滞在の状態にある対象者を治療した場合（入院する場合を含む）であっても出入国管理及び難民認定法違反となるものではなく、また、その旨を通報する義務もない」としている。

第9章 ホームレスと難民問題から見る無料低額診療

1 東京都社会福祉協議会医療部会

東京都社会福祉協議会医療部会（東社協医療部会）は、東京都内で無料低額診療事業を実施している病院のなかで、主に社会福祉法人の病院が集まり組織している部会である。歴史は古く、東京都社会福祉協議会創設時から長期間にわたり、社会的に援護が必要な人たちを対象に診療費の減免や無料健康相談などの事業を行っている。

医療部会の会員病院は２０１９年３月時点で32病院である。病院の形態は第三次救急（救命救急センター）から慢性期（療養型）の病院までさまざまで、診療科も多岐にわたっている。

2　医療部会MSW分科会の活動

医療部会では、無料低額診療事業を推進していくためにMSW分科会を設置し、病院の枠を超えたさまざまな活動を行っている。

現在は、東社協医療相談室として旗を揚げ、MSW分科会のなかから幹事6名が窓口となり、社会的に援護を必要とする対象者（ホームレス・難民など）を支援している団体からの医療、受診相談を受けている。

並行して、支援団体に所属する職員向けに講義を行うなど、医療的な視点からの啓蒙活動も行っている。

3　ホームレス支援について

過去の活動の一つに、2003年から実施したホームレス支援がある。当時、特定の公園や河川敷などでブルーテントや段ボールハウスを建てて暮らさざるを得なくなった人が多数いて、地域に住む住民が利用しづらい環境となって社会問題化していた。

無料低額診療事業を行っている病院の役割として、公園から救急車で搬送されたホームレスに対し、MSWが介入してそこから支援が始まるのが、それまでの現状であった。医療が必要になってから救急搬送されるホームレス支援の困難さを知っているMSWにとって、ホームレス問題に対し「もう少し踏み込んだ支援」が展開できないかと模索していた時期でもあった。

4　ホームレス支援から見えてきた方向性

医療部会のMSWが中心となり「待ち受ける形の支援」から、「出て行く形の支援」を開始した。新宿区内の2か所の公園と杉並区の公園の計3か所に住むホームレスを対象に、一つひとつのブルーテントを訪ね、健康状態や生活状況を聞いて回った。警戒心を抱かれないよう大勢を避けて2人1組とし、また不審者に思われないよう東京都社会福祉協議会のロゴ入りTシャツを着用して、病院の相談員であることを明かして声をかけた。

月に1回、6人のMSWが3組に分かれての活動だったが、数回にわたり同じブルーテントや段ボールハウスを訪ねることで、警戒心が薄れて関係性を築くことが可能となり、相談を受けやすい形ができてきた。

これらを継続する一方で、「MSWらしさが発揮できているのか」という点で課題が出てきた。健康状態を聞いて歩いてはいるものの、組織としての活動意義を考えると、支援方法を考え直さなくてはならない現状が明らかになった。

5　東京都と23区の共同事業――ホームレスを居宅へ

2004（平成16）年から東京都と23区の共同事業として「ホームレス地域移行支援事業」が実施された。公園から居宅（都の借り上げアパート）へ入居してもらい、その人が継続して居宅生活を送れるように支える取り組みであった。この事業は約5年間実施され、5か所の公園から総勢1624人が居宅生活に移行した。

同時期に、医療部会が独自にホームレス支援活動を実施していたことがきっかけとなり、都から医療部会に対して「ホームレス地域生活移行支援事業」に無料低額診療事業を活用したいと協力要請があった。それ以降、ホームレス支援をこの事業の中心として展開する活動に変更した。多くのホームレス支援団体と連携し、居宅に移行した対象者で受診が必要な際の医療支援を無料低額診療で提供した。

支援団体との連携により、生活を支えるための医療支援という位置づけが明確になり、無料低額診療事業を行っている病院としての存在意義を実感できた貴重な機会であった。

6　東社協医療部会による外国人医療支援活動のきっかけ

2008（平成20）年に、難民支援を展開している「外務省の外郭団体難民事業本部」と「NPO法人難民支援協会」の2団体から医療部会に対し、無料低額診療事業を利用した受診要請が入った。医療保険がなく受診費用の支払いが困難な外国人（主に難民申請者）を対象に、病気などの際に無料で受診を受けてほしいという要請であった。

その要請が入る前から、都内の特定の無料低額診療事業病院が難民支援団体の受診要請を受けて無料で受診対応するなど、すでに多くの外国人（難民申請者）への支援を展開していた事実はあった。そのうえに近年の急激な難民の入国増加で難民申請者が急増し、受診を要請しなければならない対象者が増加したことで、特定の無料低額診療事業施設だけでは限界に達してきたようだった。

難民支援団体はこれまで、政府から難民申請者用の医療費として用意された予算を使用し、無料低額診療事業施設にこだわらず民間病院へも受診要請していたようだ。しかし、受診者の増加に伴い政府予算が不足して賄えなくなってきた事情から、無料低額診療事業施設に重点を置いて医療機関紹介先をシフトしなければならなくなった模様である。

難民申請者は在留資格がなく、基本的に社会保障（医療保険）を利用することができないため、医療費は原則全額自己負担となる。継続受診や入院が必要になった対象者に支払い能力がなければ、通常なら支援者は生活保護申請をする。しかし難民申請者は現状で何の制度にもつなげないため、多額の医療費負担の問題が発生してしまう。そこで無料低額診療事業を行っている病院に対し、難民申請者を受け入れる門戸を広げてほしい、という要請趣旨であった。

この要請に対し、医療部会として難民申請者が自由に医療を受けられないことを問題として捉え、支援体制をつくっていくことになった。一方で、難民申請者の受診要請が特定の会員病院に集中してしまう問題が危惧されることから、医療部会のＭＳＷ分科会幹事が窓口となり、受診先の調整などができる体制をつくっていくことになった。

7　在日難民の実態

難民とは、人種、宗教、国籍、政治的意見など日本では考えられない理由で家を失い、家族を失い、あるいは逮捕され、拷問を受けるなど迫害を受けている人たちである。

危害から身を守るため、国を捨て、国外へ逃れた難民は世界に散っている。日本にも毎年何百人以上もの難民が入国しているが、日本に来ている難民が実際にどのように暮らしているのか、あまり知られていないのが現状である。

以前はインドシナ難民(ベトナム、ラオス、カンボジア)が中心だったが、その後ミャンマー、トルコ、スリランカなど国籍が多様化している。

日本に入国後、難民認定を申請して認定されれば、その在日難民は日本人とほぼ同等の社会保障制度を利用することができる。ただし、申請から難民認定されるまでに平均1年8か月かかる。これはあくまでも平均値であり、10年以上かかった例もある。

また、難民申請中は定住権がないため仕事に就けない。国民健康保険も取得できない期間が長く続き、生活に支障が出てくることは容易に予測される。

2008年から難民申請者数が年間1000人を超えて急増しているが、難民と認定されたのは毎年わずか十数名という現状である。一部の対象者が人道配慮により在留資格のみ与えられる場合もあるが、大半は在留資格も得られず超過滞在者としての扱いを受けている。

一般に日本は難民認定に厳しい国であり、それが単に統計的な側面だけでなく、難民政策全般の遅れ、国家・国民レベルでの難民への理解度の低さにもつながっていると考えられる。

そんななか唯一、政府の委託を受けて難民事業本部が難民申請者に支給している保護費があるが、その設定額には問題があるといわざるをえない。支給される生活費は1か月4万5000円と、現行生活保護制度の生活扶助よりもかなり低い。住宅手当は、1か月当たり単身で4万円。東京都内の住宅事情では、単身でも4万円以内で借りられる物件は少なく、現状に合わない金額設定である。

金銭として支給されるのはこの2種類のみである。医療費は、いったん生活費のなかから支払い、その領収書をもって還付される償還払い制である。

また保護費の受給期間は4か月とかなり短く、難民認定までに長期間かかる現状では、難民申請者への施策として申請中の生活を全般的に保障するには至っていない。

8 難民申請者への医療支援を行って見えてきたもの

都内で難民を支援している団体（主に3団体）から受診依頼が入るようになった。依頼が入ると、医療部会のMSW分科会幹事が窓口となり、対象者の症状・既往歴・居住地など詳細を確認して受診先（会員病院）を調整している。

受診当日には紹介団体から通訳者を派遣してもらい、受診に同行してもらっている。英語圏以外の対象者もいるため支援団体の協力は必要不可欠で、受診する際に連携した体制を取っている。

支援団体と連携を図っていても実際に対応する会員病院からは、次のような問題点や不安の声が出てきている。

①通訳が同行していても、受診時の説明や指示が伝わるかどうか不安。
②文化の問題などにより、受診時に良好な関係を保ちながらスムーズに受診を進められるかどうか不安（異性〈男性〉の医師の拒否、検査や注射の拒否などを経験している会員病院）。

③無保険者で診療費全額免除の対象者であり、長期にわたる受診継続対応が必要な場合に対応ができない（継続受診を受け付けていない会員病院）。
④無保険者で診療費全額免除の対象者であり、受診後に入院を必要と診断された場合に対応ができない（全額免除の対象者の入院を受け付けていない会員病院）。

医療部会として正式に決めて開始した難民申請者への受診対応だが、仲介しているMSW幹事に対して調整先の会員病院からこうした点を直接投げかけられ、その都度対応や調整に苦慮しながら支援を継続している現状がある。それでも部会が開催されるたびに会員病院に、難民申請者に対する医療支援をくり返し要請し続けている。

9　より組織的な支援展開へ

急増する難民申請者の受診要請に対して、医療部会でその支援体制を構築する必要性が生じてきた。必然的な展開として、支援を提供する担当者が使用するマニュアル「MSWによる無料低額診療事業ハンドブック――在日難民編」を作成した。

このなかで、難民申請者の受診を紹介する側と受ける側がより理解を深めて連携できるよう、受診時に活用する「患者情報シート」を作成した。これにより、難民申請者の受診を受け入れる前提として、ほしい情報が的確に入り、スムーズに受診につながるようになった。

また難民に対する理解が深められるよう歴史や日本で置かれている立場などにも触れ、無料低額診療事業施設として支援を提供する意義や必要性について、より意識を高められるようなマニュアルをつくり上げた。

COLUMN

難民申請者に対する医療支援の先にあるもの

来日後どこで暮らしていたのかを尋ねると、通訳者は言いづらそうに「公園だそうです」と答えた。

受診のために来院した難民申請者Ａさんは、アフリカから来た40歳の男性である。頭痛が続くため、人づてに聞いた支援団体に「病院にかかりたい」と相談に訪れたとのこと。支援団体・東社協からの連絡で受診に至った。

無料低額診療を適用するために生活や経済状況を知る必要があり、来日後の様子を聞くと、私たちの生活のすぐ近くにＡさんのような難民が存在している事実を突きつけられることに戸惑い、また難民がどのような生活を送っているのかを知らない罪悪感に苛まれる。

迫害を受ける恐れがあるため帰国できないＡさんが、保護を求めて政府に訴え出たにもかかわらず、なぜ公園で野宿をしなければならないのか（現在は支援団体の援助により山谷地区の簡易宿泊所で生活している）。日本語もわからず、街中で見かけるごくわずかの同郷者らしき人物の目を避けながら、異国の公園をさまようＡさんの心情に思いを寄せると、切なくなる（同郷者であっても、政治的に対立している部族であれば、存在を知られることは危険である）。

無料低額診療施設の医療ソーシャルワーカーである私は、まずは滞りなく受診につなげ、適切に受療できるように支援するのだが、医療以外の生活全般への支援をしていないことがとても歯がゆい。難民を支援するシステムを考えると医療に関する一部分を確実に担うことが求められているのだろうが、その先にある役割を見出せないでいるのだ。私の課題であり、無料低額診療事業施設に働くＭＳＷの課題でもあると考える。

現在、受診者数だけを見ても、一部の無料低額診療事業施設（会員病院）だけでは難民申請者の受診に対応できなくなっている。

ＭＳＷ分科会では、会員病院が理解を深められるよう定期的に難民支援に関する研修会を行っている。より組織的に難民申請者の医療を保障しようとする体制づくりにより、受け入れる会員病院が増えてきた効果に加え、受診先を調整する際の地域の選択肢も都内で広がった。何よりも受診者（難民申請者）の利益につながり組織として支援を展開する強みが増してきている。

また、都内にとどまらず全国福祉医療施設協議会全国大会（全国の無料低額診療事業施設が集まる機会）でも難民支援についての実践報告を行い、全国地域のどの無料低額診療事業施設においても難民申請者に医療支援を提供する必要性を深く理解してもらえるよう活動を展開している。

さらに、医療部会の各会員病院を調査し統計化して、実績報告書を毎年作成している。難民申請者の受診数は、統計を取っているこの8年間（２０１０〈平成22〉～２０１７〈平成29〉年）で述べ約３１００人になっている。同時に、無料低額診療事業施設の実績として東京都に同様の報告をすることにより、より対外的に活動をアピールし評価されるよう努力している。

10　ＭＳＷが抱える難民申請者に対する支援の課題

難民申請者をはじめ外国人医療に門戸を広げる会員病院が増えてきたことは大きな効果だが、生活の部分に多くの問題を抱える無視できない事実がある。

難民申請者に対する受診相談援助や関係諸機関との連携業務を行っているＭＳＷは、多くの事例を通して、難民患者が抱える日本では想像できないほどの背景と苦悩、生活上の困難を目の当たりにしながら対応している。我々が日頃課題と思っていることは「生活支援の問題」として挙げられる。

たとえば対象者の来院時に、お金が足りないなどの経済的な相談や、仕事を紹介してほしいなどという就労相談など生活全般の相談を受けることがあり、ＭＳＷも戸惑うことがある。当事者と接していくなかで、生活面での支援の必要性を感じたという意見もある。

このうち就労相談については、仮放免中の難民申請者には就労許可がないため、就労支援をすれば法に触れる現状があり、ＭＳＷが対応できることではない。同国出身者のコミュニティやボランティアなどのインフォーマルなサービスはあっても、現行の社会制度、福祉制度では如何ともしがたい事実がある。

（井上孝義／社会福祉法人信愛報恩会 信愛病院）

第10章

ホームレス支援と無料低額診療

特定非営利活動法人Homedoor《ホームドア》（以下、Homedoor）は、「ホームレス状態を生み出さない日本の社会構造をつくる」をビジョンに掲げ、2010年4月に任意団体として設立、2011年10月に法人化したNPO法人である。大阪市北区を活動の拠点にし、ホームレス状態の人をはじめとする生活困窮者への相談事業、就労・生活支援事業を行っている（https://www.homedoor.org/）。

就労支援事業では、シェアサイクル事業HUBchari（ハブチャリ）や行政委託の放置自転車対策業務、企業から受託している商業施設の駐輪管理業務の仕事を、ホームレス状態の人や生活困窮者に提供している。

生活支援事業では、2018年5月より5階建のビルに事務所を移転し、アンドセンターを開所した。1階は事務所兼団らんスペースとして、相談者や利用者がいつ来ても食事や休憩ができるように開放している。また寄付で集まった食品や衣類、生活用品も提供している。2～3階にはシャワー室、相談室や緊急宿泊者用の部屋と仮眠室を準備し、4～5階はHomedoorで就労しているがすぐには家を借りることができない人向けの長期滞在用の部屋を提供している。

2018年度の相談者数は313人、相談者の平均年齢は44・9歳だった。大阪府内だけでなく全国からメールや電話で相談が入る。相談者がHomedoorを知るきっかけは、20代〜40代はインターネット検索が半数以上、50代以上は夜回りや知人から聞いたというケースが多い。Homedoorを訪れる相談者は、ネットカフェなど深夜営業店舗で生活している20〜40代の若年層が多いのも特徴だ。

1 無料低額診療を利用するとき

Homedoorでは2013年11月より毎月第2火曜日（11月〜2月は第4土曜日も実施）に夜回りを行っている。夜回りとは、路上生活者のもとを訪問し、安否確認や食料などを配布する活動である。Homedoorの夜回りでは、路上生活を経験していた当事者が料理を担当し、集まったボランティアとともに弁当をつくっている。毎回85食分を用意し、大阪市北区内を4コースに分かれ回っている。その際、弁当やお菓子などといっしょにチラシを配布している。チラシには、Homedoorが提供している仕事や月に1度の健康相談会、そしてイベントの案内と事務所までの地図などを載せている。そのチラシを持って次の日に初めて事務所を訪ねて来る路上生活者もいる。

夜回りで出会う50代以上の路上生活者は高血圧や心臓疾患などの持病のある人が多い印象である。糖尿病などの診断を受けて服薬していたものの、通院や服薬を中断した人もいた。

無料低額診療で病院受診ができることを伝え、受診してもらうこともあるが、希望する人は少ない。そのため、事務所で毎月第3木曜日にボランティア看護師による健康相談会を実施し、血圧測定をして体調について話を聞いてもらう場を設けている。病院受診が必要と思われる場合は、その際に看護師から病院受診を促し、病院に受診を依頼している。

関係性ができてきたときに受診につながることもある。たとえば、夜回りで毎回会うが事務所には一度も来所したことがなかった人が、「顔に湿疹ができたけど、どうしたらいいか?」と来所したことがあった。顔だけでなく全身に湿疹ができていたため、すぐに病院に依頼し、無事に診察を受けることができた。ほかにも「路上で転倒して病院に行きたいと思った」と相談に来た人もいた。

出会ってすぐに病院へつながることがなくても、病院にかかりたいと思ったときにHomedoorのことを思い出して相談してもらえるよう、夜回りで声をかけ続けている。

2 「医療」につなぐことの難しさ

Homedoorでは、2015年度に近隣病院への無料低額診療の依頼を開始した。2015年度1件、2016年度1件、2017年度7件、2018年度8件の、それぞれ無料低額診療の依頼・受診同行を行った。夜回りで出会っている人や相談者数に比べると、受診者数は圧倒的に少ない。それは、医療が必要だと思われる状態の人が多くても、その人たちを受診につなぐことが難しいからだ。

夜回りでは、足の腫れや変形、負傷している人など、病院を受診したほうがよいと思われる人と毎回出会っている。そのたびに病院への受診を促しているが、「病院には行きたくない」「まだ大丈夫」「そのうちよくなる」「身分証がないので自分のことを証明できない」「行ったとしても状態は変わらないので行かない」などの理由で断られている。

無料低額診療で病院に行けることを何度説明しても拒まれる。夜回りに参加している看護師が状態を診て、専門的な立場から病院の受診を促すなどあらゆる方法で病院への受診を促しても、拒否されることが多い。当事者にとって病院へのハードルは、私たちの想像以上に高い。

また、救急車を呼ぶほどではないが、緊急性が高いと思われたときに病院に受診を依頼しても、後日になってしまうこともある。そもそも病院に行きたくないと思っている人がやっと受診を決断したというのに、それが後日になれば「やっぱり自分なんかは病院にかかることができない」と、気が変わってしまうこともある。

事例

4年半の路上生活から居宅生活へ

Aさん（当時55歳）は3人兄弟の末っ子。兄らと3人で、河川敷でテント生活をしていた。次兄には持病があり、何度も入退院をくり返した。長兄とAさんは何度も役所に行き、次兄だけでも生活保護の申請をしたいと相談したが、受け付けてもらえなかった。そして次兄が路上で亡くなった。Aさんと長兄は役所に怒りをぶつけに行ったが相手にされず、それ以降、役所に行かなくなった。

私がAさん兄弟のことを知ったのは、夜回りで配っているチラシを持って長兄が事務所に来たときだ。長兄は、弟が路上で亡くなったこと、Aさんも病気なので病院に行かせたいと話した。長兄に、Aさんといっしょに事務所に来てほしいと伝えたが、Aさんが来ることはなかった。

Ａさん兄弟の居場所を探し出し、Ａさんと会うことができた。

「体調が悪いときは、じっとして過ごしている」

「役所に行けば医療券（無料低額診療を受けるための紹介状）を書いてもらえるといわれたので行ったが、対応してもらえなかった」

「高血圧と腎臓の病気がある」

「病院にはかかりたいと思っている」

こうしたＡさんの話に、無料低額診療のことと健康相談会について説明し「事務所に来てほしい」と伝えた。「行きます」との返答だったが、やはりＡさんは来なかった。さらに何度かＡさんを訪ね、そのたびに「行きます」との返答だったが、同じく来なかった。

「病院にはかかりたいと思うが、病状を聞くのが怖い」とも、Ａさんは話していた。

数か月後、Homedoorで仕事を提供している利用者が、Ａさんを連れて事務所にやって来た。Ａさんの知人に関する相談だった。知人の困りごとをいっしょに解決した後、「病院に行きたいと思う」というＡさんの希望で、すぐに無料低額診療を依頼し、受診に同行することになった。

病院で診察を待っている間にＡさんは、それまでの生活のこと、ホームレス状態になった経緯、生活保護の申請に行ったが対応してもらえなかったこと、それ以降人を信じることができなくなったこと、本当は人と話すことが好きであることを語った。そして無事に診察を終え、服薬のため継続して通院することになった。

それからＡさんは毎日のように事務所に来所し、ほかの利用者と話をして過ごしていた。ある日、「家を借りたいので、手伝ってもらいたい」と相談があった。生活保護を申請して家を借り、いまは兄弟2人で居宅生活を送っている。家に荷物をいっしょに運び入れ、帰るときに見送っていた2人の笑顔は忘れられない。

次兄が生きている間に出会っていれば……。これからの人生、亡くなった次兄の分も生きてほしいと強く思う。

3　支援者として無料低額診療を利用して思うこと

無料低額診療を依頼するとき、本当に病院を受診する必要があるかどうかで悩むことがある。緊急性が高いと思われる症状がない限り依頼をしていない。「腰が痛い」などの症状で相談に来る人もいたが、慢性的な症状だったため依頼はしなかった。風邪などの症状で受診されるのは困るといわれたことがあるため、この症状で依頼をしていいものかと躊躇してしまう。支援者ですら躊躇するのだから、当事者はもっと遠慮してしまうのだと思う。

ホームレス状態の人のなかには、路上と施設または居宅生活をくり返す人がいる。前日まではHomedoorの仕事をしたり事務所に来たりしていたが、ある日突然いなくなってしまうこともある。そんな経過がある人を医療につなぐときにも躊躇する。病院のソーシャルワーカーとのやりとりで、このような人たちをどれほど理解しているのだろうかと感じることがあり、躊躇してしまうのだ。

無料低額診療を行っている病院が少ないため、受診できる病院が限られてしまうのも、医療につなぐハードルを上げているように思う。その人の居場所の近くに病院はあるのに、無料低額診療を実施していなければ行けないのがもどかしい。

相談者のなかには、統合失調症などの精神疾患やアルコール依存症、ギャンブル依存症かもしれない人に出会うこともあり、病院につなぎたいと思うことがある。本人が受診を希望する場合や、路上生活の状態で治療につなぐことが有効かどうかはさておき、一つの選択肢として精神科や依存症専門病院の受診を提案することができれば、もう少し支援の方法が広がるのではないかと思う。

パニック障害の相談者で、薬が切れたことにより症状が再燃し受診を希望したことがあった。その日は精神科で無料低額診療を受けることができる病院があったためつなぐことができたが、受診できる病院は限られている。

統合失調症と診断されたことがある相談者には、生活保護を申請し決定が出るまで、病院受診を待ってもらったこともあった。

4　無料低額診療の周知は……

無料低額診療によって当事者も支援者も助けられているが、この制度を知っている生活困窮者はどれほどいるのだろうか。来所する相談者のなかには、持病を抱えている人もいて、「病院に通院していたことはあるが、診察代が払えず、いまは行っていない」と話す人が多い。

病院のソーシャルワーカーは積極的にこの制度を周知しようとしているのだろうか、無料低額診療をしていない病院のソーシャルワーカーはそもそもこの制度を知っているのだろうか、と疑問である。また、病院に来ることができない人たちに対しては、どのように周知できるのだろうか。

ホームレス状態をはじめとする生活困窮者の人たちは「その日をどう生き延びるか」で精一杯になり、自分の健康については後回しになりがちだ。そうした人たちに医療を受ける権利はないのだろうか。


（笠井亜美／ＮＰＯ法人Homedoor、精神保健福祉士）

第11章 DV被害と無料低額診療

1 被害者は治療が必要なことが多い

DV防止法（配偶者からの暴力の防止及び被害者の保護等に関する法律）は2001（平成13）年に成立した。配偶者からの暴力は長年、「夫婦ゲンカ」と扱われがちだったが、この法律の前文は「配偶者からの暴力は、犯罪となる行為をも含む重大な人権侵害である」ことを明確にした。DVが個人的な問題ではなく、人権侵害であり、社会的な問題でもあることが法的にも位置づけられた。

この法律でいうDVは、事実婚の場合や生活をともにする交際相手、離婚後の元配偶者による場合を含み、男性、女性の別を問わない。なお、法律上は明示されていないが、同性のカップルにおいてもDVは存在する。

DVは、夫婦「間」暴力ではなく、相手をコントロールするためにふるう一方的な暴力であり、被害者は多くの場合、女性である。身体的暴力だけでなく、精神的暴力、性的暴力、経済的暴力、社会的暴力（就労や社会活動の制約など）のように、多岐にわたっている。

そしてDV被害者は、身体的暴力による負傷やその後遺症、あるいは精神的暴力や性的暴力などの影響を含めてPTSD、抑うつ、不眠といったメンタル面の被害を受け、治療を必要としていることが多い。ところが、医療の受診に必要な保険証を加害者に取り上げられていることがある。保険証が手元にあっても、それを使うと、いま避難している地域が相手にわかるおそれがある。経済的に苦しいことも多い。

そういう状況にあるDV被害者は、どうすれば医療を受けられるのか。無料低額診療が役に立つのはどんな場面だろうか。

2　DV被害者の保護制度

まず、DV防止法による被害者保護のしくみのあらましを見ておこう。

各都道府県には、「配偶者暴力相談支援センター」が1か所以上ある。婦人相談所やその他の機関がその役割を果たすほか、市町村が相談支援センターを設けていることもある。

被害者は相談支援センターに無料で相談できる。相談すれば、「配偶者からの暴力の被害者の保護に関する証明書」（以下、「DV証明書」）の発行を受けられる。これはDVの相談があったこと、または一時保護したことを証明する文書で、暴力の事実を証明するものではない（裏付け調査は行われない）。

この証明書があれば、住民票を動かさなくても、国民健康保険への独自加入、年金番号の変更、国民年金保険料の免除、児童手当や児童扶養手当の申請といった各種の手続きができる。

安全を確保する必要性があれば、婦人相談所または都道府県が事業委託した民間施設（シェルター）、婦人保護施設（DV防止法と売春防止法の共管）などで「一時保護」を受けられる（目安は2週間だが、1か月程度可能なことは多い）。子どもがいっしょのときも、そこでいっしょに暮らせる。長期の入所が必要なときは、婦人保護施設、母子生活支援施設（児童福祉法）などを利用できる。

裁判所による「保護命令」の制度の利用も、支援センターが援助する。保護命令は、身体的暴力や生命・身体に対する脅迫を受けた被害者の申し立てにもとづき、地方裁判所が加害者に対して発する。被害者の周辺に6か月間、近寄らないよう命じる接近禁止命令、同居している場合の退去命令（2か月間）、子や親族等への接近禁止命令（6か月間）、電話等禁止命令（6か月間）を出すことができる。命令に違反すれば刑事罰がある。

警察も、身体的暴力や生命・身体に対する脅迫について被害者の相談に乗り、加害者への口頭注意、検挙、暴力の制止などを行う。後で説明する「住民基本台帳事務における支援措置」のために必要なときは、警察でも意見を書いてもらえる。

DVから逃げている被害者にとって最も恐ろしいのは、現在の居所を加害者が探し当てて、さらに深刻な暴力をふるうことである。もし住民票を移していれば、それが追跡の手がかりになりうる（各種の社会保障制度の利用や子どもの転校は、住民票を移さなくても可能）。

そこで、住民票を移したときは「住民基本台帳事務における支援措置」を市区町村に申し出ることができる（申出書の意見付与欄に、配偶者暴力相談支援センターや児童相談所または警察署で意見を記入してもらうか、裁判所の保護命令書を添える）。この措置が取られれば、住民票や戸籍の附票などの請求や閲覧を制限できる（ストーカー被害や児童虐待の被害も同様）。支援措置は1年間で、延長もできる。また、警察に捜索願の不受理届を出しておけば、加害者側が捜索を求めても拒否される。

とはいえ、被害者はそれらの制度について、存在すら知らないことも多い。知っていても長く暴力を受け続けてきたことにより、心理的な力が低下していることも少なくない。そうした事情を理解した上で、支援する必要がある。

3 被害者や子どもが医療を受ける方法

医療にかかる具体的な方法はどうだろうか。

保険証が手元にあっても、加害者と同一世帯の保険証で受診すると、保険者から届く医療費通知に記載された医療機関名から、居場所が推定されてしまうおそれがある。それを防ぐため、保険者に申し出れば、被害者や同伴の子どもに関する情報を医療費通知に記載せず、その部分の医療費通知は被害者の望む場所へ送付される。

それでも心配なときや保険証を取り上げられているときは、被害者と同伴の子どもだけで国民健康保険に加入して、新しい保険証を得る方法がある（住民票を移さなくても、現実の新しい住所で加入できる）。

国保に加入するには通常、それまでの健康保険の資格喪失証明書が必要だが、ＤＶ証明書を保険者に示せば、元の健康保険の世帯から外れる。健康保険組合が加害者の職場にあるなどの事情で、その手続きが難しい場合でも、市区町村の国保の窓口にＤＶ証明書を示せば、加入できる。もともと国保だったときは、配偶者と分離して、現実の新しい住所で国保に加入できる。

なお、被保険者が故意の犯罪行為により給付事由を生じさせたときは公的医療保険の給付対象外とされる。被保険者の暴力のせいで被扶養者が負傷した場合も形の上ではこれに該当するが、ＤＶ被害の場合は、厚労省保険局保険課長通知（保保発第０２０５００１号）により、保険診療が認められる。

4 生活保護もありうる

経済的に困っていれば、生活保護制度の利用もありうる。生活保護による医療扶助なら自己負担なしで医療を受けられる。生活保護は、世帯の１か月あたりの収入見込み額（手持ちの預貯金を含む）が、厚労省の定めた生活保護基準額を下回ることが要件になる。

ＤＶ被害者の場合、加害者から離れて現実に別生計で生活していれば、離婚の成否と関係なく、別世帯になる。実家や友人宅などに一時的に避難して生活している場合は、避難先の世帯とも分離して生活保護を利用できる（『生活保護手帳　別冊問題集２０１８』中央法規出版、47頁）。

また、生活保護基準額には医療費の見込み額も含むので、医療扶助の単給という形もありうる。これを柔軟に運用して、一時保護されている間は、収入や資産の厳格な審査を省いて医療扶助に限って給付を行い、ＤＶ被害者の医療受診を助けている自治体もある。

ただ、シングルマザーを支援する「シンママ大阪応援団」でサポートしている生活保護利用中のママの話では、子どもの病気ならすぐに受診させるが、自分の病気は我慢することが多いという。医療扶助で受診するときは福祉事務所へ医療券をもらいに行き、医療機関の窓口に医療券を出す。その過程で子どもの友達の母親と出会うこともあり、生活保護利用を知られるのに抵抗があるという。生活保護バッシングが受診を妨げているようだ。

5 無料低額診療が意味をもつ局面

以上のように、DV被害者が医療を受ける方法は、いくつか存在する。けれども、相談支援センターや警察への相談、DV証明書の発行、国保加入、生活保護といった手順には、ある程度の手間と時間がかかる。その点も踏まえると、無料低額診療が価値を発揮する場面が、3つほど挙げられる。

第1に、まだ逃げ出せていない段階である。けがをして、すきを見て家から出てきた、急いで治療を受けたい、でも保険証がない、手持ちのお金がない、といったときに、診てくれる医療機関があれば助かる。

第2に、DVから避難して別の所に移ったけれど、まだ各種の手続きができておらず、新しい保険証も、生活保護の医療券もない段階である。

ただし第1・第2とも、保険証なしの可能性がある。無保険だと、無料低額診療を行う医療機関の負担は大きい。DV被害者については、後から保険者に連絡を取って保険診療に切り替えられるようにすることが望まれるが、その手順はまだ整備されていない。

第3は、避難した後、国保に加入したものの、経済的に余裕がない場合である。子どもがいれば、ひとり親家庭を対象にした自治体の医療費助成制度があり、親の医療も対象になる。たとえば大阪市の場合、医療機関1か所ごとに自己負担が1日最大500円（月2日まで）、3日目以降は負担ゼロになる（所得制限あり）。しかし子どもがいなければ助成は受けられない。

無料低額診療を行う医療機関は、以上のようなＤＶ被害者の実情を頭に入れて、受け入れに備えることが望ましい。また、ＤＶ被害者は理不尽な暴力に耐えてきたため、離婚して、ひと安心した後に病気になるケースが少なくない。避難した直後だけでなく、ある程度の期間を視野に入れた対応が望まれる。

6　支援の現場から

ＤＶ加害者は、自分の行為がＤＶであると認識していないことが多い。離婚手続きの際にＤＶがあったことを証明するためにも、負傷の写真、診療の記録、相談の記録を残しておくことが重要になる。

けがをした部位や周りの状況を写真に撮る（携帯電話やスマホでもよい）。できれば、その写真を持って医療機関に行き、診断書をもらう。診断書を持参して相談支援センターや警察に行くと、被害の実態を理解してもらいやすい。けがを伴わない精神的暴力でも、相談に出向いて記録を残しておく。ただ、当事者だけで公的機関や病院に行くのが困難なケースも多く、できれば支援者が同行するほうがよい。

無料低額診療事業について、シンママ大阪応援団で支援しているママたちに聞くと、存在を知らなかったケース、知っていても薬が無料でもらえないため利用しなかったケースがあった。離婚後の住まいが決まらず住民票が移せなかったために、ひとり親家庭と認められず、適用してもらえなかった人もいた。

無料低額診療の存在が広く知られることとともに、困難な状況にあるＤＶ被害者がもっと使いやすくなること、現在の制度で無料低額にならない院外処方の薬代も対象にすることなど、制度と運用の改善を望む。

（芦田麗子／大阪歯科大学医療保健学部講師、一般社団法人シンママ大阪応援団理事）

事例

DV被害者への無料低額診療

福祉事務所より医療ソーシャルワーカー（以下MSW）へ連絡が入った。

「夫のDVから逃げてきており、現在は知人の家に居候しながら倉庫で仕分け作業の仕事をしている女性がいる。すぐに生活保護適用は困難な状況であり、いままで高血圧の治療を続けていたが、病院を受診するお金がなくて困っている。無料低額診療事業の利用はできないか？」

という相談依頼であった。

済生会神奈川県病院では、DVの被害者に対しては無料低額診療事業を適用するという規定があるため、すぐに病院へ来てもらい、内科の医師に診察をしてもらった。逃げてきたため保険証がなく、診療の費用と薬代の全額を無料低額診療事業の対象として減免した。

その後、MSWが本人と面接したところ、弁護士に相談しているが、夫との離婚にはまだまだ時間がかかること、債務整理のため自己破産の手続きを進めていること、現在の仕事は身体を酷使するため続けることに不安があること、女性シェルターへの入所もすすめられたが、集団生活に対する不安やいままでの生活との落差から入所することができなかった、との状況を聴くことができた。

面接のなかで「最近眠れていない」「なんだか不安感がある」という気持ちが言葉の端々から漏れていた。

しかし済生会神奈川県病院には精神科がないため、よく診療依頼をしている同じ区内にある無料低額診療事業実施の精神科クリニックへ受診相談したところ、無料低額診療事業にて受診が可能となった。診療費が減免され、院外薬局の薬代もクリニック負担として処方を受けることができた。

お金の心配をせずに病院で診てもらうことができ、高血圧の診察で来たにもかかわらず精神科の相談もできたという安心感が本人の表情から見てとれ、無料低額診療事業をとおしてＤＶ被害者の生活改善を図ることができた。

あれから3年近くたち、仕事も住み込みの仕事へ転職を行い、債務整理もでき、健康保険にも加入して定期的な通院もできるようになり、少しずつ生活が安定してきている。いまだに夫との離婚は成立していないが、この事業があることで次の生活をやり直すきっかけとなる橋渡しができたように思われる事例であった。


（松田幸久／済生会神奈川県病院医療ソーシャルワーカー）

COLUMN

ＤＶ被害と医療機関の対応

ＤＶ被害に苦しむ人を助けるために、医療機関が果たす役割は大きい。単にけがや病気の診断や治療をすればよいわけではない。ＤＶの発見、診療における配慮、被害者への支援が求められる。

無料低額診療でも、医療費の負担を減免するだけでなく、ＤＶがどういうものかをきちんと理解し、的確な判断と対応をすることが肝心である。そうすれば、多くの女性や子どもたちが暴力から逃れることができる。

私は長年、ＤＶ被害女性や子どもの支援をしてきた。医療機関に同行することもある。その経験をもとに、医療従事者への苦言を含めて、現場で大切なことを紹介したい。

1　医療機関はＤＶ発見の窓口

保健・医療の現場は、ＤＶ被害が発見される可能性の高い場所である。

アメリカでは、ＤＶは女性の心と体を傷つけ、尊厳を奪うことから、健康問題・医療問題であるとされている。また、社会に蔓延しているが、予防教育で発生を抑えることができるという考えから、公衆衛生の問題ともされている。救急、外科、整形外科、眼科、内科、精神科、産婦人科など、すべての診療科に関わる。1994年に保健大臣が全国の医療関係機関に向けて、DVについて医療従事者が正しく理解し、発見し、関係機関につなぐよう通達した。

日本のDV防止法も、第6条で、医師その他の医療関係者について、DV被害と認められる者を発見したときは、配偶者暴力相談支援センターまたは警察官に通報することができると定めている。また被害者に対し、配偶者暴力相談支援センター等の利用について情報提供するよう努めなければならないとしている。

この場合の通報は、被害者の意思を尊重するよう努めるが、本人に危険が迫っているような場合は、同意なしに通報しても、守秘義務違反にはあたらない(同条3項)。

2　診療上の留意点

①スクリーニング(DVを発見する質問)

病院に来るあらゆる女性はDVの被害者かも、という視点で問診する。

・あなたは誰かに傷つけられたことがありますか?　YES→それは誰ですか?

・あなたは誰かにセックスを強要されたことがありますか?　YES→それは誰ですか?

・あなたは誰かを怖いと思っていますか　YES→それは誰ですか?

②安全の確保

③治療・ケア・カウンセリング

④記録の確保

カルテに記載された内容は、法的に重要な証拠となる。

記載は「患者は……と述べている」と書けばよい(暴力の現場を見ていないため)。

診療記録の開示は本人のみ。

⑤他機関への紹介(配偶者暴力相談支援センターなど)

DV被害者への対応マニュアルを作成し、病院全体で共有することが求められる。

米国マサチューセッツ州の公立病院では、すべての女性患者に2分間の簡単なスクリーニング（問診）を行い、DVが疑われる場合は、さらに10分間のリスク評価を実施して、ソーシャルワーカーにつなぐなどの対応がなされるという。

3　DV被害者の状況を理解する

DVは、恐怖による支配、相手の自己決定を奪うこと、自分をまったく価値のない人間だと思わせること、などと表現される。

身体的暴力だけでなく、大声で怒鳴る、長時間にわたる一方的な説教、相手の行動の束縛、無視などは精神的暴力である。「お前が俺を怒らせるんだ！」「何の役にもたたない人間だ」などと日常的にいわれていると、自信がなくなり、自尊感情が低くなっていく。また性的な強要は、身体的暴力以上に深刻なPTSDをもたらす。

医療従事者は、そのようなDV被害の本質を知っておいてほしい。

経済的な面では、暴力を受け、骨折の可能性があっても、所持金がない、保険証を使うと医療機関がばれるといった理由から、市販の湿布薬ですませる人も少なくない。

保険証を使ってもばれない方法や、無料低額診療、医療扶助、DVの相談窓口などの情報提供があれば、どんなに心強いことだろう。

4　医療機関の対応はこれでよいのか

DV被害の支援活動を通じて、医療機関の対応に問題があると感じたケース、医療従事者の判断で助けられたケースを紹介する。いずれも実際に起きたことである。

〈外　科〉

夫から首を絞められ、幼い子どもを連れて逃げてきた女性がいた。日常的に暴力をふるわれ、妊娠の可能性もあり、役所で無料低額診療の医療券をもらって、病院へ行った。

まず外科の医師から「だんなから首輪をはめられたんか」といわれ、びっくりした。次に産婦人科の医師から「ほんまにご主人の子どもなんか？」とくり返し確認された。
本人は黙っていたが、ようやく逃げてきたのに、なぜ、ひどい言葉を投げかけるのか。無料低額診療の患者だったことも関係あるのか？　付き添ったスタッフが怒り、後日、団体として院長あてに書面で抗議した。

〈産婦人科〉

妊娠中に逃げてきた女性がいた。夫から毎日のように性行為を強要され、すでに2人の子がいて、3人は育てられないと中絶を希望していた。しかし、いくつもの医療機関で夫の承諾書が要ると拒否され、中絶できる時期を過ぎそうだとのこと。DVの性暴力で妊娠しても、中絶を受けてくれる医療機関がなかなかない。

ある助産師は「避妊の方法を伝えても、中絶を繰り返す女性がいて困っていた。DVについて学んでから、彼女は避妊をしないという性暴力を夫から受けていたんだとわかり、彼女への対応が180度変わった」と語った。

また、多くの女性は、レイプをはじめとする夫からの性暴力を暴力と自覚していない。救急搬送された40代の女性は、看護師から「これは性暴力、DVよ」と告げられて初めてDVに気づき、家を出る決心がついたという。

〈精神科〉

夫の暴力について精神科医に相談すると「家族の愛情が必要だ。もっと夫を支えなさい」「うつが治ったら暴力もなくなる」といわれ、長年耐えていた女性がいる。

別の女性は、夫からの性暴力について、やっとの思いで医師に話したら、「よくわかりますよ」といわれ、救われた気がした。ところがカルテに「性的マゾヒスト」を書かれたのを見て、本当に絶望したという。

さらに別の女性は、夫から何度も首を絞められ、ついに夫が近寄ってくるだけでパニックになって、手当たりしだいに物を投げつけるようになった。夫が妻を精神科に連れて行くと、非定型精神病の診断を受けた。離婚したいというと、別の精神科で統合失調症と診断された。その後、彼女は大学病院など2か所の精神科で、DVの後遺症はあるが、精神病ではないとの診断をもらっている。夫からのDVが半年以上続けば、誰でも心を病むのではないか。

ある女性は「夫は気に入らないと、何か月も口をきかない。まるで私は幽霊のような存在です」という。彼女は精神を病んで精神科に行ったが、医師は「変わったご主人ですね」というだけで、抗うつ剤を処方され続けた。10年くらいたち、別の精神科医が「あなたの夫がしていることは虐待です。家を出たほうがよい」と、シェルターを紹介してくれた。

〈眼　科〉

少々のケガをしても病院に行かない人は多い。アザがあるので恥ずかしい、病院に行くとお金がかかる、病院に行くと夫が怒るからとか……。それでも目を殴られたら失明が怖いので、たいていは眼科に行く。

ある女性は、顔面半分が殴られて青黒くなっていた。混み合う待合室で看護師から「どうされましたか？」と質問され、彼女は「うっかりして、家のドアにぶつかりました」と答えた。付き添っていた私が、DVの裁判をするので診断書をもらいたいと告げたが、診察の後に渡された診断書には「白内障」とだけ書かれていた。

〈小児科〉

ある人は、夫が家族の行動を完全にコントロールしていて、6時に帰宅、風呂、食事、子どもに本を読む、寝る、とすべて時間が決まっている。少しでも入浴時間が過ぎると大声で怒鳴る、絵本を読む時間が長引くと後ろから蹴る。

そんな状況のなかで子どもが発達障害の診断を受け、月に1回、通院していた。あるとき「夫の暴力が影響しているのではないか」と小児科医に尋ねると、「環境説をいうな」と叱られた。

通常と異なる子どもの行動の背景にDVが潜んでいるのではないかという視点が医療従事者にあれば、DVの発見、虐待の発見につながるのではないか。

※事例については、被害者が特定されないように記述に配慮しています。

（正井禮子／NPO法人女性と子ども支援センターウィメンズネット・こうべ代表理事）

第12章 介護老人保健施設の無料低額利用事業

1 介護老人保健施設（老健）とは

1982（昭和57）年、老人保健法制定により「老人保健施設」（この時点の名称は介護老人保健施設ではない）が開設可能になった。同時に社会福祉事業法の第二種社会福祉事業として、老人保健施設の無料低額利用事業が新設された。社会福祉事業法は2000（平成12）年の改正で社会福祉法となった。

2000年に介護保険法の施行により、開設の根拠法が介護保険法へ移り、「介護老人保健施設」の名称となった。現在は2017（平成29）年の介護保険法改正により、第8条で「介護老人保健施設とは、要介護者であって、主としてその心身の機能の維持回復を図り、居宅における生活を営むための支援を必要とする者に対し、施設サービス計画に基づいて、看護、医学的管理の下における介護及び機能訓練その他必要な医療並びに日常生活上の世話を行うことを目的とする施設」と定義されている。

老健の利用料には、介護保険サービス自己負担（1～3割）と、食費・居住費等がある。老健は介護保険施設であるが投薬などの医療サービス提供がある程度可能で、それが介護保険サービス利用料に含まれている。居住費とは、介護老人福祉施設（特別養護老人ホーム）等を含めて介護保険適用の入所施設で自己負担となる水道光熱費相当分の費用である。食費・居住費については、市民税非課税かつ預貯金等が一定以下で保険者から負担限度額認定を受けると、減額される制度がある（すべての介護保険適用入所施設が対象）。

老健入所利用のニーズでよく見受けられるのは、医療機関では継続が難しくなってしまったリハビリテーションの実施や、在宅生活中で介護者のレスパイト（負担軽減）、住宅改修中の居場所の提供などである。

2　無料低額老健事業の現状

老人保健施設の無料低額利用事業は、社会福祉法第2条第3項第10号に「生計困難者に対して、無料又は低額な費用で介護保険法に規定する介護老人保健施設を利用させる事業」として規定され、厚生労働省の局長通知により、5項目の基準が定められている（5項目必須。248頁③）。

無料又は低額介護老人保健施設利用事業の5基準

1．生計困難者を対象とする費用の減免方法を定めて、これを明示すること。

2．利用料は、周辺の介護老人保健施設と比べて入所者等に対し、過重な負担とならない水準のものであること。

3．生活保護法による保護を受けている者及び無料又は介護保健施設サービスに要した費用（介護保険法第48条第1項に規定する施設介護サービス費の支給対象となる費用及び介護保険法施行規則〈平成11年厚生省令第36号〉第79条に規定する費用の合計額とする）の10％以上の減免を受けた入所者の延数が入所者の総延数の10％以上であること。
4．通所介護事業又は通所リハビリテーション事業を実施すること。
5．家族相談室又は家族介護教室を設け、家族や地域住民に対する相談指導を実施するための相談員を設置すること。

無料低額利用事業を行う各老健施設では、減免方法を定め、事業実施を施設内に掲示している。老健で減額免除の対象となる利用料は、介護保険サービス自己負担と、食費、居住費、理美容代などの日常生活費である。併設事業として通所リハビリテーションを行っている老健は多い。

老健で無料低額利用事業の相談窓口はソーシャルワークを行う支援相談員が担っている。支援相談員は無料低額利用事業のみならず、前述の負担限度額認定、生活保護申請、障害年金申請のサポートなど、ほかの社会保障制度の利用援助も必要に応じて行う。

実際に無料低額利用事業を使うことを検討するのは、利用者や家族が来所して支援相談員との相談で制度を知る場合や、入所してから経済状況が変わり相談に至るケースが多い。また、無料低額診療事業を実施している病院からの相談もある。

老健で無料低額利用事業を使うケースには、収入が生活保護基準より少し多い程度の低所得層や、生計維持者が傷病・失業で収入ダウンなど経済状況悪化に起因するものが多いと感じる。

事例①「介護者で生計維持者でもある妻入院でピンチ」は、介護者が負傷し入院したために老健を利用したケースであるが、その介護者である妻は就労していた生計維持者であり、たちまち収入が途絶え、そこに妻の入院費用とMさんの入所費用がかかってしまう状況であった。妻の傷病が順調に回復し仕事復帰できるかどうか先行きが不安ななか、無料低額利用事業は、利用者と家族に差し迫った経済面での不安感の軽減、支援相談員による問題の整理・解決への筋道を提供できたと思われる。

もう一つの事例②「大阪北部地震で自宅が被災し避難入所」は、地震で自宅が被災したが一部損壊のため、自治体の介護保険サービス利用料等の減免が受けられなかったケースである。大規模災害では医療・介護・住まい・生活再建などについて制度による支援があるが、住宅の全壊・半壊以外の一部損壊などの場合、介護保険サービス利用料等の減免は受けられない。住宅改修支援金と現在のNさんの資力では、屋根瓦修理費用をすぐに支出することが困難だった。災害支援サービスなどの制度を利用したくても難しいなか、無料低額利用事業は、Nさんの自宅に帰る望みをつないでいる。

事例①　介護者で生計維持者でもある妻入院でピンチ

60代男性、脳出血後遺症左上下肢麻痺で要介護2の認定がある利用者Mさんの場合。

主介護者の妻と同居。自宅で妻がMさんを歩行介助中にバランスを崩してともに転倒し、妻の右足がMさんの下敷きになってしまった。妻は右膝骨折の重傷で入院した。

介護者である妻が不在のため、担当の介護支援専門員（ケアマネジャー）が緊急でMさんの短期入所生活介護（特別養護老人ホームショートステイ）を手配し利用を開始した。妻は手術し、リハビリテーションなどで入院が2か月以上になる状況と言われた。入院中の妻から老健入所の相談があり、手続きをしてMさんはショートステイから老健入所となった。

支援相談員は入院中の妻と面談し、生活状況を詳しく聞いた。妻は主介護者であり、ほかに頼る家族・親戚などはいない状況。また妻は生計維持者でもあり、非常勤の仕事に週4日勤務していた。妻の勤務中、Mさんは通所介護（デイサービス）を利用している状況であった。

妻の入院で収入が途絶え、妻本人の健康保険傷病手当金は手続中とはいえ、退院後の仕事復帰もできるかどうか、先行き不透明である。妻からMさん入所費用の支払いについて「先行き不安」との相談があり、介護保険サービスの自己負担・食費・居住費等を免除する無料低額老健事業としての判断を行った。

その後妻は治療・リハビリテーションも順調で1か月半後に退院し、さらに1か月後には仕事復帰もできた。Mさんも老健入所中にリハビリをがんばり、体力を維持して退所、妻とともに在宅復帰を果たした。

事例② 大阪北部地震で自宅が被災し避難入所

80代男性で、脳梗塞後遺症があり要介護1の認定を受けているNさんの場合。

大阪北部地震が発生、Nさん宅は門柱横のブロック塀がひび割れて倒壊の恐れがあり、屋根瓦が割れて

郵便はがき

601-8790

料金受取人払郵便

京都中央局
承認
1186

差出有効期間
2021年7月
31日まで

(切手を貼らずにお出しください。)

307

(受取人)
京都市南区吉祥院石原
上川原町21

株式会社
クリエイツかもがわ
行

おところ　〒□□□-□□□□

☎ ＿＿＿＿＿＿ FAX ＿＿＿＿＿＿

E-mail ＿＿＿＿＿＿

おなまえ（フリガナ）	おとし	男・女

おしごと（勤務先）

●ご記入いただいた個人情報は、小社が書籍情報・関連イベントの案内を送付するために使用し、責任を持って管理します。

クリエイツかもがわ
CREATES KAMOGAWA

愛読者カード

ご購読ありがとうございました。今後の出版企画の参考にさせていただきますので、お手数ですが、ご記入のうえ、ご投函くださいますようお願い申しあげます。

本のタイトル	本の入手先

この本を、なにによってお知りになりましたか。

①新聞・雑誌広告（掲載紙誌　　　　）④人にすすめられて
②書店で見て　⑤出版目録を見て
③書評・紹介記事を見て（掲載紙誌　　　　）⑥その他（　　　）

この本をお読みになってのご感想をお書きください。

●追加書籍注文書

書名		冊数	
書名		冊数	
書名		冊数	
書名		冊数	
書名		冊数	

●出版案内・HPをごらんの上、ハガキ表の氏名、住所、電話番号を明記して、ご注文ください。代金は、合計定価に発送料（1回240円）を加え本の到着後、お近くの郵便局からお支払いいただくことになります。

http://www.creates-k.co.jp/ 詳しい新刊案内。メールでもご注文いただけます。

一部崩れ、雨漏りがひどくて住めなくなった。それを知ったコミュニティソーシャルワーカー（CSW）*と担当ケアマネジャーから老健への入所相談があり、Nさんの意向も確認し、緊急で即日入所となった。

入所してから支援相談員がNさんと面談すると、Nさんはひとり暮らしで、離婚歴があり、子ども2人は連絡先不明とのこと。年金収入はあるものの市民税非課税で、預貯金も60万円以下の経済状況であった。

入所してからもNさんは、生まれ育ってずっと住んでいた持ち家の自宅へ帰る願望を強くもっていた。

自治体に依頼し自宅の被害認定調査を実施すると、家屋の状態は一部損壊であった。屋根瓦等の修繕を早急に依頼したいが、地震直後で被害が地域に広がっていて業者に依頼が殺到し、すぐには対応が困難だった。また近隣の屋根瓦修繕費見積もりの情報を得たCSWから、Nさんの年金収入や現在の預貯金では支弁が難しいとの意見が出された。

支援相談員は今後を考えてNさんと相談し、家屋が全壊・大規模半壊・半壊でない場合は自治体からの介護保険サービス利用料等の減免は受けられないことや、住宅改修支援金とNさんの現在の資力では屋根瓦修理額が現実的でないことを説明。当然Nさんからは、入所費用の支払いへの不安が噴出した。

支援相談員は無料低額利用事業の情報を提供し、Nさんからその利用希望があり、介護保険サービス自己負担・食費・居住費等が免除となった。老健入所費用を免除しながら入所を続けることにより、屋根瓦修繕費用を捻出する作戦である。

Nさんは体調を崩すことはあるものの、自宅に帰る望みを持ち続けている。

*コミュニティソーシャルワーカー（CSW）＝地域を基盤に対人援助を行う福祉職。

3　無料低額老健事業の課題・展望

医療機関の無料低額診療事業における課題の一つは事業の周知であるが、老健での無料低額利用事業もあまり知られていないのが課題である。関係機関にアナウンスしているが十分とはいえない。老健入所相談で、地域で本当に無料低額利用事業を必要とする利用者や家族を捕捉できているかも課題である。

無料低額利用事業の特徴として、介護・生活・住まいに起因する経済問題を支援できる点が挙げられる。事例①は介護と費用両方の問題解決が必要な場合に援助できたケースである。事例②では地震被災者の生活再建の間の生活・住まい・費用ニーズへの援助にその役割を発揮している。近年目立つ地震・台風・大雨など自然災害後の災害支援サービスの谷間で、無料低額利用事業が役立つことが期待される。

支援相談員は、利用者や家族との相談で状況を把握して必要な諸制度の利用を援助し、それが困難な場合は無料低額利用事業を検討する。この事業を相談支援のキーとして、制度の谷間を埋める支援を行っている。また事例②のように、コミュニティソーシャルワーカー（ＣＳＷ）との密な連携により、災害支援サービス手続きにも奔走する。ＣＳＷなど地域のネットワークも無料低額利用事業の活用に寄与している。

老健ほか介護保険施設は、２００５（平成17）年から食費・居住費が原則自己負担化され、２０１８（平成30）年8月からは一定以上の所得者の介護保険サービスに3割の自己負担も創設された。自己負担増が進み、老健ほか介護保険施設サービスの利用をためらう人がさらに増えると予想される。そのなかで、無料低額利用事業を行う老健へのニーズはさらに高まるであろう。

4　介護医療院の無料低額利用事業

2018年度から、介護保険法に基づく新たな施設として「介護医療院」が創設された。介護保険適用の療養病棟を廃止していく政策に伴い、その転換先の一つとなる施設で、長期療養を要する高齢者向けに医療と介護を一体的に提供する。日常的な医学管理やターミナルケア、看取りなどの医療機能と、生活施設の機能を併せ持った施設である。

これに合わせ、社会福祉法第2条第3項第10号の老健施設の無料低額利用事業の条項に介護医療院が追加され、介護医療院でも無料低額利用事業が可能となった（258頁⑩）。基準は、無料低額老健事業と似ており、先に挙げた無料低額老健事業の必須基準5項目のうち、1、2、3、5の内容は共通するが、4の通所介護事業または通所リハビリテーション事業の実施の代わりに、以下の3項目のうち2項目以上を満たす必要がある（老健施設の場合の基準で5番目にある家族相談室または家族介護室の設置は、介護医療院では4番目となる）。

⑤通所リハビリテーション事業を実施すること
⑥生活保護法による保護を受けている者その他の生計困難者を対象として定期的に無料の健康相談、保健教育等を行うこと
⑦特別養護老人ホーム等の地域の福祉施設の職員を対象として定期的に保健医療に関する研修を実施すること

（倉町　健／執筆時：介護老人保健施設ライフポート茨木）

第13章 医療生協と無料低額診療事業

2009年3月に生協法人が無料低額診療事業（無低診）に参画して10年が経過した[1]。いまでは全国に687（2017年）[2]を超える無低診実施事業所が、地域の生活困窮者の医療保障に向けた実践をすすめている。ここ10年で無低診事業所は400事業所ほど増加し倍以上となったが、医療生協の医療機関がこの増加数のほぼ半分を占めると考えられる[3]。

非正規労働者や家族福祉に頼れない人たちが、旧来型の社会保障制度からいわば「制度の狭間」に落ち込んでいる。そうした人たちにいくばくかの対応ができるのが無低診である。

ここでは、医療生協はどんな組織・法人なのかを概観し、医療生協の組織的特徴を確認しながら、尼崎医療生協が無料低額診療事業に取り組むに至った過程を振り返り、医療生協がなぜ無低診に取り組むのかを考えてみたい。さらに、無低診実践の二面性を指摘し、「人権としての医療保障としての無低診」を志向する運動の一つとして、医療生協の無低診を見出していきたい。

1 消費生活協同組合としての医療生協

医療生協は、生活協同組合（生協）として耳慣れない生協法人に位置づけられ、消費生活協同組合法（生協法）によって医療・福祉事業を進める法人である。現在の生協法は2007年の大改正後に「医療・福祉」が事業として位置づけられた。それ以前は生協法の「協同施設を利用させるもの」を解釈して医療・福祉事業を進めてきた経緯があった(4)。

生協は当該地域における組合員に利用させる事業を行い、生協法第9条では「組合は、その行う事業によって、その組合員及び会員に最大の奉仕をすることを目的とし、営利を目的としてその事業を行ってはならない」とあり、組合員以外の利用の規制（員外利用規制）がある(5)。

しかし、医療を事業とする医療生協は医療法等の関わりから、組合員以外の利用を制限できない。大野博(6)は、ここに医療生協の大きな矛盾があると指摘する一方で、共益を追求する生協が、公益性のある医療事業を担うという、この矛盾が大きな原動力となって、医療生協運動が進められてきたという。

いくつかある医療生協研究の知見からは、日野秀逸(7)や川口啓子(8)のいう「職員も地域組合員もともに組合員」という組合員を出発点として、組合員による共同所有、共同意思決定を志向する組織体であること、さらに浅井純二(9)やリム・ボン(10)のいう「人権性」をもつ運動体であり、小川政亮(11)が指摘するように対象として潜在的組合員である地域住民を包含する事業と運動の組織であること、が特徴として見出せる。

これは、単に消費生活協同組合法による法人運営形態を機軸に据えながら、それを超えた地域住民を組合員組織に捉えた事業と運動の形態としても考えることができる。

2　尼崎医療生協が無料低額診療事業に取り組んだ過程

尼崎医療生協の歴史は、戦後に地域の労働者やレッドパージされた医療者たちがつくったナニワ病院から始まった。尼崎は、高度経済成長期には阪神工業地帯となり多くの工場労働者が暮らした街で、深刻な公害問題を引き起こしたことは社会科の教科書などでも有名である。

現在、大企業は海外へ工場を移転、環境も大きく回復している。その一方で、かつての工場労働者は高齢化、単身高齢男性は西宮市や芦屋市のおよそ2倍（4・4%、2010年調査）、生活保護受給率は兵庫県平均の雇用環境も大きく変化し、非正規雇用や失業等を余儀なくされる人たちも少なくない。

2倍（41%、2017年度）、国保料滞納世帯も18%を超え（2017年度）、生活が苦しい地域住民、組合員が多い。就学援助率も25%を越え（2017年度）、子どもの貧困も深刻である。

尼崎医療生協は1974年に近隣の生協と合併して今日の法人形態になったが、1950年代のナニワ病院から続く、無差別平等の医療と介護の実践を地域組合員とともに守り育んできた。差額ベッド代を徴収しない病棟運営、「気になる患者」訪問をはじめ、助け合いの組織、生協だからこその実践をすすめた。

2007年の生協法改正で、これまでの「組合員の生活に有用な協同施設を利用させる」ことが医療・介護事業の根拠だったものから、「医療に関する事業」「高齢者、障害者等の福祉に関する事業」へと、法的根拠が大きく変わった。医療生協の事業が社会的評価を得たものともいえる。

医療生協では「いのちの平等の事業と運動」を理念に掲げ、経済的理由で治療を中断する患者への「気になる患者」訪問などを通じて、窓口負担金の分割支払い相談や生活保護申請同行、さらに差額ベッド代を徴収しない病棟運営ほか、地域に求められる「生協の社会的役割」として医療・介護事業をすすめてきた。

治療の中断患者に「窓口負担金を気にしなくても大丈夫だから」と簡単にはいえない。健康保険を使った医療では、勝手に窓口負担金を減免できないからだ。無料低額診療事業は「窓口負担金を気にしなくても大丈夫」と法的根拠をもって患者に訴えることができる。

尼崎医療生協での無低診導入のきっかけは、2008年3月の全日本民医連第38回総会での、京都民医連が報告した無低診事業の実践を全国に広げようとの呼びかけであった。当時は社会福祉法人や社団法人等の無低診事業はあったものの、医療生協などの生協法人は皆無であった。

ここは当時、尼崎医療生協無低診プロジェクト責任者だった粕川實則の文章を引用する。当時、尼崎市は中核市ではなく兵庫県が届け出先となった。

> 2008年8月、法人三役会議が格差と貧困に立ち向かうその手段として無低診開始を判断し、法人内でプロジェクトを結成しました。兵庫県に届出手続きを開始しようと動き出しました。しかしその窓口が見つかりません。あちらこちらたらいまわしにされた後、やっとたどりついたのが「社会福祉局福祉法人指導課福祉センター係」でした。相談を申し込むと、担当者は「厚生労働省は『抑制』方針を変更していないので難しい」「医療生協は対象外」等を繰り返し、相談に乗ろうともしませんでした。「阪神間には無低診が1ヶ所もない。ないどころを『抑制』するのは筋が通らない。兵庫県の『ホームレスの自立の支援

等に関する基本方針』の中でも『無料低額診療事業を行う施設の積極的な活用をはかる』としているではないか。無低診がなければ『施設の積極的な活用』はできない」と食い下がったものの、「厚労省からの返事がない」を繰り返すばかりでした。県の担当者は「『ホームレスの自立の支援等に関する基本方針』策定時に福祉センター係には話はなかった」と言い放ったのです。それでも「厚労省との相談は継続する」ことを約束させました。1ヵ月も県から粘りにねばった上でようやく面談が実現したのが9月18日。尼崎医療生協の無低診実施の趣旨を伝えるものの、担当者からは「医療生協の考えは解る」という一方で、「兵庫県としては届出を受理した実績がない」「来年4月には尼崎市が中核市になるので尼崎市に手続きをしてはどうか」といかにも「仕事を増やすな」といわんばかりの対応でした。こうした経過の中で、小池晃参議院議員に相談し、9月29日に「無料低額診療事業の拡充に関する質問主意書」(255頁⑦)を提出してもらいました。この主意書への答弁書(256頁⑧)が閣議決定後、参議院議員に送付され「基準を満たした医療機関から届出があれば受理されるべき」という内容でした。10月24日に担当者を訪ねると、対応は急変。届出書式一式を手にすることができました。[12]

厚労省の通知等では、確かに無低診は抑制すべしである。しかし2008年当時、広がる格差と貧困の状況を医療現場から対峙してきた医療生協は、無低診開始に向けてさまざまなアプローチを仕かけた。結果として政治的アプローチが実を結び、以後の無低診実施事業所が増加した。2009年時点で250程度であった無低診実施事業所は、2017年には687に急増した。通達は「イキ」であるものの、答弁書によって抑制策は後退した形となった。[13]

3 無低診実施への問題点や疑問点と向き合って

無低診開始の方向が見えたといっても、医療生協の内部で意思統一ができていたわけではない。先の粕川が述べたように、無低診の必要性は認めながらも、窓口負担を軽減することは医療生協の経営を圧迫しないかといった経営悪化論、無料または低額にすれば患者が押し寄せてくるのではないか、さらには生活相談だけでも大変なのに多くの患者に誰が対応するのかなど、多くの問題や疑問に答えなければならなかった。

特に経営悪化論は、医局からも意見が噴出したのである。

Ⓐ「窓口負担(3割)+医療保険(7割)=10割」で医療収益を考えると、無低診を行えばⒷ「窓口負担なし+医療保険(7割)=7割」となる。国民健康保険は「治療は必要だが医療費の支払いが困難である場合は市町村の判断で短期保険証を交付できる」(2009年1月20日政府答弁・内閣参質171第5号)とあって、無保険状態を回避できる可能性が残されており、医療保険7割の医療収益となる。Ⓐ10割とⒷ7割を比べれば、確かに7割は収益減である。

しかし比較の対象は10割と7割ではない。Ⓒ中断は「窓口負担なし+医療保険なし=ゼロ」となる。そもそも中断してしまえば医療収益は「ゼロ」。よって、Ⓑ7割とⒸ0割をこそ比較すべきなのである。中断を放置すれば患者への適切な医療もできないばかりか、医療収益もゼロになるのである。

また、相談援助対応や申請書式、特に相談者の生活保護基準との比較をどう算出して適用可否を決裁するかなどの問題もあった。生活保護基準比較は、ソフトを使って自動計算できるものを情報室担当者が作成して、各診療所での相談援助対応への支援を行った。

実際に運用を開始してから、電話などで「無低診を受けるのはどうすればいいのか」といった相談などは多くあったが、患者が多く押し寄せることはなかった。実際は診察時や窓口支払い時に、医師や看護師、あるいは窓口の事務職員らが、患者の言動や行動から察して「こういう制度もありますよ」とお知らせしてからの適用が多かったのである。

こうした疑問点や問題点についてともに考えながら、医療生協の内部での意思統一を進めたのだった。

4　医療生協が無料低額診療事業に取り組む意義

なぜ医療生協が無低診を実践するのか。

住民組合員と職員組合員という組合員組織特性をもった共益性を追求すべき生協が、医療の特異性から公益性を志向する医療生協を形づくった。医療生協の組織的特徴から、組合員要求が「医療という特殊性を通じた運動」を経て、地域要求として医療生協運動が進化した。こうした医療生協運動が歴史的に人権性をもった医療運動として地域に根付いた。医療アクセスができない潜在的組合員への医療保障に資する運動や、人間の安全保障の実践として、社会的包摂を志向する医療保障に向けた実践も、医療生協運動があったから、「医療生協は無低診の対象外」との思い込みを打ち破って、無低診を実施できた。単に「生協という仕組み」であれば、無低診への視座はない。

2008年以前、無低診実施事業所の生協法人は「ゼロ」だった。2000年以降の小泉内閣による「聖域なき構造改革」の進化によって非正規雇用の急増とともに、企業福祉や家族福祉が中心である旧来型の社会保障制度での対応の限界が露呈するなか、広がる格差と貧困が顕著で、医療にかかりたくてもかかれない傷病人への具体的対応がないのかを考え、古い法制度を積極活用して実践したものだった。

医療生協が無低診に取り組むことでどんなメリットがあるのか。生協法人の病院・診療所はもともと固定資産税が免除されている一方、法人税は無低診を実施しても非課税にはならない。したがって他の法人とは違い、無低診実施による税制上の優遇措置は受けられない。では、医療生協にとって無低診の意義はどこにあるのか。

医療や福祉を事業とする医療生協にとって、地域住民である地域組合員への医療保障は、いわば医療生協の運動課題となる。患者になれない傷病人を患者としてお金を気にせずに療養できるのが無低診である。医療生協が無低診を実施することは、人権としての医療保障を進める実践である。医療生協による無低診への参画は、人権としての医療保障に向けた運動の画期として位置づけられるはずだ。

5　無低診のもつ二面性

最後に、今日の情勢における無低診のもつ二面性を提示しておきたい。

無低診は目の前の生活困窮者への医療保障の可能性をもつ。それは無保険状態の生活困窮者へ大変有効な手段となりうる。それを一歩下がって俯瞰するとどう見えるか。

2012年に社会保障制度改革推進法が施行され、社会保障は「自助・互助・共助・公助」で説明されるようになった。他方で医療生協における無低診は「互助と共助を活かした実践」といえる。その意味では、非営

利協同組織が、医療保障という人権保障を肩代わりしている状況である。(14)

しかし、憲法25条の生存権・人権保障の観点から考えると、財源保障等も含めて今後、国家による人権保障として医療を保障させる方向で、無低診事業を発展させていかなければならないだろう。

医療生協における無低診実践は、こうした方向性をもつ運動として人権としての医療保障に向け大きく寄与するものと考える。

（岸本貴士／尼崎医療生活協同組合）

【注】

(1)２００９年3月に生協法人では尼崎医療生協が初めて実施。その後に庄内医療生協（現在の医療生協やまがた）へとつながっていった。

(2)本書第3部第15章「無料低額診療事業の現状と課題」図1参照。

(3)前注参照。全国１１４単協（２０１７年4月時点）において無低診実施医療生協法人は51法人（46％）となっている。１生協法人で1～5診療所・病院が無低診実施医療機関と考えれば、少なくとも２００以上の生協法人の無低診実施医療機関が存在することになる。

(4)「これは浴場、理髪、あるいは医療施設といったようなものでございます」との政府委員による回答（第2回国会衆議院厚生委員会議事録第24号〈１９４８年7月5日〉）。

(5)改正生協法（２００７年）により事業として医療・福祉事業が明示され、生協法施行規則第9条に利用分量割合が示された。

(6)大野博（２０１０）「生協法改正と医療生協の管理運営の課題」『生活協同組合研究』Vol.418。

(7)日野秀逸（２００９）『地域から健康をつくる　医療生協という挑戦』新日本出版社、ほか参照。

(8)川口啓子（２００３）「１９５０年代における医療生協の生協法人選択理由についての調査と考察」大阪健康福祉短期大学紀要『創発』創刊号、ほか参照。

(9)浅井純二（2010）「医療生活協同組合組織化の史的研究―伊勢湾台風被災地の名古屋市南区南部の事例から―」日本社会福祉学会『社会福祉学』Vol.50-4。

(10)リム・ボン（2010）「新・医療生協論―変革のパラダイム」『生活協同組合研究』No.418、ほか参照。

(11)小川政亮（1989）「生存権と医療生協―生協規制、特に員外利用規制の不当性について―」日本福祉大学研究紀要第79号。

(12)粕川實則（2010）「尼崎医療生協における無料低額診療事業のとりくみ」『民医連医療』No.455、26～27頁。

(13)これをもって抑制策がなくなったわけではないことに注意が必要である。

(14)鈴木勉（2001）「非営利・協同組織の事業と公的責任のあり方　福祉領域を対象に」『総合社会福祉研究』第18号。

第14章 済生会の生活困窮者支援と無料低額診療事業

1　済生会とは

(一)　済生会のあゆみ

済生会は、明治天皇の「恵まれない人々のために施薬救療事業を起こすように」とのお言葉（済世勅語）と、あわせて下賜されたお手元金をもとに、1911（明治44）年5月30日に財団法人として創立された。公の社会保障制度がないなかで、済生会の行う低所得者に対する無料診療は、今日の生活保護の医療扶助の役割を果たすものであった。

戦後、新憲法により社会保障は国の責務となり、済生会の位置づけも大きく変わった。1951（昭和26）年に医療法に基づく公的医療機関の指定を受け、さらに、無料低額診療事業が社会福祉事業法（現・社会福祉法）に基づく社会福祉事業に位置づけられたことから、1952（昭和27）年に財団法人から社会福祉法人に組織を変更した。

その後、現在に至るまで、医療に恵まれないすべての人々に手を差し伸べるという創立の精神にのっとり、全国各地で、時代の要請に応える幅広い事業を展開している。施設数も年々増加していくなか、人々が安心して生活できるよう保健・医療・福祉を連携させたきめ細かなサービスの提供を推進している。

（2）済生会の事業

ア　三つの目標

～すべてのいのちの虹になりたい～

・生活困窮者を「済（すく）」う

・医療で地域の「生（いのち）」を守る

・医療と福祉、「会」を挙げて切れ目のないサービスを提供する

イ　目的と事業

創立の趣旨を承けて済生の実を挙げ、社会福祉の増進を図ることを目的に、全国各地に医療機関およびその他の社会福祉施設等を設置して、さまざまな社会福祉事業を実施している。あわせて、看護師養成や訪問看護などの公益事業も手がけている。

2　済生会の無料低額診療事業と生活困窮者支援の実際

(1) 済生会の目的と無料低額診療事業

ア　済生会は、生活困窮者に対する医療の提供を目的に設立された法人であり、無料低額診療事業は、済生会の本旨にかなう事業である。

【済生会定款】

（目　的）

第1条　本会は恩賜財団済生会創立の趣旨を承けて済生の実を挙げ、社会福祉の増進をはかることを目的として全国にわたり医療機関及びその他の社会福祉施設等を設置して次の社会福祉事業等を行う。

1　医療機関及び介護老人保健施設を経営して、生活保護法患者の診療及び生計困難者のため無料又は低額診療等を行うこと。（以下、略）

イ　社会福祉事業を行うために設立された社会福祉法人であり、医療機関としては、おのずから、無料低額診療事業を実施することとなる。

【社会福祉法】

（定　義）
第２条　この法律において「社会福祉事業」とは、第一種社会福祉事業及び第二種社会福祉事業をいう。（中略）
３　次に掲げる事業を第二種社会福祉事業とする。（中略）
九　生計困難者のために、無料又は低額な料金で診療を行う事業

（２）無料低額診療事業の実施状況（実施率）

無料低額診療事業の必須基準では、生活保護対象者及び無料又は低額で診療を行った者の割合（いわゆる「実施率」）が取り扱い患者の10％以上であることが求められている。済生会における実施率の状況は次のとおりである。

ア　法人全体の実施率の推移（直近３か年、79病院合計）
・２０１５（平成27）年度　11・36％（うち生保４・51％）
・２０１６（平成28）年度　11・84％（うち生保４・55％）
・２０１７（平成29）年度　12・10％（うち生保４・46％）
２０１１年度（10・22％）以降、10％以上を堅持している。

イ　病院ごとの実施率（２０１７年度、79病院中）
10％以上の基準を達成したのは57病院であり、全体の72・15％である。

79病院のうち、最大の実施率は33・98％①であり、最小の実施率は１・11％②である。

(1)高額療養費が適用された場合などに、どの範囲の減免まで事業実績として算入するかについては、所轄庁（都道府県、政令市等）が独自の基準を設けている場合があり、多様な算入が認められる場合は、高い実施率となる。
(2)小児専門病院の例である。医療費公費助成が手厚く措置されていることから、患者負担額（減免余地）が少なく、低い実施率となっている。

(3) 実施率向上に向けた取り組み

済生会では、基準達成はもとより、生活困窮者支援の実を上げるために、実施率の向上に積極的に取り組んでいる。

ア　病院ごとの取り組み

a　無料低額診療事業のポスターの病院内掲出

b　無料低額診療事業のパンフレットの病院内配布、関係機関への配布依頼

c　病院ホームページによる無料低額診療事業の案内

d　無料健康診断（相談）の実施

ホームレスが多く集まる東京・山谷地区、横浜・寿地区、大阪・釜ヶ崎地区などで健診を実施し、医療が必要な場合に無料低額診療を行っている。地域の更生保護施設などにも積極的に出向いて健診を行っている。

e　無料低額診療事業に関する職員研修の実施（医師、看護師、事務）

院内のすべての職員が制度を理解することにより、あらゆる機会を通じて無料低額診療事業の対象者を把握できるよう努めている。

f　無料低額診療事業推進に関する病院内委員会の設置

院長または副院長が委員長を務め、実施率の向上に、組織をあげて計画的に取り組んでいる。

イ　本部の取り組み

a　病院への訪問指導（監査）

各病院を訪問し、無料低額診療事業の基準の順守状況、関係機関との連携状況、病院内外への広報の状況、職員研修の状況などを確認し、適正かつ効果的な事業実施を指導している。

b　ＭＳＷ研修会

無料低額診療事業の推進に中心的な役割を果たすＭＳＷを対象に研修を実施し、生活困窮者支援を旨とする済生会の理念・使命の再確認、事業内容の理解の促進、ＭＳＷとしての資質の向上と相互間連携の促進を図っている。

c　ブロックＭＳＷ研修費補助

現場に密着した実務的な研修が行われるよう、ブロック単位で実施される研修会の経費補助を行っている。

(4) 無料低額診療事業以外の生活困窮者支援

済生会では、「なでしこプラン」と称し、幅広い生活困窮者を対象に多様な支援活動を、２０１０（平成22）年度から行っている。なでしこプランの推進が、新たな無料低額診療事業対象者の把握につながる例も多い。

ア　なでしこプランとは

a　済生会創立の理念に立ち返り、医療・福祉サービスにアクセスできない人々の医療・福祉等の増進を図る。

b　無料低額診療事業の対象者のみならずホームレス、ＤＶ被害者、障害者・高齢者、刑余者、在留外国人、母子児童などの生活困窮者全般を対象とする。

c　職員が積極的に施設外に出て、巡回診療、健康診断、健康相談などの支援活動を行う。

d　社会福祉協議会、福祉事務所、市役所・町村役場、更生保護施設、NPO法人、ボランティア団体などとの連携強化を図って実施する。

イ　これまでの計画と実績

a　済生会生活困窮者支援なでしこプラン2010（2010～2012年度）

支援の延数　696事業　31万6207人

b　第二次なでしこプラン（2013～2017年度）

支援の延数　1663事業　74万6836人

ウ　第三次なでしこプラン（現行計画）

a　全体計画

・実施期間　2018～2022年度（5か年）

・延事業数　2341事業

・支援延数　85万6548人

b　対象者別計画

・ホームレス等　165事業　8万3130人

河川敷ホームレス巡回健診、野宿生活者インフルエンザ予防接種など

・DV被害者等　70事業　2290人

DV被害者相談、性暴力被害者カウンセリング、児童虐待被害者健診など

・障害者・高齢者等　８００事業　39万４２４７人

高齢者交流サロン、虐待障害者一時保護、ネグレクト被害者食事提供など

・刑余者等　５１６事業　７万２５１０人

更生保護施設入所者予防接種、刑務所内介護職員研修講師、刑余者雇用など

・外国人　１４３事業　１万６５２９人

難民医療支援、医療通訳派遣事業、在日外国人自主運営学校健康診断など

・母子児童　１７７事業　３万７６４９人

生活保護世帯・ひとり親世帯児童の学習支援、低所得者世帯保育料減免など

・その他　４７０事業　25万１９３人

震災仮設住宅入居者健康講座、がん就労相談・支援、失業者無料健診

（5）済生会生活困窮者支援総合事業

なでしこプラン推進を後押しするために、本部が実施する事業

ア　済生会生活困窮者支援事業功績者表彰

イ　済生会生活困窮者支援事業優良事業資金補助

ウ　済生会生活困窮者問題シンポジウム

（金子壽男《としお》／社会福祉法人恩賜財団済生会 事業部社会福祉・地域包括ケア課長）

特別寄稿

厚生行政、済生会と無料低額診療

社会福祉法人恩賜財団済生会理事長
（元厚生省社会・援護局長、元環境事務次官）
炭《すみ》谷《たに》　茂

1　無料低額診療事業の考え方

無料低額診療事業については他章で詳細に説明されているが、筆者の基本的な考え方を、個人的な経験を踏まえて簡単に述べたい。

1961（昭和36年）に皆保険体制が実現し、その後、老人医療費無料化など公費負担医療が充実したことに伴い、社会保障に関係する中央官庁や社会保障学者の中には、無料低額診療事業に対する抑制論や不要論が強くなった。

国民は、皆保険制度によっていずれかの医療保険に加入し、医療給付を受けられることになった。自己負担金については、公費負担医療で填補されることもある。医療保険等でカバーされないときのセーフティネットとして生活保護制度による医療扶助が適用されるので、制度上は医療保障に困難を生じる者が存在しなくなったという見地からである。

厚生省（当時、以下同じ）からは、順次、無料低額診療事業の抑制の通達が発出された。1989（平成元）年3月には福祉関係三審議会から、無料低額診療事業は意義が薄くなったので見直すべきだとの答申が出された。この答申に基づき、厚生省の担当局では、社会福祉事業法（現在の社会福祉法）における社会福祉事業から無料低額診療事業を削除する方向で事務作業が行われた。

当時、筆者は担当者ではなかったが、無料低額診療事業の廃止には疑問を抱いた。学生時代から生活困窮者への支援活動に従事してきた経験からすれば、制度と社会の実態とは大きな落差が存在するので、医療保障が十分には行き届かない者が存在する現実に接していたからである。

結果的には、無料低額診療事業を経営する関係者などからの強い反対運動によって、社会福祉事業法の改正は見送られたが、それ以降も厚生省は、行政指導により、無料低額診療事業の縮小方針を継続した。

筆者は、1997（平成9）年7月に厚生省社会・援護局長に就任し、直ちに社会福祉基礎構造改革に着手した。この一環として、かねてから疑問に思っていた無料低額診療事業の抑制策について根本的に見直すことにした。当時でも日本社会では生活困窮ゆえに医療サービスが十分に受けられない者が存在し、無料低額診療事業の必要性は存在した。

そこで、社会福祉基礎構造改革で社会福祉事業法を改正し、社会福祉法を制定するにあたり、省内など一部から強い反対があったが、無料低額診療事業の意義を再確認のうえ、社会福祉事業として存続させ、従来からの厚生省の方針を転換した。

その後、2000(平成12)年12月に「社会的な援護を要する人々に対する社会福祉サービスのあり方について」という報告書をまとめた。この中でも、無料低額診療事業の対象となる既存の公的制度から落ちる者が増大していることから、抜本的な対策の必要性を訴え、厚生省を去った。

ところが、半年後の2001(平成13)年7月、厚生労働省社会・援護局長通達で再度、無料低額診療事業の抑制方針が示された。

しかしながら、現実の社会には十分な医療サービスを受けられない生活困窮者が存在する。現在もこの通達は、有効に存続しているが、厚生労働省の実際の指導は、現実のニーズに沿った運用がされているように推察している。

2 済生会の無料低額診療事業

上記に述べたような国の政策方針や経済・社会情勢の変化により、済生会の無料低額診療事業の取り扱いは、大きな影響を受けてきた。済生会の取り組みの概要については、済生会社会福祉・地域包括ケア課の金子壽男《としお》課長が述べているとおりであるので、参照願いたい(第14章)。重複を避けながら、筆者が済生会の取り組みで重要と考える点を述べたい。

第1に、無料低額診療事業は、済生会の理念に基づく根幹的な事業であると位置づけている。

済生会は、1911(明治44)年、明治天皇の「済生勅語」により設立された。当時、アメリカの株式市場の崩壊を発端とする世界的な経済不況により都市部では失業者は増大し、一方で冷害の影響も加わって困窮する農家が多数生じた。結核、感染症、栄養失調などの病気に苦しむ者が多数発生したが、社会保障制度が未整備であったため、満足に医療サービスを受けられない者が数多く存在した。

このため済生会は、スラム街や生活環境の劣悪な地域に、生活困窮者に対する医療サービスを提供するための医療施設を設置した。

同じころ、多くの民間慈善事業家が、生活困窮者に対する支援活動を活発に行っている。公的サービスが未整備であったので、民間が補完の役割を担った。

戦後、社会保障制度は著しく拡充したので、民間の役割は減少したが、経済・社会の変化により公的な医療サービスや福祉サービスが満足に受けられない者が存在する。これに対する対策として無料低額診療事業が位置づけられる。

現在の済生会の理念は、1911（明治44）年の創立時の精神を基本にしているので、無料低額診療事業を適切に実行していくことにしている。

第2に、生活困窮者の抱えるニーズの中には、無料低額診療事業だけでは対処できないものがたくさん存在するので、これに対応することである。

このため2010（平成22）年度から「なでしこプラン」を策定し、実施している。詳細は第14章を参照されたいが、ニーズは、増大・多様化する一方である。済生会は、医療と福祉の機能を有する世界で最大級の非営利民間団体であり、今日のニーズは複雑化しているので、効果的な支援を行うことができる。

今後とも時代の変化に応じ、「なでしこプラン」の充実に努力していきたい。

第3に、無料低額診療事業を効果的に実施し、生活困窮者を支援するためには、MSWの活動が重要である。

済生会ではＭＳＷの研修を強化するなど事業の活性化に力点を置いている。

日本で最初にＭＳＷ事業を行ったのは、済生会芝病院（現・東京都済生会中央病院）に勤務していた清水利子で、１９２８（昭和３）年、都内の貧困地域で実施した。生活困窮者の抱える生活ニーズは多岐にわたるので、これを的確に把握し、さまざまな医療や福祉資源を活用し、クライエントの人権に配慮しつつ、援助しなければならない。この役割の中心を担うのが、ＭＳＷである。

現在の日本の病院に勤務するＭＳＷは、患者の退院調整業務に大半の時間を費やしている。しかし、無料低額診療事業も「なでしこプラン」も、地域で対象者にアウトリーチすることが必要である。済生会ではＭＳＷに対して地域活動を強化するように指導している。

第3部

無料低額診療事業の制度・実務

第15章 無料低額診療事業の現状と課題

1 改めて無料低額診療事業の意義と現状

(一) 診療費一部負担の例外としての無料低額診療事業による減免制度

2006(平成18)年の朝日新聞に「無料低額診療制度を知っていますか」という内容の記事が掲載された。記事では、低所得者やホームレスが増え、配偶者からの暴力や人身売買の被害者へのケアにもこの制度が期待されて重要性が高まっている、と述べていた。それから13年が経過し、無料低額診療の需要はますます高まっているといわざるをえない。

日本の医療は、「いつでも、どこでも、定められた自己負担(基本的には3割負担)を支払うことで平等な医療が提供される」という、国民皆保険制度とフリーアクセスに裏付けられた世界に誇れる医療保障を確立している。

公的医療保険による医療制度には「療養担当規則」という規則がある。ここには、保険診療を行う上で医療機関と保険医が順守すべき重要な基本的事項が示されている。

その第5条（一部負担金等の受領）に「医療機関は法74条の規定による一部負担金（中略）の支払いを受けるものとする」、および健康保険法第74条（一部負担金）に「療養の給付を受ける者は、一部負担金を支払わなければならない」という支払い規定がある。これにより、病院で保険診療を受けた人は原則として一部負担金を払わなければならないし、医療機関は一部負担金を受領しなければならないことになっている。

日本の医療保険制度では、病院を受診した患者が医療費を払えないときに、「それなら、まけてあげましょう」ということは、基本的にできない。一部負担金が支払えない場合、医療機関にとっては未収金となる。こうした医療制度のなかで、医療費の支払いを減額または免除できるのが、いわゆる国保減免などの保険者による減免制度と無料低額診療事業である。

(2) 窓口で診療費を支払えない人が増えている

医師法第19条には、医師の応召義務が定められている。診療に従事する医師は、診察治療の求めがあった場合、正当な事由がなければ拒んではならない。この場合の正当な事由とは、医師自身が病気で患者を診ることができない場合、および医師が不在で診ることができない場合、と法的には解釈されている。医療費が払えないことを診療拒否の理由にすると、基本的には医師の応召義務に反することになっている。

この応召義務について、最近では「現状に即しているのか」という議論がある。しかし、もともとは医師の診療姿勢を表したもので、医療は人のためにあることを忘れてはならない道標であり倫理であると解釈するべきである。

ただし、医療機関は患者との契約関係に基づいて診療を行うことになっているため、実際には医療費の支払いの有無が問題になってこざるをえない。このような医療のしくみのなかで、経済的理由などにより医療保険料や医療費の支払いが困難な人が増加してきていることも現状である。

医薬分業政策により院外処方が主流となるなかで、無料低額診療事業においては、院外処方の薬代が事業の対象とならないことが大きな問題となっている。「無料低額診療事業実施状況の概要」（平成29年度実施、厚生労働省、277頁資料5）によると、院内処方29・0％、院外処方42・8％、患者の経済状況上、薬剤負担が困難な場合は院内処方10・2％、薬剤の種類によっては院内3・2％、診療時間内は院外で時間外は院内7・0％、保有している調剤を提供等1・2％、その他6・7％である。この問題は第2部第6章（77頁）でくわしく論じている。

(3) 無料低額診療事業を行う施設の拡大

無料低額診療事業は、社会福祉法第2条第3項9号に「生活困難者のために、無料又は低額な料金で診療を行う事業」として規定されている。この事業の届け出を行えば、療養担当規則の例外として、医療費を減免することができる。無料低額診療事業を行う施設は年々増加していて、2017（平成29）年には355病院、332診療所の計687施設（厚生労働省資料、図1）になっている。

事業の創設時期から施設数の変動はあまりなかったが、事態が動くきっかけになったのが2008（平成20）年9月の小池晃参議院議員の質問主意書（255頁⑦）であった。同議員は「不況の長期化、格差拡大によって生活困難者は増加しており、無料低額診療事業の意義はいっそう大きくなっている」として、医療を受ける権利保障の事業がどうなっているのかを質問した。これに対して政府は、「低所得者等の医療を確保するために重要だ」「届け出の不受理を求めるものではない」「届け出があれば受理されるべきだ」という答弁書を決定した（256頁⑧）。

これを受けて、全日本民主医療機関連合会（民医連）が、全国的に無料低額診療事業に積極的に取り組む運動を展開した。その結果、翌年には民医連の41事業所が同事業を新たに開始し、2019年2月26日時点では、民医連の病院・診療所のうち372か所が無料低額診療事業を実施している。

問題は地域差であり、現在は、秋田を除く全都道府県に無料低額診療を行う施設があるが、高知は2施設しかないなど、どこでも十分に活用できる状況には至っていない（270頁資料4に実施医療機関リスト）。

また、現在では自治体のホームページでも積極的に広報をするようになっているが、まだまだ周知できていない。無料低額診療事業を知らない、実施施設を知らないといった声もあり、制度利用が必要な人に必ずしも情報が届いていないのが現状である。

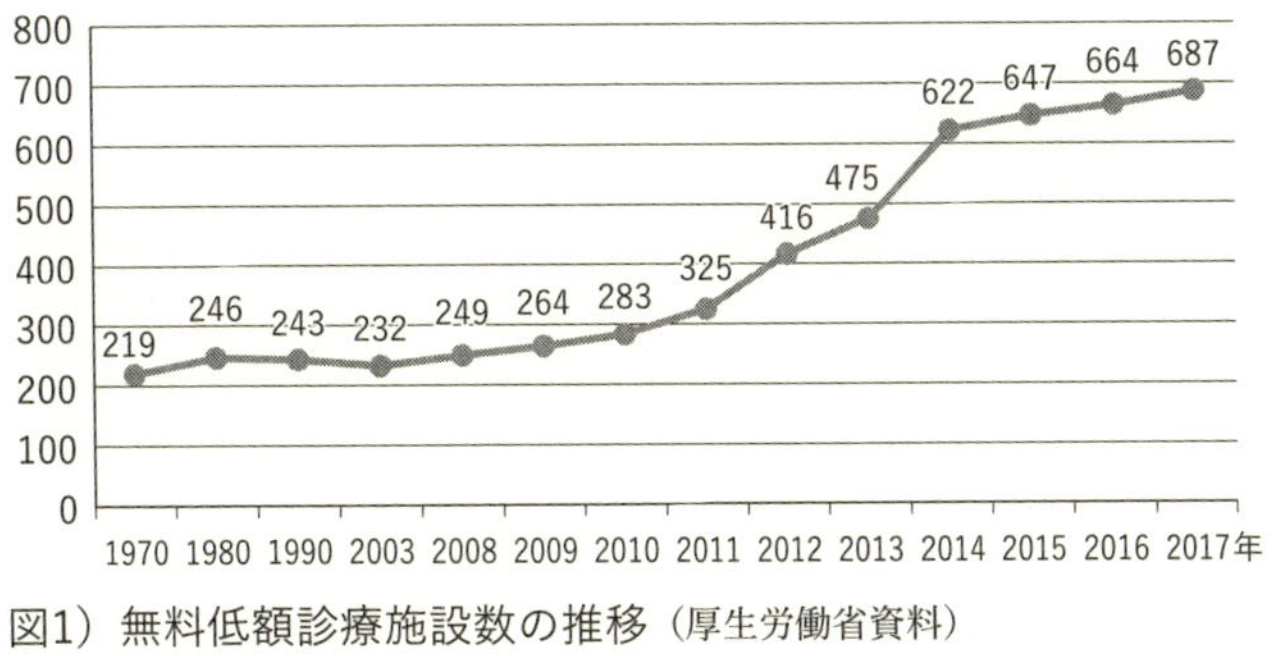

図1）無料低額診療施設数の推移（厚生労働省資料）

（4）無料低額診療事業、無料低額老健事業の実績

厚生労働省の集計（277頁資料5）と私たち研究会が入手した未公表の集計データによると、2017年度に計687か所の医療機関で行われた無料低額診療事業の延患者数は756万7121人。これは受診や入院

の日ごとに１人とカウントしたもので、１日平均に直すと２万７３２人になる。実施施設の総延患者数に対する割合は12・３％だった。

無低診の延患者数の内訳は、生活保護４７８万７５６９人（63・３％）、保険加入者の減免２７４万３２０４人（36・３％）、無保険者３万６３４８人（０・５％）だった。

減免総額は34億７５３万円余りで、１施設あたり４９６万円。生活保護以外の患者の延数で割ると、１人あたり１日平均１２２６円を減免したことになる。

病院と診療所で分けると、施設数は病院３５５か所、診療所３３２か所と同程度だが、延患者数では88・９％、減免額では91・５％が病院での無低診だった。

医療全体の中で見るとどうか。２０１７年10月の医療施設調査の施設数を分母にすると、無低診の実施施設は病院の４・２％、診療所の０・２％。同年の社会医療診療行為別統計と医療扶助実態調査で示された診療実日数から試算すると、医療全体の総延患者数に占める無低診の比率は０・３％で、けっして小さくない。ただし金額では、２０１７年度「医

表1）無料低額診療・無料低額老健の2017年度の実績

（厚生労働省の集計データから作成、老健は入所者数）

	病院	診療所	病院＋診療所	老健
実施施設数	355	332	687	625
施設の総延患者数			61,633,708	18,611,715
無低の延患者数（カッコ内は総延患者数に対する割合）	6,728,169	838,952	7,567,121 （12.3％）	2,223,272 （11.9％）
うち生活保護（カッコ内は無低の中での割合）	4,157,628 （61.8％）	629,941 （75.1％）	4,787,569 （63.3％）	1,036,121 （46.6％）
うち保険加入で減免			2,743,204	
うち無保険で減免			36,348	
減免総額（円）	3,118,903,829	288,632,517	3,407,536,346	1,285,565,197
1日平均の無低の延患者数	18,433	2,298	20,732	6,091
1施設平均の無低の延患者数	18,953	2,527	11,015	3,557
1施設平均の減免額（円）	8,785,645	869,375	4,960,024	2,056,904

療費の動向」の診療費総額は34兆円余りで、減免総額は0・01％にすぎない。

２００５年度（実施施設260か所）と比べると、実施施設数が２・64倍、実施施設の総延患者数が１・39倍になったのに対し、無低診の延患者数は１・19倍にとどまり、さほど伸びていない。無低診のうち生活保護の延患者数は１・43倍に増えているが、それ以外の減免の延患者数は０・93倍と、むしろ減少している。

老人保健施設にも無料低額利用事業がある（詳しくは第12章）。２０１７年度は６２５施設で行われ、延入所者数は２２２万３２７２人（１日平均６０９１人）。実施施設の総延入所者数に対する割合は11・９％だった。延入所者数のうち生活保護は１０３万６１２１人（46・６％）。利用料の減免総額は12億８５５６万円余りにのぼった（1施設平均２０６万円、生活保護以外の延入所者数で割ると1人あたり1日平均１０８３円）。

２０１７年の「介護サービス施設・事業所調査」をもとにすると、全国の老健施設４３２２か所のうち14・5％が無料低額利用事業に取り組み、老健全体の延入所者総数に占める比率は１・８％だった。老健では、無料低額利用事業のウェートがわりあい高い。大分を除く全都道府県に無料低額老健がある。

（5）無料低額施設にはMSWの配置義務がある

もう一つ重要なこととして、無料低額診療施設には、医療ソーシャルワーカー（以下、ＭＳＷ）を配置する義務がある。無料低額診療事業を利用する患者は、さまざまな生活問題をかかえて困っている人が多いからである。日本の医療制度のなかで、医療従事者の配置基準を規定しているのは医療法であるが、ＭＳＷは規定されていない。ＭＳＷの配置義務を行政通知として明記しているのは、無料低額診療事業だけである。

現在では多くの医療機関が、ＭＳＷとして社会福祉士を配置するようになっている。これは、入院料の入退院支援加算をはじめとする診療点数のいくつかが、国家資格である社会福祉士の配置を要件としているためである。基本的には医療機関の経営のために社会福祉士の配置が進んだといえる。

しかし、そもそもMSWの役割は、診療報酬の枠組みのなかにとどまるものではない。医療機関のなかで生活者の視点をもち、患者自らが問題を解決していけるように側面からの支援を通して働きかけをする社会福祉の専門家である。だからこそ、無料低額診療事業にMSWを配置する必要があったわけである。

2　基準から見る無料低額診療の現状と課題

厚生労働省社会・援護局の通知等が定めた基準に照らし、無料低額診療事業の現状と課題を見ていく。本節で触れる「通知」等については次の通りである。

※通知1：平成13年7月23日（社援発第1276号）厚生労働省社会・援護局長「社会福祉法第2条第3項に規定する生計困難者のために無料又は低額な料金で診療を行う事業について」（245頁①）

※通知2：平成13年7月23日（社援総発第5号）厚生労働省社会・援護局総務課長「社会福祉法第2条第3項に規定する生計困難者のために無料又は低額な料金で診療を行う事業について」（247頁②）

※通知3：平30年1月18日（社援総発第0118号第1号）厚生労働省社会・援護局総務課長「社会福祉法第2条第3項に規定する生計困難者のために無料又は低額な料金で診療を行う事業等に係る運用上の留意事項について」（257頁⑨）

※内翰（内簡）：昭和49年12月21日（内翰）厚生省社会局庶務課長・児童家庭局企画課長（251頁⑤）

内翰《ないかん》とは、国の行政機関が自治体等に通知した事務連絡等の内容を補足説明した書簡で、法的な拘束力はなく解釈を補充するための規定である。この内翰は、昭和49年10月31日社会局長・児童局長通知の説明のために発出されたが、その後の平成13年7月23日社会・援護局長通知によって形式的には廃止された。しかし平成13年7月23日局長通知は昭和49年10月31日局長通知と同様の内容であったため、参照基準としては依然として有効である（厚生労働省確認）。以下の各項目では、通知の補足説明と考えてもらえばよい。

(一) 無料低額診療事業の10基準

無料低額診療事業を行う施設には10項目の基準が定められている。次の項目のうち1～4に該当するとともに、病院にあっては5～10までの項目のうちの2項目以上、診療所にあっては7または8のいずれかの項目に該当することが求められる（1～4は必須の基準、5～10は選択の基準）。

無料低額診療事業の10基準

1. 低所得者、要保護者、行旅病人、一定の住居を持たない者で、野外において生活している者等の生計困難者を対象とする診療費の減免方法を定めて、これを明示すること。
2. 生活保護法による保護を受けている者及び無料又は診療費の10％以上の減免を受けた者の延数が取扱患者の総延数の10％以上であること。
3. 医療上、生活上の相談に応ずるために医療ソーシャルワーカーを置き、かつ、そのために必要な施設を備えること。

4. 生活保護法による保護を受けている者その他の生計困難者を対象として定期的に無料の健康相談、保健教育等を行うこと。
5. 老人、心身障害児者その他特別な介護を要する特殊疾患患者等が常時相当数入院できる体制を備えること。
6. 生活保護法による保護を受けている者、その他の生計困難者のうちで日常生活上、特に介護を必要とする者のために常時相当数の介護者を確保する体制を備え、かつ、そのために必要な費用を負担すること。
7. 当該診療施設を経営する法人が、特別養護老人ホーム、身体障害者療護施設、肢体不自由者更生施設、重症心身障害児施設等の施設を併せて経営していること。又は、当該診療施設がこれらの施設と密接な連携を保持して運営されていること。
8. 夜間又は休日等通常の診療時間外においても、一定時間外来診療体制がとられていること。
9. 地区の衛生当局等との密接な連携の下に定期的に離島、へき地、無医地区等に診療班を派遣すること。
10. 特別養護老人ホーム、身体障害者療護施設、肢体不自由者更生施設、重症心身障害児施設等の職員を対象として定期的に保健医療に関する研修を実施すること。

(2) 基準Ⅰ（必須項目）

1. 低所得者、要保護者、行旅病人、一定の住居を持たない者で、野外において生活している者等の生計困難者を対象とする診療費の減免方法を定めて、これを明示すること。

自治体あて通知

(1)診療施設は、無料診察券又は低額診療券を発行すること。この場合において、これらの診療券は、当該施設を利用することができる地域の社会福祉協議会等において保管し、必要に応じて1の生計困難者に交付することとし、診療施設は、無料診療券又は低額診療券の提出を受けて診療費の減免を行うこと。(通知1)

(2)診療費の減免額は、診療施設において関係機関と協議の上決定すること。(通知1)

(3)診療施設において、無料診療券又は低額診療券によらない患者から診療費の減免の申出があった場合には、医療ソーシャルワーカーがその相談に応じ、適宜減免の措置を採るとともに、社会福祉協議会、民生委員等と十分連絡し、以後無料診療券又は低額診療券により診療を受けるよう指導すること。(通知1)

(4)以上について、その実効を確保するためには、市町村社会福祉協議会、民生委員協議会、民生委員等の十分な協力が必要であると考えられるので、各関係機関に無料又は低額診療事業の内容について周知徹底を図り、その適正な運営を期するよう指導されたいこと。(通知1)

(5)無料低額診療事業等は、広く生計困難者一般を対象とするものであり、被保護者に限られるものではない。ついては、被保護者に限らず、生計困難者であれば、積極的に無料低額診療事業等の対象とするように貴管内の無料低額診療事業等を行う施設に対し、周知・指導等されたいこと。(通知3)

(6)無料低額診療事業等を利用する生計困難者の利便性の観点から、貴管内の無料低額診療事業等を行う施設の一覧を都道府県等のホームページに掲載するなどの方法により周知するとともに、無料低額診療事業を行う施設に対し、無料低額診療事業等を実施する施設であることを周知するように指導等行われたいこと。その際、無料低額診療事業については、周知に当たって、診療施設内で行った投薬に係る費用を減免する取扱いを行う診療施設であれば、その旨も示されたいこと。（通知3）

(7)生計困難者に対する診療費の減免方法は、それぞれの診療施設において、地域の福祉事務所、社会福祉協議会等の関係機関と協議のうえ、定めること。（内翰）

現状

※「無料低額診療事業実施状況調査」（2018年度、全国福祉医療協議会実施）による減免方法の明示についての実施状況は、病院で100％、診療所で85・7％となっている。

①院内では、看板・ポスター等で減免取扱について明示している。

②病院のパンフレットや入院のしおりなどに、たとえば次のように無料低額診療を紹介している。

> 当院では患者様やご家族様の経済的な面、その他人間関係などの心配ごとについて、医療ソーシャルワーカー（MSW）がご相談に応じています。医療費については事情に応じて減額・免除することもできますので、いつでも気軽に相談、お申し出ください。秘密は厳守いたします。

③院外では、病院案内ホームページにて明示しているところもある。

④自治体のホームページなどで実施施設の紹介をしているが、周知が徹底されていない。

⑤減免（診療費の減額または免除）対象者は次の通りである。

・生計困難者、低所得者、要保護者、行旅病人、野宿生活者、虐待被害者、DV被害者、人身取引被害者、オーバーステイ外国人など。
・その他国籍を問わず社会的に援護の必要が認められた人など。
⑥無料低額診療施設はそれぞれ独自に減免規定を定め、減免要綱を作成している。
⑦減免の基準は生活保護基準における生活扶助費のおおむね1・2〜1・5倍である。
⑧無料低額診療施設においては、無料診療券または低額診療券（特別診療券ともいう）を発行し、当該施設を利用できる地域の福祉事務所・社会福祉協議会などでそれを保管し、必要に応じて生計困難者に交付するのが原則とされている。現実に発行している医療施設は、「無料低額診療事業実施状況調査」（前掲）では、病院で50・4％、診療所で14・3％となっている。
⑨前記の⑧によらない患者から診療費減免の申し出があった場合、ＭＳＷがその相談に応じ、各診療施設の減免規程にもとづいて適宜減免の措置を行っている。
⑩基本的には、給与明細や所得証明書、預金通帳などの提示を求めて減免基準の証明としている。
⑪投薬に係る費用減免について明示している施設はほとんどない。

課題

①実施施設でもＭＳＷ以外の職員は、無料低額診療事業をあまり理解していないことが多い。
②福祉事務所や生活困窮相談窓口の担当者が事業を理解していないことも多い。
③施設によっては、無保険の人は対象でない場合がある（つまり10割減免は不可の施設もある）。
④事業利用において診療の回数を制限している施設もある。
⑤虐待被害者や野宿生活者などのように相談することさえ困難な状況にある人たちへも、必要な情報が確実に

届けられるよう配慮し、この制度を真に必要とする人たちに周知する工夫が望まれる。

⑥投薬については医薬分業により院外処方している施設が多く、病院の場合は院内薬局で例外的に対応しているが、治療に必要な投薬ができるように、院外薬局に対して費用助成や減免のしくみづくりが必要である。

(3) 基準2(必須項目)

2. 生活保護法による保護を受けている者及び無料又は診療費の10%以上の減免を受けた者の延数が取扱患者の総延数の10%以上であること。

自治体あて通知

(1)診療施設において取り扱う患者のうち、生活保護法による保護を受けている者及び無料又は診療費の10%以上の減免を受けた者の占める割合は、毎年4月1日から翌年の3月31日までの診療延人員(入院及び外来を含む。)について算定するものであること。(通知2)

(2)平成11年5月17日付け社援企第80号厚生省社会・援護局企画課長通知により無料低額診療事業に関してお示ししている通り、現在、「無料又は低額診療患者の割合」又は「無料又は低額利用に係る入所者の割合」が100分の10未満である無料低額診療事業等の事業者に対しては、事業が社会福祉事業としての基準を満たすことに努めるよう十分指導されたいこと。(通知3)

(3)診療費の減免額のうちには、低所得階層に属する患者の療養費についての減免額のほか、当該診療施設が患者の診療のために必要なサービスとして、移送、寝具の貸与、病衣の支給、病衣類の洗濯等を実施している場合において、低所得階層に属する者のためにこれらに要する費用を減免したときは、その減免額を含めて差し支えないものであること（通知2）。療養費には、当該診療施設内で行った投薬に係る費用も含めて差し支えないものであること（通知3）。

(4)診療費の10％以上の減免とは、「診療費の総額」の10％以上であり、自己負担額の10％以上ではないものであること。（内翰）

(5)医療ソーシャルワーカーの設置、無料健康相談、保健指導等の実施、離島、へき地、無医地区等への診療班派遣及び社会福祉施設職員に対する研修の実施に要した費用は、減免額には含まれないものであること。（内翰）

(6)診療施設においては、生活保護法による保護を受けている者、無料又は診療費の10％以上の減免を受けた者及び取扱患者の総数を常時把握しておくこと。なお、入院患者は1日あたり1名と算定すること。（内翰）

現状

※「無料低額診療事業実施状況調査」（前掲）によると、総延べ患者数における平均減免実績率は病院で14・27％、診療所では19・25％となっている。

①減免の対象となる低所得者の範囲は、医療機関ごとに決めており、減免基準は統一されていない。内翰では、差額徴収病床等の費用（室料差額ベッド料）も対象としているが、通知2では除外されて、現在の基準では、差額ベッド料は減免額に含まれていない。かつては独自の減免基準を定めている自治体もあったが、そうした自治体ルールはおおむね廃止されつつある。

②後期高齢者・非課税世帯では経済的な相談が多い。これらの患者の入院費の場合は、高額療養費制度による限度額の適用により、減免幅が10％以上にならないケースが大部分を占めるが、10％未満であっても自己負

担を全額免除した場合は、減免患者数にカウントしてよいとする自治体が多くなっている。
③高度急性期病院では患者の母数が多く、総延べ患者数の10％以上を達成するのが困難である。
④無料低額診療事業を実施する施設の固定資産税については、１９９９（平成11）年３月31日の地方税法（平成11年法律第15号）、地方税法施行令（平成11年政令第94号）、地方税法施行規則（平成11年自治省令第17号）の各改正と、同年５月17日の社会・援護局企画課長通知により、２００１（平成13）年度の課税分から、「無料又は低額診療患者の割合」の過去の実績に応じた段階的な課税割合が適用されている（表２）。

なお、ある年度の固定資産税は、その年度に入る前の１月１日時点の所有者と評価額をもとに課税される。その年度の課税割合は、１月１日より前に完結した事業年度の無料低額診療の実績をもとに計算するので、４月から事業年度が始まる事業者の場合は、前々年度の実績がもとになる。

課税割合は単純な階段状ではなく、計算式を用いる。生活保護を含めた無料低額診療の患者の合計延数が総延べ患者数の２％未満だと固定資産税は減免されないが、同延数が２％台なら固定資産税額が本来の70％に下がり、同じく10％以上なら固定資産税は全額免除となる（具体的には第３部第16章図２〈206頁〉参照）。

これは「生活保護法による保護を受けている者及び無料又は診療費の10％以上の減免を受けた者の延数が取扱患者の総延数の10％以上であること」という基準上の原則を、実質的に修正したものと見ることができる。

表2）固定資産税の課税割合（詳しくは第16章図2参照）

無低対象者割合（％）	2未満	2	3	4	5	6	7	8	9	10
課税割合（％）	100	70	55	40	25	20	15	10	5	0

段階的な減免方式が導入された経緯の詳細は現時点で確認できないが、この措置が取られた背景としては、10％以上の基準を満たした施設と満たさなかった施設の固定資産税がどちらも全額免除では不公平感があること、一方で、無料低額診療に取り組んだ施設が10％のラインを割っただけで固定資産税が全く減額されないのでは酷と思われること、無料低額診療の拡大にインセンティブをもたらす減免方式が望ましいこと、などがあったようである。

そもそも患者延べ総数の10％以上という基準は、他の基準と違って、医療機関の努力だけで満たせるわけではなく、1年間の実績という結果を求めるものであり、達成をめざすべき努力目標という性格をもっている。その意味で、段階的な課税割合の導入は、努力しても結果的に10％に届かなかった場合は、それを容認するものであるという解釈もできる。対象患者が10％以上になる見込みがなければ無料低額診療事業を実施できない、あるいは税制上のメリットがなくなる、というハードルが緩和され、実施施設の拡大が期待されるようになったとも解釈されるのではないだろうか。

しかしながら現在、「無料又は低額診療患者の割合」又は「無料又は低額利用に係る入所者の割合」が100分の10未満である事業者に対しては、事業が社会福祉事業としての基準を満たすことに努めるよう十分指導されたい（通知3）と再三通知が出ており、基本的には対象患者が10％未満の場合は、事業実施状況の調査（社会福祉法第70条における調査）で10％以上とすることが指導されている。

課題

①生活保護患者については、医療機関にとって経済的な負担なしで無料低額診療事業の実績としてカウントされる。また、人口や世帯数あたりの生活保護の利用率、被保護世帯の構成などは地域により格差や特徴があ

るため、生活保護患者と減免患者を同等にカウントすることには問題がある。

②診療費の10％以上の減免を受けた患者をカウントするという基準になっているが、患者1人あたりの医療費の水準は、医療機関の機能や特性によって差がある。一律に10％以上とすると、医療費の水準が高い場合、多額の減免をしていても、その医療機関は税の減免を受けられない。たとえ減免額が10％未満であっても、減免をした人数や減免の総額を評価するなど、医療の実情を考慮した基準の設定が必要である。

③地域の特性に応じて福祉事務所や社会福祉協議会、他の医療機関などとの連携を強化し、この制度の活用を積極的に広げ、利用者がアクセスしやすいシステムを構築することが重要である。そういう観点も踏まえながら、生活困窮者自立支援相談窓口との連携を高く評価するなど新たな基準づくりが望まれる。

（4）基準3（必須項目）

3．医療上、生活上の相談に応ずるために医療ソーシャルワーカーを置き、かつ、そのために必要な施設を備えること。

自治体あて通知

⑴医療ソーシャルワーカーは、社会福祉主事の任用資格をもち、かつ、病院にあっては専任であることを原則とすること。（内翰）

⑵医療ソーシャルワーカーの活動に必要な施設は、専用室であることが望ましいが、これによりがたい場合は、カーテン、ついたて等で他と明確に区別すること。（内翰）

(3)医療ソーシャルワーカーの数は、医療施設の利用人員等に対応して必要な数とするが、おおむね200床あたりに1名以上とすること。(内翰)
(4)医療ソーシャルワーカーの設置に必要な経費は、医療施設の負担とすること。(内翰)

現状

※「無料低額診療事業実施状況調査」(前掲)によると、専任のMSWの配置は病院で100%、診療所で78・6%である。

①無料低額診療を行う医療機関にMSWの必置を定めている基準である。
②MSWは専任であることが原則であるにもかかわらず、実態としては医事課や病診連携業務、介護支援専門員を兼務しているところもある。
③基礎資格としては社会福祉主事任用資格であるが、最近は社会福祉士を配置している施設が多くなっている。
④病院の場合は、MSWが基準より多く配置されるようになっているが、診療報酬上の入退院支援加算などに伴う役割が多く、ベッドコントロールの担い手になっている。

課題

①MSWの人員配置に関しては「利用人員等に対応して必要な数とし、おおむね200床に1名以上」となっている。しかし、近年は生計困難者も複雑多様化した相談内容を抱えているため、厚労省の医療ソーシャルワーカー業務指針に対応するためには人員が少なく、基準を見直す必要がある。MSWの職能団体である日本医療社会事業協会(現在は日本医療社会福祉協会)が定めている「医療機関における社会福祉援助活動を促進するために」という手引きにはおおむね100床に1名以上の配置基準が明記されている。リハビリテー

ション病院・施設協会の施設評価基準にはAランクとして50床に2名と書かれている。

②診療報酬上の入退院支援加算により、病棟専従のMSWも少なくない。入退院支援に専従するMSWは、無料低額診療事業の必要人数カウントから除外していくべきであると考える。これは、MSWが生計困難者等に必要なソーシャルワークを展開するために、入退院支援に特化するMSWをカウントせず、本来の必要数を確保するべきだからである。

③「専用室の設置」に関しては、個人のプライバシーを最大限に守るための設備が必要であり、面接室を必置とすべきである。また、バリアフリーへの配慮や老眼鏡などの備品、室内の配色やインテリアなどのアメニティーや動線（患者が立ち寄りやすい場所）などに留意する必要もある。

④MSWは社会福祉の専門職である。そのため、組織内の位置づけとしても、医療職や事務職とは独立した部門を設置し、指揮命令は院長または副院長の直属とすることが望ましい。部門の責任者にはソーシャルワーカーを配置し、院内外の保健医療福祉スタッフなどと連携が取れるように位置づける必要がある。

（5）基準4（必須項目）

4．生活保護法による保護を受けている者その他の生計困難者を対象として定期的に無料の健康相談、保健教育等を行うこと。

自治体あて通知

(1)無料の健康相談、保健教育等は、月1回程度日時を定めて実施するように努めることとすること。（通知2）

⑵健康相談、保健教育等の実施対象としては、特に老人、妊産婦、乳幼児、中小零細企業の従業員等について配慮すること。（内翰）
⑶健康相談、保健教育等の実施日時等については、掲示場に掲示する等の方法により広く一般に周知せしめること。（内翰）
⑷健康相談、保健教育等は、医師、看護師、保健師、助産師等事業の内容に応じて必要な専門家が担当すること。（内翰）
⑸健康相談、保健教育等を実施したときは、日時、事業内容、対象人員等の事項について記録を作成しておくこと。（内翰）

現状

※「無料低額診療事業実施状況調査」（前掲）によると、病院で99・2％、診療所で85・7％が実施している。
具体的には、以下のような活動である。
①地域と連携し、健康相談を行っている。
②乳児・妊産婦とその配偶者を対象とした両親教室などを実施している。
③糖尿病や高血圧など疾患に応じた健康教室を開催している。
④地域住民に公開講座を実施し、保健医療福祉教育を実施している。
⑤精神障害者などのセルフヘルプグループを支援している。
⑥病院や地域の広報誌、ポスターなどを作成して周知している。
⑦施設内や地域の集会所、公園などで健康相談会などを開催している。

課題

①この項目では「生活保護法による保護を受けている者その他の生計困難者」を対象としているが、現代社会においては新たなニーズを抱えている人も多く存在しており、対象を生計困難者だけでなく地域住民へと拡大していく必要がある。

②健康相談や保健教育の解釈については、画一的なものではなく、それぞれの地域に応じたものを工夫することが大切である。

③地域に無料低額診療施設の存在をアピールする機会ともなるので、積極的な取り組みが期待される。

(6) 基準5（選択項目）

5．老人、心身障害児者その他特別な介護を要する特殊疾患患者等が常時相当数入院できる体制を備えること。

自治体あて通知

(1)「老人、心身障害者その他特別な介護を要する特殊疾患患者等」とは、老人及び心身障害児者のほか、老人性精神病患者、精神疾病とその他の疾病との合併症を有する患者その他例えば進行性筋萎縮症患者等をいうものであること。また「相当数」とは、医療施設の総収容定員の30％程度をいうものである。（通知2）

(2)「老人、心身障害者その他特別な介護を要する特殊疾患患者等」とは、老人（65歳以上の者）、心身障害者、老人性精神病患者、精神病とその他の疾病との合併症を有する患者（特に精神病と結核）、その他スモン病患

者、ベーチェット病患者、進行性筋萎縮症患者等受入側の事情により入院が容易でない患者をいうものであること。(内翰)

(3)老人、心身障害児者その他特別な介護を要する特殊疾患患者等から入院の申し出があった場合には、医療施設においては、かりそめにもこれらの者を拒むことなく、入院させるよう努めなければならないものであること。(内翰)

現状

※「無料低額診療事業実施状況調査」(前掲)によると、病院では85・7%がこの項目を選択している。

①一般病院では65歳以上の高齢者をカウントしている場合が多い。

課題

①無料低額診療施設のなかには急性期医療を行う病院も多い。急性期病院では、診療報酬上の入院料の要件となる平均在院日数の短縮化や、DPC制度*(診断群分類包括評価)の拡大などの流れを受けて、社会的入院の受け入れが年々困難となっている。このような状況下で生活面の支援を必要とするこの項目の対象者の受け入れを進めるためには、療養病棟の設置など、その病院における医療体制の再編成や新たな構築を必要とするであろう。

②身体障害者その他特別な介護を要する特殊疾患患者などの入院を急性期の病院が積極的に受けるには、現状の医療スタッフでは無理があるため、介護を専門とする職員の配置が課題になる。

*DPC制度＝入院患者の1日当たりの診療報酬が、主に診断名によって決まる包括評価方式(いわゆるマルメ)。手術や麻酔、リハビリなどは別に算定できるが、検査、画像診断、投薬、注射などは、個々の医療行為の点数を積み上げる従来の出来高払

い方式と違い、包括点数に含まれる。

(7) 基準6(選択項目)

6. 生活保護法による保護を受けている者、その他の生計困難者のうちで日常生活上、特に介護を必要とする者のために常時相当数の介護者を確保する体制を備え、かつ、そのために必要な費用を負担すること。

自治体あて通知

(1)「相当数」とは、おおむね50床に1人以上の割合をいうものであること。(通知2)

(2)介護者は看護、給食及び寝具設備の基準(昭和33年6月30日厚生省告示第178号)を満たす医療施設にあっても、更におおむね50床あたり1名以上配置すること。(内翰)

(3)介護者は、看護婦等の資格は必要としないものであること。(内翰)

現状

※「無料低額診療事業実施状況調査」(前掲)によると、病院では63・8%がこの項目を選択している。

①生活保護の入院患者をカウントし、介護職員もしくは看護助手を介護者として配置している。

課題

①この基準は1958(昭和33)年の基準にもとづいている。基準看護などが整備されていない時代に、付添婦をつけるお金がなくて困る患者がいた当時のものである。

②現在の看護基準に照らした新たな基準が必要ではないかと思われる。

(8) 基準7(選択項目。診療所においては7か8のいずれかが必須)

7.当該診療施設を経営する法人が、特別養護老人ホーム、身体障害者療護施設、肢体不自由者更生施設、重症心身障害児施設等の施設を併せて経営していること。又は、当該診療施設がこれらの施設と密接な連携を保持して運営されていること。

自治体あて通知

(1)当該診療施設と特別養護老人ホーム等の施設との密接な連携を保持する方法としては、例えば、当該診療施設がこれらの施設に対して必要に応じ医師を派遣する体制をとっていることをいうものであること。(通知2)

(2)本基準の趣旨は、医療に関係の深い社会福祉事業に協力するということにあるから必ずしも診療部門から社会福祉施設部門への収益の一部を繰り入れることを意味するものではないこと。(内翰)

(3)本事業に係る複数の診療施設を設置運営する法人にあっては、それぞれの診療施設が、特別養護老人ホーム等の社会福祉施設と密接な連携を保持して運営されるよう努めること。(内翰)

(4)特別養護老人ホーム等の社会福祉施設は、医療と密接な関係を有する施設に限定されるものであること。従って、例えば、保育所、軽費老人ホームは含まれないものであること。(内翰)

現 状

※「無料低額診療事業実施状況調査」(前掲)によると、病院では74・0%、診療所では50・0%が、この項目を選択している。

①地域包括ケア構想のもと、地域完結型で複数の施設を運営している医療福祉グループが多い。

②関連施設からの急患の受け入れをもって連携としている。
③大阪府の場合は、ほとんどの特別養護老人ホームに診療所が併設されている。

課題

①福祉医療施設として、地域で社会福祉施設を運営し、地域における社会福祉ニーズの把握に努めることが必要である。
②連携施設との間で運営要綱を作成し、連携項目、人数、実施日などを記録しておくことが望ましい。

(9) 基準8(選択項目。診療所においては7か8のいずれかが必須)

8. 夜間又は休日等通常の診療時間外においても、一定時間外来診療体制がとられていること。

自治体あて通知

⑴通常の診療時間外において、週2回程度の夜間診療日又は月2回以上の休日診療日を設け、それぞれ、1日3時間以上の外来診療体制をとり、かつ、その旨を掲示すること。(通知2)
⑵夜間又は休日の診療時間においては、おおむね通常の診療時間に準じた診療体制がとられていること。(内翰)

現状

※「無料低額診療事業実施状況調査」(前掲)によると、病院では42・5%、診療所では42・9%が、この項目を選択している。

①救急指定病院として診療を行っている場合は、それで基準を満たすと解釈されており、無料低額診療だから実施しているという病院は少ない。

課題

①利用者サービスの観点から夜間および休日の診療を行うことは必要であり、無料低額診療事業の基準として、いつでも安心して診療や相談支援が受けられる体制の構築が望ましい。

②無料低額診療施設は生活保護指定医療機関となっている。生活保護指定医療機関医療担当規程の第4条は「指定医療機関は、自己の定めた診療時間において診察するほか、患者がやむを得ない事情により、その診療時間に診療を受けることができない時は、患者のために便宜な時間を定めて診療しなければならない」と定めている。生活保護患者の医療を確保するための規程であるが、無料低額診療施設においても同様に、医療を必要とする対象者に時間外においても診療できる体制をとっておくべきである。

③医療のあり方の変化に応じて、オンライン診療や電話診療などを通常の時間内外に行うことも予想されるため、その体制づくりが必要であろう。

(10) 基準9（選択項目）

9．地区の衛生当局との密接な連携の下に定期的に離島、へき地、無医地区等に診療班を派遣すること。

自治体あて通知

(1)地区の保健所、医師会等関係機関との密接な連携のもとに年2回以上離島、へき地、無医地区、その他専門

医のいない地域などに対し、自主的に診療班を組織し、又は関係機関の組織する診療班に医師を参加させ派遣すること。(通知2)

⑵診療班を派遣したときは、日時、場所、派遣人数、診療人員、診療内容について記録を作成しておくこと。(内翰)

⑶診療班の派遣に要する費用は、診療施設の負担とすること。(内翰)

現状

※「無料低額診療事業実施状況調査」(前掲)によると、病院では16・5%がこの項目を選択している。

①たとえば済生会では、1962(昭和37)年から診療船「済生丸」が瀬戸内海の島々を巡回し、離島のへき地医療を行っている。

②診療班の派遣は人員と設備などの問題で負担も大きく、なかなか対応できていない現状である。

課題

①大都市圏からの遠隔地や山間過疎地などにおける医療活動が、各自治体の計画にもとづき行われている。そこでは、人材の確保や夜間休日の対応、へき地医療への研修や予算の確保などが課題となっている。

②近年の高齢社会に応じて、医療・健診活動のみならず、要介護者への「へき地介護」の必要性も注目されつつある。

③最近急増している災害対応として、被災地への診療チーム等の派遣がこの基準の対象となるようにする取り組みも必要である。

(11) 基準10(選択項目)

10．特別養護老人ホーム、身体障害者療護施設、肢体不自由者更生施設、重症心身障害児施設等の職員を対象として定期的に保健医療に関する研修を実施すること。

自治体あて通知

(1)「定期的に」とは、年2回以上をいうものであること。(通知2)

(2)特別養護老人ホーム等の社会福祉施設の職員に対する研修は、医学、公衆衛生学等の専門的分野に関して実施すること。(内翰)

(3)研修は年2回以上実施することとし、実施期間は、1回につき3日間程度とすること。(内翰)

(4)1回の研修人員は、20〜50名程度とすること。(内翰)

(5)研修に要する費用は、診療施設の負担とすること。(内翰)

現状

※「無料低額診療事業実施状況調査」(前掲)によると、病院では36・2%、診療所では21・4%が、この項目を選択している。

①医師などの医療従事者が関連施設の職員に対して、感染対策など医療に関する研修を定期的に行っているところもある。

課題

①社会福祉施設でも独自の研修を実施しているため、無料低額診療施設が特色を生かした研修を行うことが難

しくなっている。

②最近は医療機関も、特に医療安全や院内感染対策の分野ではほかの施設との連携が不可欠になっている。連携対象を福祉施設へ広げていくとともに、そうした連携に対応できる研修が必要である。

③地域連携の観点から今後とも、感染症など医学知識にもとづいた講義とともに、実地研修が重要になってくる。

3　福祉医療制度としての無低診の発展のために

(1) 改めて福祉医療としての無低診の意義を考える

無料低額診療事業は、病院や診療所での医療費負担の減免と思われがちだが、それにとどまらない。社会福祉の視点から医療保障にアプローチする事業という視点が必要である。社会的援護を要する人たちについて、医療だけでなく、生活を支えるという枠組みのなかで考えていく必要がある。

現行の医療保障制度では、セーフティネットの穴から抜け落ち、制度の谷間に置かれた人が存在する。そういう人たちにどう対応するかは現場にとって大きな課題である。

国は最近、住み慣れた地域で安心して老後を過ごすことができる地域包括ケアシステムの構築を推進している。その構築には、健康と生命を守っていくという医療保障の視点が必要である。その生命権を守るセーフティネットの役割の一環を、無料低額診療事業が担っている。

介護保険施設である老人保健施設でも無料低額利用事業が行われている。

また2018(平成30)年4月に、日常的な医学管理が必要な要介護者の受け入れや看取り・ターミナルケアなどの機能と生活施設としての機能を兼ね備えた新たな介護保険施設として、介護医療院が創設された。それに伴い、社会福祉法第2条第3項第10号が改正され、無料低額介護医療院利用事業が創設された。
地域包括ケアの観点からは、在宅介護の分野にも無料低額利用事業が必要だろう。

(2) 新たな「見直し論」と制度の発展に向けて

無料低額診療事業をめぐる動きとして、生活保護患者を対象者から除外するべきという、基準の見直し論が出てきている。現在は、10%減免のなかに生活保護利用者も含まれるが、その医療費は全額医療扶助が適用されるため医療機関の負担はない。それを減免診療と同様に考えるのはいかがなものか、という意見である。現実に、生活保護患者は積極的に受け入れられるのに、減免患者は敬遠される状況も見られる。

また、最近では、全国市長会がまとめた「平成30年度都市税制に関する意見」のなかで、固定資産税に関して「無料低額診療事業及び無料低額介護老人保健施設利用事業に係る固定資産税の非課税措置について、生活保護法による保護を受けている者は、医療扶助等が講じられていることから、『無料又は低額診療患者の割合』及び『無料又は低額利用に係る入所者の割合』の算定の対象から除外すること」を国に要望している。

しかし、考えるべきことは、生活保護を利用する患者がなぜ無料低額診療事業の対象とならざるを得なかったのか、という点である。生活保護制度が不十分な時代から無料低額診療事業は機能しており、基準看護や基準給食、基準寝具などがないなか、生活困窮者に医療を提供しつつソーシャルワークを展開してきた。生活保護患者を受け入れて、患者の生活を支援してきたのである。そして今日、医療扶助は国保並みの給付が保障されてはいるものの、生活保護利用者はさまざまな生活問題を抱えているのが一般的である。

また、生活保護の地区担当ケースワーカーの人員配置も十分ではなく、その専門性も担保されていない。地域においても、無料低額診療施設のＭＳＷが支援の要として活動する必要性が高まっているといってもいい。

(3) 無料低額診療事業とＭＳＷの役割

無料低額診療事業の基準にＭＳＷの配置義務があるが、単に人を置くだけでなく、現場でＭＳＷがソーシャルワークをできる体制づくりが必要である。

いまのＭＳＷは「退院ワーカー」「ベッドコントロールワーカー」ではないかという意見もある。２０１６（平成28）年4月の診療報酬改定で、以前の「退院調整加算」は退院促進を行う「退院支援加算」へと名称が変わり、さらに２０１８年度から「入退院支援加算」となった。病棟には入退院支援に専従する職員としてＭＳＷが配置されている。ＭＳＷは入退院支援以外のことはしなくてもよいという風潮さえある。また、病院もそのことを求めている。

そうしたなかで、無料低額診療施設のＭＳＷは、本来のソーシャルワークができる体制をどのようにつくるのかが課題となっている。対象となる人たちは医療の問題はもちろん、生活問題を数多く抱えており、生活者の視点から患者を総合的に支援していくことが重要である。

無料低額診療事業の本来の役割を果たすには、いのちを守るという視点で、医療と社会福祉が車の両輪となることが必要である。したがって無料低額診療事業は、以下の視点で実施されるべきである。

①無料低額診療施設は、福祉課題のある人のいのちと生活の最前線にある施設である。

②人間の尊厳を大切にする価値観、人間観を基本に据える。

③傷病や生活問題を当事者の自己責任とせず、社会問題として捉える。
④地域特有の文化を大切にするとともに、排除せずに包みこみ支えあう社会づくりをめざす。
地域の医療といのちを守る取り組みができる無料低額診療事業は地域のセーフティネットであり、相対的貧困率が15～16％と高止まりする日本において、ＭＳＷという人的支援の有力なツールをもった制度なのである。

（奥村晴彦／大阪社会医療センター付属病院）

第16章 こうすればできる無料低額診療事業――実務ガイド

本章では、医療機関が無料低額診療事業に取り組むメリットと実務のあらましについて解説する。

1 医療機関にとってのメリット

無料低額診療事業を行うことによって、医療機関はどんなメリットを得られるだろうか。資料3（266頁）の「無料低額診療事業リーフレット」には、次のことを記載している。

①生計困難な人にも費用負担を気にせず、必要な医療を提供することができます
②医療費を理由にした治療中断への対策などに有効です
③窓口未収金対策や対応の気苦労が軽減されます
④法人税、固定資産税などが非課税または減額されます（ただし法人の種類による）

⑤ＣＳＲ（企業の社会的責任）のアピールと評価が高まります

以上のメリットが考えられるとはいえ、④の税金の減免については、もともと法人税や固定資産税がかからない法人があるし、税金が減った場合でも、診療費の患者負担を減免した額に見合うとは限らない。このため、財務会計上のマイナスにつながる「持ち出し」をどのように考えるのか、法人内で議論してコンセンサスを得ることが必要となる。

この点では本書でも紹介している通り、済生会や民医連、医療生協において、法人の社会的使命（ミッション）から無低診事業を導入していることは重要である。すなわち、そもそも医療は何のためにあるのか、「もうけ本位」でいいのか、また、医療を受ける権利が自己負担金の支払い能力によって左右されていいのか、そして地域で受診する「患者」になれない傷病者を「患者」にしていくことなどを考えることになる。

また、医療費の自己負担に伴って生じている医療を受ける権利の侵害が、法人の経営困難の要因となっていることも直視する必要がある。

2　無料低額診療を行う枠組みと税制

(1) 第二種社会福祉事業の枠組みと、それ以外の方法がある

無料低額診療事業は、一般的には、社会福祉法第2条3項9号に基づく第二種社会福祉事業として行う。届け出先は、政令市、中核市、それ以外の地域では都道府県となる。

この制度の基準は厚労省が定めている（詳しくは第15章参照）。運用は医療機関の裁量に委ねられている部分も多く、なかでも医療費の自己負担の減額・免除の基準は、医療機関ごとに定める。1か月の収入を生活保護基準額と比較して、その一定の倍率以内としていることが多く、適用方法も、収入の水準によって全額免除であったり減額であったりする。医療機関によっては、自己負担減免の適用を決める判定委員会を設けたり、適用期間を独自に定めたりしている。

それ以外に、社会福祉法の届け出をせずに無料低額診療を行い、地方厚生局の証明によって法人税法の非課税措置を受けるルートがある。詳しくは、法人税の非課税措置の手続きのところで説明する。

なお、公的医療保険に関する法律には、療養の給付を受ける者（患者）は一部負担金を支払わなければならない、保険医療機関や保険薬局は一部負担金の支払いを受けるべきものとする——という規定がある（健康保険法第74条、国民健康保険法第42条、高齢者医療確保法第67条など）。被保険者が災害に遭った場合などに保険者の判断で一部負担金を減免できるという規定（健康保険法第75条の2、国民健康保険法第44条、高齢者医療確保法第69条など）はあるものの、医療機関の判断で自己負担を減免できるという規定はない。また、保険医療機関及び保険医療養担当規則（厚生労働省令）の第5条には、保険医療機関は一部負担金等の支払いを受けるものとする、という規定がある。

このため、どういう場合に無料低額診療をしてよいのか、法的な根拠付けがはっきりしないが、第二種社会福祉事業として行う無料低額診療はもちろん、社会福祉法による届け出を経ていない無料低額診療も、歴史的・実務的に認められている（地方厚生局の証明による法人税法ルート、固定資産税の減免手続きのところで説明するオープン型医師会病院の無料低額診療）。

(2)税制上の優遇措置のあらまし

無料低額診療を行うことによって非課税になることのある税金は、国税では法人税、地方税では固定資産税、都市計画税、不動産取得税である。それだけではなく、法人税が非課税になれば、それに連動して、地方税である法人住民税、法人事業税も減る。なお、固定資産税と都市計画税はセットで減免される(このため、以下の説明では、固定資産税だけについて述べる)。

ただし、税制面で優遇を受けられるかどうかは、医療機関を経営する法人の種類によって違ってくる。その税金がもともと課税されない場合、無料低額診療を行うことによって非課税または減額になる場合、無料低額診療をやっても課税される場合——の3パターンがある。

それを整理したのが、表1(医療機関が無料低額診療事業を実施した場合の税制上の扱い)である。法人ごとに課税、非課税が分かれる税法上の根拠は、追って各税に関する説明のなかで述べる。

アミをかけた区分が、無料低額診療を行うことによって税制優遇を得られるケースになる。法人税では公益社団法人、公益財団法人、非営利の一般社団法人・一般財団法人、宗教法人があてはまる。固定資産税では公益社団法人、公益財団法人、社会医療法人、特定医療法人、一般医療法人、社会福祉法人、宗教法人があてはまる。

一方、学校法人の医療機関(私立大学の付属病院など)は通常、もともと法人税も固定資産税もかからない。医療生協の医療機関は無低診事業をやっても法人税は減免されず、固定資産税はもともと非課税である。これらの法人にとっては、無料低額診療事業を行うことに税制面のメリットがあるわけではない。

なお、法人税は、法人の種類によって、もともと軽減税率になっていることがある。

表1）医療機関が無料低額診療事業を実施した場合の税制上の扱い

※医業・医療施設の扱いを示した。●は課税、○は非課税。

▒は、無料低額診療の実施によって非課税になる

開設主体の種別		法人税		固定資産税	
		無低未実施	無低実施	無低未実施	無低実施
社団法人・財団法人	学術研究が主で公益認定	○	○	△個別判断	○
	学術研究が主の一般	○	○	●	●
	公益認定	●軽減税率	○	●	○
	非営利型の一般	●軽減税率	○	●	●
	それ以外の一般	●	●	●	●
	医師会・歯科医師会立の開放型病院・診療所	○	○	通常○	通常○
医療法人	社会医療法人	○	○	△（注）	○
	特定医療法人	●軽減税率	●軽減税率	●	○
	一般の医療法人	●	●	●	○
学校法人		○	○	通常○	通常○
社会福祉法人（済生会、北海道社会事業協会を含む）		○	○	●	○
宗教法人		●軽減税率	○	●	○
医療生協		●軽減税率	●軽減税率	○	○
会社		●	●	●	●
個人		●所得税	●所得税	●	●

▼以下の医療機関は法人税、固定資産税とも、もともと非課税

国関係	厚生労働省（国立ハンセン病療養所）、独立行政法人国立病院機構、国立大学法人、独立行政法人労働者健康安全機構（労災病院）、国立研究開発法人（高度専門医療研究センター）、独立行政法人地域医療機能推進機構（JCHO病院）、防衛省（自衛隊病院、防衛医大病院）、法務省（医療刑務所、医療少年院）、宮内庁病院など
公的医療機関	都道府県、市町村（一部事務組合を含む）、地方独立行政法人、公立大学法人、日本赤十字社、厚生農業協同組合連合会（JA厚生連）
社会保険関係団体	健康保険組合及びその連合会、国家公務員・地方公務員の共済組合及びその連合会、国民健康保険組合、国民健康保険団体連合会、日本私立学校振興・共済事業団

（注）社会医療法人で無低未実施のとき、固定資産税が非課税になるのは救急、災害、へき地、周産期、小児の医療を行う施設に限られる

（3）税金の減免を受ける手順

無料低額診療を行うことによる税制上の優遇措置はどういう流れになるのかを、図1に示した。

法人税の非課税措置を受けるには、地方厚生局に証明をしてもらい、それを税務署へ提出する。第二種社会福祉事業として無料低額診療事業を届けている場合（ここでは社会福祉法ルートと呼ぶ）のほか、届け出をしていなくても一定の要件を満たす医療機関で無料低額診療をしていれば、非課税措置を受けられる（ここでは法人税ルートと呼ぶ）。地方厚生局では両方を合わせて「福祉病院」という言い方をしている。

法人税ルートの無料低額診療は、医療機関数や減免患者数などの集計が行われておらず、医療機関名も公表されていないため、実情が定かでない。

固定資産税、都市計画税、不動産取得税は、社会福祉法に基づく第二種社会福祉事業として無料低額診療事業を実施している場合に限り、減免される。法人税のような別ルートはない。固定資産税・都市計画税の場合、社会福祉法の届け出先の自治体から実績の証明書を発行してもらい、市町村（東京23区内は都）へ非課税の適用を申告する。不動産取得税の非課税措置は、都道府県へ申告する。

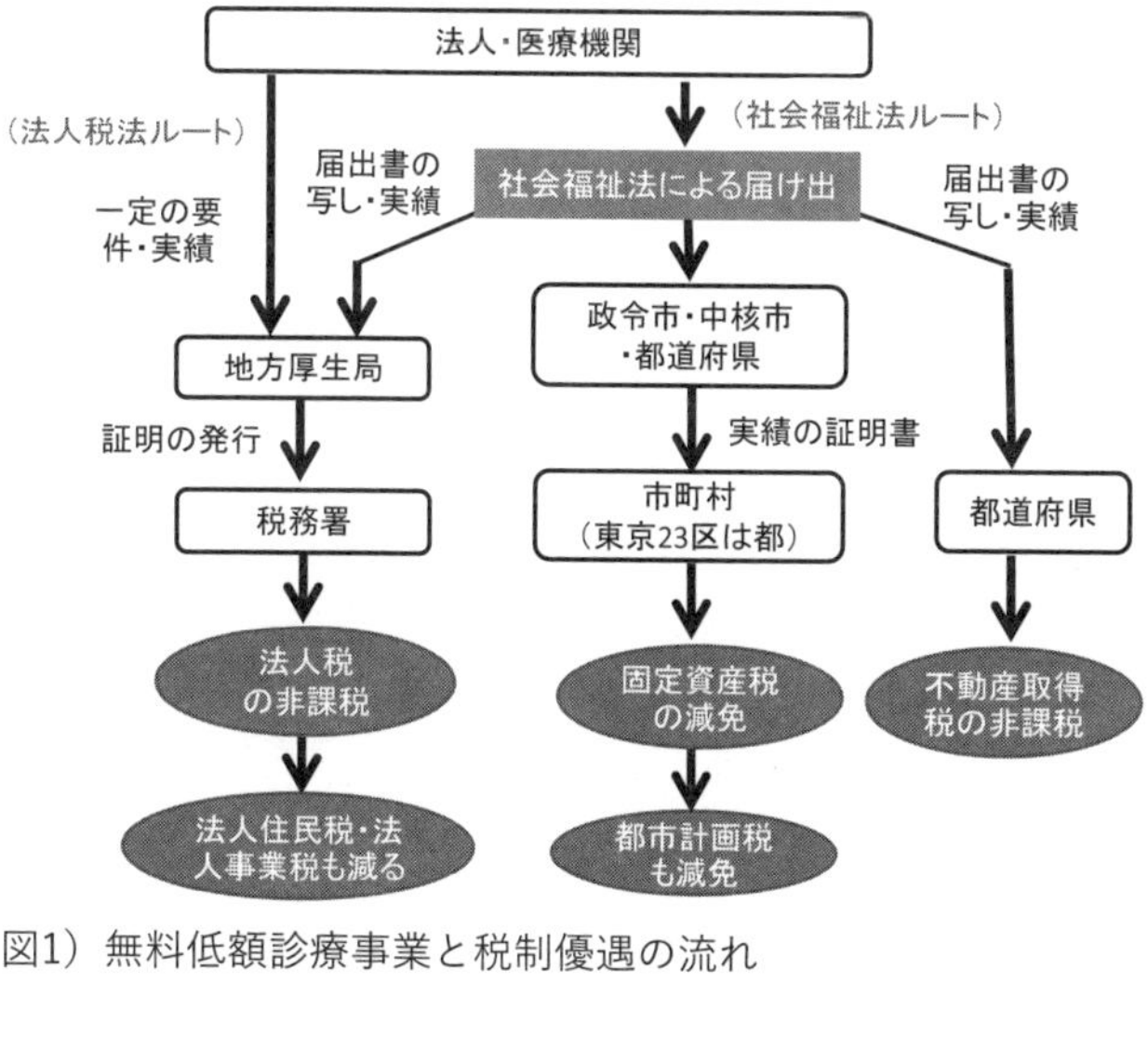

図1）無料低額診療事業と税制優遇の流れ

（４）患者総延数の「10％基準」は、実質的に緩和されている

無料低額診療事業に関する厚労省の基準では、生活保護による医療扶助・出産扶助の患者と、無料または低額で診療した患者の合計延数が、診療患者の総延数の10％以上であることが求められている。

ただし固定資産税に関しては、「生活保護＋無料または低額で診療した患者」（減免患者）の割合が10％以上でないと全面的に課税されるわけではなく、減免患者の割合が10％に満たないときは、下掲の計算式を用いる。対象となる固定資産のうち、計算結果に応じた割合が非課税となる。

この計算式から、減免患者の割合が２％以上なら固定資産税が減額され、減免患者の割合が

固定資産税の非課税割合の計算式
①減免患者の割合が5％以上10％未満の場合
　非課税割合＝（減免者の割合〈％〉－5）×5＋75（％）
②減免患者の割合が2％以上5％未満の場合
　非課税割合＝（減免者の割合〈％〉－2）×15＋30（％）
③減免患者の割合が2％未満
　課税

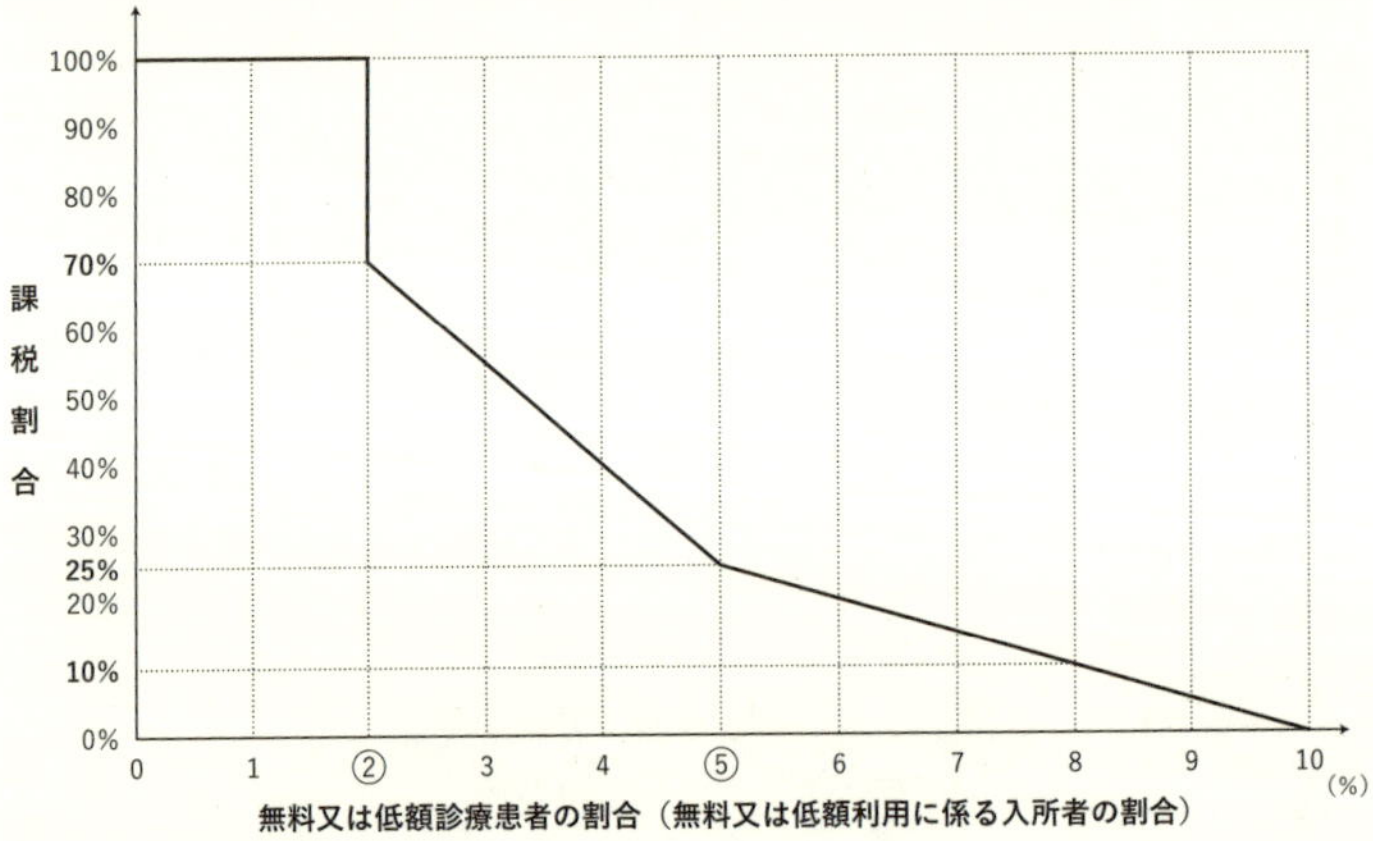

図2）無料低額診療に係る固定資産税の課税割合

（出典）社援企第80号平成11年5月17日厚生省社会・援護局企画課長通知の参考資料「改正後の無料低額診療事業等に対する固定資産税の課税割合のイメージ図」より作成

5％なら非課税率は75％となる。同じく7％で非課税率85％、9％で非課税率95％となる（図2）。

このことは、固定資産税の優遇に関する限り、10％以上という基準に必ずしもこだわる必要がないことを意味する。固定資産税について計算式を用いる方式は、2001年度から実施されている。

なお、計算の分子・分母となる「患者の延数」とは、各患者が診療を受けた実日数（入院の場合は入院日数）を足し合わせたものである。たとえば外来通院が5日の患者は5、入院が30日の患者は30として計算する。したがって実質的な単位は人×日だが、書類上は合計を「人」で表示する。患者の実人数（あたま数）ではなく、レセプト（診療報酬明細書）の数でもない。

（5）診療費の10％の扱いも改善されてきた

「10％」は取扱患者数に対してだけでなく、「診療費の10％以上の減免」という部分でも規定されている。

しかし、入院患者の場合は、医療費が高額になって、月あたりの自己負担の限度額を定めた高額療養費制度を利用することが多い。すると、自己負担すべき額がそもそも診療費の10％より少ないことがある。また70歳以上の高齢者の多くは自己負担割合がもともと1～2割で、高額療養費の限度額認定証も交付されているため、一つの医療機関で支払うべき自己負担の月額は、限度額以下になる。

そういった場合、無料低額診療として自己負担を全額免除しても「診療費の10％以上の減免」に達しない。

高額療養費制度は、限度額を超えた分を後から払い戻す償還払い方式よりも、医療機関の窓口の段階で自己負担が少なくて済むほうが、患者の負担軽減のためには望ましい。それは私たちが求めてきたことであるが、無料低額診療との関係では、以上のような悩ましい問題も生じていた。

そこで京都では、関係する行政窓口と折衝を重ね、２０１３（平成25）年度から「減免額が診療費の10％未満でも、無料（患者負担なし）であれば減免実績とする」という扱いに改善できた。

たとえば、高額療養費制度の限度額が月３万５４００円になる低所得層の人で、医療費総額が50万円かかった場合、限度額認定証により窓口負担は３万５４００円となるが、医療費の10％である５万円には達しない。この場合も、自己負担額を全額免除すれば、３万５４００円が無料低額診療の実績になる。

このことは「取扱患者の総延数の10％以上」という基準をクリアするかどうかにも大きく影響する。

大阪市でも同様の扱いになっており、自己負担を全額免除すれば、無料診療の実績としてカウントできる。

地方厚生局が行う法人税の非課税措置に関する手続きでも、同様の扱いが行われている。

３　社会福祉法に基づく手続き

無料低額診療事業を、基本的なルートである第二種社会福祉事業として実施するときの手続きを説明する。

担当する行政機関は、政令市、中核市、それ以外の地域では都道府県で、それぞれ福祉部門の社会福祉事業を担当する課になる。事業は医療機関単位で行うので、書類も法人ではなく、医療機関ごとに作る必要がある。

（一）第二種社会福祉事業の届け出

第二種社会福祉事業は、許認可ではなく、開始の日から１か月以内に届け出をすればよい（社会福祉法69条）。ただし添付書類がたくさん必要なので、届け出先の自治体へ事前に相談しておく必要がある。

大阪市の場合、無料低額診療事業の開始届に次の書類を添えることを求めている。

(1)法人定款または寄附行為
(2)法人登記事項証明書
(3)医療機関開設許可書（写）
(4)事業開始理由書
(5)事業開始に係る法人理事会・評議員会等議事録（写）
(6)事業計画書（第1年度、第2年度）
(7)収支計画書（第1年度、第2年度）
(8)無料低額診療事業減免規程
(9)無料低額診療事業対象者への事業案内（チラシ・院内掲示等）
(10)取扱患者総数、無料低額診療事業に該当する見込者数が確認できる書類
(11)医療ソーシャルワーカーの配置状況及び配置根拠
(12)建物図面・概要書
(13)生計困難者等に対する健康相談及び保健教育の実施計画
(14)平成13年7月23日付「社会福祉法第2条第3項に規定する生計困難者のために無料又は低額な料金で診療を行う事業について」第一において、病院及び診療所が該当しなければならない項目に該当していることを示す書類

⒂関係法令・通知遵守の念書
⒃無料診療券・低額診療券の様式
⒄無料低額診療事業診療依頼書（保健福祉センター等発行用）
⒅相談記録・収入認定書の様式
⒆診療費減免申請書の様式
⒇無料低額診療決定通知書の様式
(21)事務取扱要領（16～20の取り扱いについて）
(22)その他必要書類

（2）毎年度の書類提出、実地調査

社会福祉法に基づいて無料低額診療事業を届け出ている医療機関には、毎年3月に所管の自治体から「書面調査」の案内が届く。提出を求められる書類は次の通りである（自治体によって書類名などに差がある）。

①低額（無料）診療事業実績表（2枚）
②患者月計表（1枚）
③診療費減免台帳総括表（多数）
④無料低額診療事業実態調査表（2枚）

⑤事業計画書（報告年度分、数枚）
⑥固定資産税・都市計画税の非課税措置を受けるための証明書交付申請書など

これらの提出期限は、おおむね4月末までとされる。このため、3月分の診療報酬請求事務が完了してから、短期間で事務処理をする必要がある。

担当行政機関では、提出した書類に対する書面審査を行い、5月に「社会福祉法の規定に基づく生計困難者のために無料又は低額診療を実施している証明」を交付する。この証明書を添付した「固定資産非課税適用申告書」などを各自治体の固定資産税担当課へ提出すると、次年度分の固定資産税が減免される。

担当者が医療機関へ出向く実地調査も行われる。京都市の場合、実地調査は3年ごとに行われる。実施調査の際は、すでに提出してある患者月計表、診療費減免台帳といった書類について、その内容を裏付ける資料（患者日計表など）を提示できるようにしておく必要がある。院内の掲示、相談室などの確認も行われる。

社会福祉法を担当する自治体へ提出する書類のうち、前記の③診療費減免台帳総括表は膨大な数となる。診療費減免台帳は、事業所・日ごとに減免を実施した氏名、保険区分、診療費、減免額などを記録した一覧で、それを月次にして氏名、保険区分、診療費、減免額などを集計したものが、診療費減免台帳総括表である。

無料低額診療事業を行う場合は、その事務作業も大きな負担となる。無料低額診療事業を実施する医療機関は、診療報酬請求事務に加え、無料低額診療事業の管理も基本機能として織り込んでおかねばならない。

4　法人税の非課税措置の対象と手続き

(1) もともと課税されない国の直営事業、公共法人

法人税は国税である。国の省庁や機関が直営する医療機関は、当然ながら、課税されない。

それ以外の内国法人、日本に源泉所得のある外国法人は、所得があれば、原則として法人税の納税義務が生じる。ただし内国法人のうち、法人税法の「別表第一」に記載された公共法人は、法人税すべてについて非課税となる（法人税法第4条第2項）。

現在25種類ある公共法人のなかには、国立大学法人、地方公共団体、地方独立行政法人（公立大学法人を含む）、財務大臣が指定した独立行政法人（国立高度医療専門センターの設置母体である国立研究開発法人を含む）が入っており、これらを経営母体とする医療機関は、非課税となる。

(2) 法人の種類によって医療保健業が非課税になる場合

それ以外の内国法人は、すべての所得に応じて課税されるのが原則だが、「公益法人等」にあたる場合は、扱いが違う（法人税法第4条第1項）。「公益法人等」にあたるものとして、法人税法「別表二」は現在、108種類の法人を定めている。

「公益法人等」の場合に課税対象になるのは基本的に、法人税法施行令第5条で定められた34種類の収益事業だけである。ただし、医療保健業も収益事業の一つとなっている（同条第29項）。

つまり、「公益法人等」であっても、医療機関の経営は課税されるのが原則である。しかしながら、そのなかに、収益事業から除外されるものがある（法人税法施行令第5条第29項イ～ヨ）。具体的には、以下の法人による医療保健業や該当する事業が非課税となる。

イ　日本赤十字社
ロ　社会福祉法人
ハ　学校法人
ニ　全国健康保険協会、健康保険組合、健康保険組合連合会、国民健康保険組合、国民健康保険団体連合会
ホ　国家公務員共済組合、国家公務員共済組合連合会
ヘ　地方公務員共済組合、全国市町村職員共済組合連合会
ト　日本私立学校振興・共済事業団
チ　社会医療法人
リ　結核予防の社団法人・財団法人が行う健康診断・予防接種
ヌ　公益社団法人等が行うハンセン病医療
ル　学術研究目的の公益社団法人・公益財団法人
ヲ　社団法人（公益認定または非営利型）の医師会・歯科医師会によるオープン型の病院・診療所
ワ　農業協同組合連合会
カ　公益社団法人等による訪問看護の研修に付随して行う医療保健業

ヨ　財務省令で定める要件に該当する公益法人等が行う医療保健業

したがって、日本赤十字社、社会福祉法人、学校法人、社会保険関連団体、社会医療法人、学術研究目的の公益社団法人・公益財団法人、医師会・歯科医師会、JA厚生連による医療機関の経営は、法人税が基本的に非課税になる。無料低額診療を行うかどうかにかかわらず、もともと課税されないわけである。

(3) 無低診事業を行うことにより、医療保健業が非課税になる法人

先に示した法人税法施行令第5条第29項イ~ヨのうち、いちばん最後にある「ヨ」が、無料低額診療事業を行う法人の医療保健業を、収益事業から除外する規定である。

「財務省令で定める要件に該当する公益法人等が行う医療保健業」という条文なので、「公益法人等が行う」ことと、その法人が「財務省令で定める要件に該当する」ことの2点を満たす必要がある。

「公益法人等」とは、先に述べたように法人税法「別表二」の定める法人である。その中から、もともと医療保健業が非課税になっていない法人で、現実に医療機関を経営している法人を拾い出すと、次のものがある(ただし、更生保護法人の医療機関はきわめてまれ)。

公益認定の社団法人・財団法人、非営利型の一般社団法人・一般財団法人、宗教法人、更生保護法人

これらが、無料低額診療を行うことによって、法人税が非課税になるメリットを受けられる法人である。

逆に言うと、非営利型でない一般社団法人・一般財団法人、特定医療法人、一般の医療法人、医療生協、株

式会社などは、無料低額診療を行った場合でも、法人税に関するメリットは生じない。

（4）法人税が非課税になる2つのルート

次に「財務省令で定める要件」を見てみよう。

その要件を定めた法人税法施行規則第6条第4号は「公益法人等が、当該事業年度を通じて、次のイからハまでに掲げる事項のうちいずれかの事項及びニに掲げる事項に該当し、又はホに掲げる事項に該当することにつき厚生労働大臣の証明を受けているものであること」と書いてある。

これは、無料低額診療を行うことによって法人税が非課税になる実質的な要件である。ちょっとわかりにくいので2種類に分け、社会福祉法ルート、法人税法ルートと名付けて説明する。

【社会福祉法ルート】

次のホの要件だけ満たせばよい。社会福祉法に基づく無料低額診療事業の届け出を行い、その基準を満たす事業をしている場合である。

> ホ．社会福祉法に基づき、無料低額診療事業の届出を行い、厚生労働大臣の定める基準に従って当該事業を行っていること

【法人税法ルート】

以下のイ、ロ、ハのいずれかにあてはまったうえで、ニを必ず満たす必要がある。社会福祉法による届け出をしていない医療機関が、ニで示された無料低額診療を行い、法人税の非課税措置を受けるルートである（要

件は、法人税法施行規則の条文に、地方厚生局の書式の表現を加味して記載した）。

イ．地域医療支援病院の基準（医療法22条で規定）に掲げる施設のすべてを有していること

ロ．次のいずれかを満たすこと

①大学医学部または大学附置の研究所の附属施設である病院

②医師法施行規則第11条における厚生労働大臣が指定した病院（実地修練施設）

③臨床研修指定病院

ハ．次のどちらかを満たすこと

①保健師、助産師、看護師、准看護師、診療放射線技師、歯科衛生士、歯科技工士、臨床検査技師、理学療法士、作業療法士、視能訓練士の養成所を有すること

②医学・歯学に関する大学の教職の経験があるか、担当診療科に関して5年以上の経験を有する医師・歯科医師を指導医として、常時3人以上の医師もしくは歯科医師の再教育を行っていること（再教育を受ける医師・歯科医師は無報酬であること）

ニ．生活保護法の医療扶助・出産扶助にかかる診療を受けた者（A）と、患者の自己負担について無料もしくは診療報酬（入院時食事療養費を含む）の10％以上の減額を受けた者（B）の合計延数が、患者総延数（C）の10％以上であること。つまり、（A＋B）÷Cが10％以上であること

法人税法ルートでは、固定資産税は減免されない。ただし、非営利型の一般社団法人・一般財団法人は、第二種社会福祉事業の届け出をしても固定資産税の減免対象にならないので、事務的な負担を減らすために法人

税法ルートだけを利用するという考え方はありうる。その場合、無料低額診療をやっていることは自治体を通じて公表されない(積極的に依頼すれば広報される可能性はある)。

(5) 地方厚生局から証明をもらって税務署に提出する

社会福祉法ルートでも法人税法ルートでも、法人税の非課税措置を受けるには毎年度、手続きが必要になる。法人の単位で、厚生労働大臣による「法人税法施行規則第6条第4号の基準に該当することの証明」の発行を、各地方厚生局に申請する(四国厚生支局は扱っていない)。

事業年度が4月から始まる法人の場合、前年度分について、おおむね4月から5月に地方厚生局へ証明を申請する。書面審査の後、証明書が交付され、この証明書を申告期限までに税務署へ提出することにより、法人税が非課税となる(法人税の申告・納付期限は事業年度終了の翌日から2か月以内だが、決算審議の定時総会がその後になるときなどは、申請により一般的には1か月延長できるので、多くの場合は6月末となる)。

申請手続きや添付書類は、各地方厚生局のホームページの管理課の担当業務のところに掲載されている。添付書類としては、次のようなものが必要になる。

【社会福祉法ルートの添付書類】社会福祉法による届出書の写し、医療費減免に関する法人の規程の写し、患者数の月報・減免額明細書・病院報告の写し、医療機関ごとの無料低額診療の実績数、減免方法の掲示場所の図と写真、医療ソーシャルワーカーの名簿、相談場所の写真、健康相談の実施一覧と実施案内書など

【法人税法ルートの添付書類】医療費減免に関する法人の規程の写し、患者数の月報・減免額明細書・病院報告の写し、医療機関ごとの無料低額診療の実績数。そのほか、該当する要件に応じて、地域支援病院の承認書の写し、大学附属病院がわかる書類、実地修練施設・臨床研修指定病院・医療従事者養成所の指定書の写し、診療科ごとの指導医の名簿と医師免許・略歴書の写し、再教育を受けた医師・歯科医師の名簿など

(6) 公的運営の証明が必要な場合

非営利型の一般社団法人・一般財団法人の場合は、前記に加え、法人が公的に運営されていることの証明（法人税法施行規則第6条第7号の基準に該当することの証明）も、地方厚生局から受ける必要がある。

この証明を受けるには、公的医療保険の診療報酬（公費負担医療を含む）＋労災保険の診療報酬＋健康増進法による健康診査の収入の合計が、全収入の80％を超えている必要がある。ここで労災の診療報酬は医療保険と同一の基準による場合または全収入のおおむね10％以下の場合に限り、健康診査の収入は医療保険と同一の基準で計算している場合に限るという要件もついている。その関係の添付書類として、医療機関の診療報酬規程、健康診査の報酬規程、各収入の金額がわかる決算書、収入総括表などを提出する。

(7) 法人住民税にも連動する

地方税のうち、法人住民税（都道府県民税、市町村民税）は、区域内に事務所や事業所のある法人に対し、均

等割と法人税割を組み合わせて課税される（申告納税）。そのうち均等割の税額は、法人の種類による。法人税割のほうは法人税額に税率をかけるので、法人税額が非課税になればゼロになる。したがって、国税である法人税で医療保健業が収益事業から除外され、法人税額がゼロになるか減ったときは、法人住民税も減る。

（8）法人事業税も減る場合がある

法人事業税は都道府県税で、区域内に事務所、事業所を設けて事業を営む法人に対し、基本的には法人の所得に応じて課税される（申告納税）。したがって、国税である法人税を計算するときに医療保健業が収益事業から除外され、法人の所得がゼロになるか減ったときは、法人事業税も減る。

ただし医療機関の場合、法人事業税の所得額を計算するときは、社会保険診療報酬（公費負担医療を含む）に関する収支を除外する。つまり、法人事業税の所得計算のもとになるのは自由診療、労災や交通事故の診療、差額ベッド代、健康診断などに限られるので、一般の医療機関では、もともと法人事業税は多額にはならない。

5　固定資産税の減免の対象と手続き

（1）固定資産税の対象

地方税のうち固定資産税は、市町村税である（東京23区内は都税）。市町村の区域内にある土地、建物、償却資産（医療機器、コンピューターなど）が対象となる。

（2）もともと非課税になる固定資産

国、都道府県、市町村、特別区、これらの組合、財産区、合併特例区について、地方税法第348条第1項は固定資産税を課税できないと定めている。したがって国、自治体が直営する医療施設は、非課税になる。

また同条第2項は、法人の種類や事業の内容によって非課税となる固定資産を列挙している。そのうち、医療機関に関係するものとして、次のものがある。

・国立大学法人、非課税独立行政法人、地方独立行政法人、公立大学法人が所有する固定資産

・日本赤十字社、労働者健康安全機構、私学事業団が業務の用に供する固定資産

・健康保険組合・健康保険組合連合会・国民健康保険組合・国民健康保険団体連合会・国家公務員共済組合・国家公務員共済組合連合会・地方公務員共済組合が、所有かつ経営する病院・診療所

・農業協同組合、消費生活協同組合（医療生協を含む）、水産業協同組合、それらの連合会が所有かつ経営する病院・診療所

・社会医療法人が救急医療等確保事業（救急医療、災害医療、へき地医療、周産期医療、小児医療）の業務に供する固定資産（施設については棟単位で非課税とする）

・学校法人等が学校において直接、教育の用に供する固定資産（総務省固定資産税課によると、私立大学の医学部・歯学部などの付属病院は、基本的には教育用の施設として扱われ、非課税になる）

・社会福祉法人が生活保護法に規定する保護施設の用に供する固定資産（医療機関が「医療保護施設」になっている場合は非課税）

そのほか、学術研究を目的とする公益社団法人または公益財団法人が直接、研究の用に供する固定資産も非課税になるが、それらの法人が経営する医療機関の施設や設備が「直接、研究の用に供する固定資産」にあたるかどうかは、市町村の個別判断になる（総務省固定資産税課の筆者への回答）。医療の場における臨床研究もあるので、非課税になっているケースは少なくないと思われるが、実情はよくわからない。

(3) 無料低額診療事業を行うことで非課税になる場合

さらに地方税法第348条第2項は、十のじとして、「社会福祉法人その他政令で定める者が社会福祉法第2条第1項に規定する社会福祉事業の用に供する固定資産で政令で定めるもの」を非課税としている（同条第3項第1号の2に掲げる事業＝認定生活困窮者就労訓練事業＝を除く）。

これは、社会福祉事業に用いる施設のほとんどを非課税とする規定で、このなかに、第二種社会福祉事業である無料低額診療を行う医療機関が含まれる。

無料低額診療を行うことによって、はじめて非課税になる事業主体は、次の通りである（地方税法施行令第49条の15、地方税法施行規則第10条の7の3）。

公益社団法人、公益財団法人、医療法人、社会福祉法人、宗教法人

逆に言うと、医療機関は一般的には社会福祉事業にあたらないので、社会福祉法人が経営する医療機関も、そのままでは固定資産税の課税対象になる。宗教法人の医療機関も、宗教法人の本来の用に供するものではないので、そのままでは課税対象になる。それらは無料低額診療を行うことで、固定資産税が減免される。

医療法人のうち社会医療法人は、もともと救急医療等確保事業の施設が非課税であるが、無料低額診療を行うと、その医療機関すべてが非課税になる。

なお、社会福祉法人のなかでも恩賜財団済生会、北海道社会事業協会は、扱いが少し異なる。「社会福祉法人で、医療法上の公的医療機関の開設者であり、かつ第一種社会福祉事業を行うものが事業の用に供する固定資産」(地方税法施行規則　第10条の7の3　第6項第1号)という条文が適用される。済生会、北海道社会事業協会の場合も、非課税措置を受けるには、それぞれの医療機関が無料低額診療を行うことが欠かせないが、かりに減免患者の割合が10%を割ったときでも、固定資産税はゼロになる(非課税割合の計算式は用いない)。

(4) 固定資産税の減免を受ける手続き

固定資産税のうち土地と建物は、申告ではなく、賦課方式で課税される。市町村は毎年1月1日時点の所有者に対し、評価額とそれに基づく課税標準額を決め、4月からの新年度に課税を通知する。

非課税または減額の措置を受けるには、市町村の固定資産税担当課(東京23区内は各区にある都税事務所)へ「非課税適用申告書」を提出する。その際、第二種社会福祉事業として届けている自治体から発行される無料低額診療の実績の証明書(診療患者総延べ数に対する減免患者数の割合を記載)と、土地や建物の図面を添える。一般的には毎年1月末が提出期限となる。

固定資産税の減免対象になるかどうかは、1月1日の時点より前の事業年度の実績をもとに判定されるので、4月から事業年度が始まる法人の場合、その年度の減免は、前々年度の実績によって決まる。

一方、医療機器をはじめとする償却資産は、申告方式になっている。毎年1月末までに、所有者が償却資産の内容を申告する必要がある。非課税措置を受けるには、償却資産の申告書とともに、非課税の適用申告書を市町村の固定資産税担当課へ提出する。こちらも無料低額診療の実績の証明書を添える。

(5) 都市計画税も連動する

都市計画税は市町村税（東京23区内は都税）で、市街化区域内の土地・建物の所有者に対し、固定資産税の課税標準額をもとに、セットで課税される。固定資産税が減免されれば、それに合わせて減免される。

(6) オープン型の医師会病院

医師会または歯科医師会が経営するオープン型の医療機関については、不動産取得税、固定資産税の減免を求める通知が出ていた（昭和39年6月1日自治府第59号、自治省税務局長通知「開放型病院等にかかる不動産取得税及び固定資産税の減免について」）。

この通知では、医師会や歯科医師会の会員が施設を利用できること、病院の場合は、生活保護の医療扶助・出産扶助と、無料または診療報酬の10分の1以上の減額で診療を受ける患者の延数が、取扱患者総延数の10分の1以上であることを要件として挙げたうえで、地方税法第6条を適用するよう指導していた。地方税法第6条は「地方団体は、公益上その他の事由に因り課税を不適当とする場合においては、課税をしないことができる」という、自治体による裁量減免の規定である。総務省固定資産税課によると、この通知は、2000年の地方分権で自治体への指導力はなくなったが、技術的助言としては生きているという。

医師会病院も、無料低額診療をやってよいわけである。実際にやっているケースは現在、ほとんどないようだが、やっていなくてもたいてい、市町村が公益目的の施設として裁量で非課税にしているとみられる。

6　不動産取得税が非課税になる対象と手続き

不動産取得税は、土地・建物の取得者を対象にした都道府県税である。売買、交換、贈与、建築などで不動産を取得した者は、不動産取得申告書を都道府県へ提出しなければならない（提出時期は都道府県によって異なる）。その申告書や不動産登記の変動情報をもとに、固定資産税評価額に基づいて、賦課方式で課税される。

どういう取得者が非課税になるかは、固定資産税の場合とほぼ同じである。国、自治体、非課税独立行政法人、国立大学法人、地方独立行政法人などは非課税で、日本赤十字社・労働者健康安全機構・私学事業団の業務用施設、学校法人の教育用施設、社会保険関連団体・農協・生協の病院・診療所、社会医療法人の救急医療等確保事業用施設のための不動産、学術研究目的の公益社団法人・公益財団法人が研究の用に供する不動産も非課税になる（地方税法第73条の3、第73条の4）。

公益社団法人、公益財団法人、社会福祉法人、1999年3月末までに無料低額診療事業を届け出済みの宗教法人は、通常なら課税されるが、社会福祉法に基づく無料低額診療事業を行うための土地・建物であれば、不動産取得税が非課税になる。医療法人の場合は非課税にならない（地方税法第73条の4第1項4の7、地方税法施行令第36条の10第1項・第2項3号、地方税法施行規則第7条の3の4第1項・第3項）。

手続きとしては、不動産取得申告書を提出するとき、非課税になることがわかる書類を添えるか、その後できるだけ早く提出する。社会福祉法に基づく無料低額診療事業の開始届の写しでよい。その時点では無料低額診療事業をまだやっていないため、非課税措置は暫定的なもので、翌年度に無料低額診療事業の実績報告を提出する。社会福祉法による報告書類の写しで間に合う。提出後に実地調査が行われ、非課税措置が確定する。

7 老健施設・介護医療院の無料低額利用事業と税制優遇

老人保健施設、介護医療院でも無料低額利用事業ができる（詳しくは第2部第12章、136頁）。

老健施設、介護医療院を開設できるのは、医療法人、社会福祉法人、地方公共団体のほか、国、独立行政法人地域医療機能推進機構、地方独立行政法人、日本赤十字社、厚生農業協同組合連合会、各種の社会保険関連団体、医療法の許可を受けて病院を開設している者、厚生労働大臣が適当であると認定した者、厚生労働大臣が別に定める者（療養病床からの転換など）となっている（介護保険法第94条、厚生省告示第96号、介護保険法第107条、厚生労働省告示第181号）。結局のところ、開設者となりうる法人の範囲は、病院と同じである。

（一）法人税

人を対象とする介護サービス事業は、公益法人等が行う場合でも、収益事業の一つである医療保健業にあたると国税庁は解釈しており、課税が原則になる（平成12年6月8日国税庁法令解釈通達　課法2—6「介護サービス事業に係る法人税法上の取扱いについて」）。公益法人等のうち、医療保健業が収益事業から外れ、非課税になる法人の範囲は、医療機関の場合に説明したのと同じである。

そして公益認定の社団法人・財団法人、非営利型の一般社団法人・一般財団法人、宗教法人、更生保護法人の場合は、医療機関で無料低額診療事業を行うことにより、老健施設、介護医療院を含めて法人の医療保健業全体が非課税になる。しかしながら老健施設、介護医療院の無料低額利用事業だけを行うことによって法人税が非課税になる規定はない。非課税措置は、同じ法人の医療機関で無料低額診療をやっていることが前提になる。

(2) 固定資産税など

医療機関の場合と同じ地方税法の規定が適用される。国、都道府県、市町村、特別区、これらの組合、財産区、合併特例区は、固定資産税を課税されない。国立大学法人、非課税独立行政法人、地方独立行政法人、公立大学法人が所有する固定資産、日本赤十字社や労働者健康安全機構、私学事業団の業務用の固定資産も、非課税となる。

老健施設・介護医療院の無料低額利用事業は、第二種社会福祉事業（社会福祉法第2条第3項第10号）なので、「社会福祉法人その他政令で定める者が社会福祉法第2条第1項に規定する社会福祉事業の用に供する固定資産で政令で定めるもの」を非課税とする規定（地方税法第348条第2項十の七）が適用される。

これにより、公益社団法人、公益財団法人、医療法人、社会福祉法人、宗教法人が経営する老健施設・介護医療院は、医療機関の場合と同様に、無料低額利用事業を行うことによって、はじめて非課税になる。

一方、各種の社会保険関連団体、農業協同組合、消費生活協同組合（医療生協を含む）、水産業協同組合、社会医療法人の場合は、病院・診療所を非課税とする規定はあるものの、老健施設・介護医療院に関する規定はない。学校法人の教育用施設を非課税とする規定も、老健施設・介護医療院には適用されないことが多いと考えられる。これらの法人が経営する老健施設・介護医療院は地方税法の規定から見るかぎり、無料低額利用事業を行うことにより、はじめて非課税になる。

無料低額利用事業の基準にある「10％以上の減免」は、施設介護サービス費の総額に、食費、居住費、理美容代など日常生活費の自己負担（介護保険法施行規則第79条）を加えた額を分母としてカウントする。「生活保護＋無料または減免」の入所者の割合が、年度の入所者総延数の10％以上という基準を割っていても、2％以上なら割合に応じた計算式によって固定資産税が減額されるのは、医療機関の場合と同じである（済生会、北海道社会事業協会の施設は計算式を用いず、無料低額利用事業をやっていれば全面非課税となる）。

都市計画税の扱いも、固定資産税と同様になる。

不動産取得税は、無料低額利用事業目的の不動産の場合、社会福祉法人、公益社団法人、公益財団法人、農協、生協、医療法人なら非課税になる。社会保険関連団体、宗教法人だと非課税にならない（固定資産税とは非課税になる法人が少し異なる）。

（蟹川陸晴／公益社団法人京都保健会総務部長、原昌平／大阪府立大学客員研究員）

＊税務の記述は、ＮＰＯ法人公的病院を良くする会理事長の金井博基税理士に点検していただきました。

第4部

無料低額診療事業の改善・充実・発展のための提言

——すべての人々に漏れなく医療を保障するために

2019年9月　近畿無料低額診療事業研究会

はじめに

貧困の拡大が明らかな日本において、憲法25条に定められた生存権の根幹ともいうべき医療保障が揺らいでいます。こうした医療をめぐる状況のもとで、私たち近畿無料低額診療事業研究会は、制度の狭間で医療保障から漏れる層を対象としている無料低額診療事業（以下「無低診事業」）の重要性に鑑み、2016年7月から、無低診事業を実施している医療機関や相談支援にあたっている医療ソーシャルワーカー、また事務部門の担当者、そして関心をもつ研究者らが集まり、3年余りにわたり、無低診事業の重要性、問題点、発展方向などについて議論を重ねてきました。

現在、国民健康保険料は依然として高く、ほかの医療制度においても保険料や自己負担の増加が危惧されています。また、最後のセーフティネットである生活保護においても、保護基準のたび重なる引き下げによって、保護からの排除が顕著となっています。このような状況のもとで、主に国保と生活保護から漏れた人々の医療を受ける権利を最終的に補完する無低診事業はますます重要となっています。

私たちはこのような立場から、無低診事業の新たな充実・発展のための提言を発表するものです。ご一読いただき、忌憚のないご意見をお寄せいただければ幸いです。

1　無料低額診療事業の現代的意義

(1) 制度の狭間の「漏れ」を当面防ぐとともに、生活困窮・貧困の原因除去のための「きっかけ」となる制度

ア　無低診事業は、健康保険（主に国保）と生活保護（医療扶助）との制度の狭間に起きる医療保障の「漏れ」に対して、人々の医療を受ける権利を保障する重要な制度です。

イ　生活困窮、貧困問題は、さまざまな生活上の課題を原因としており、医療の提供だけでは、問題の解決には至らない場合が多いといえます。医療ソーシャルワーカー（以下ＭＳＷ）を必置としている無低診事業は、医療提供をきっかけにしてＭＳＷによる生活問題解決のための福祉的支援をセットとして行う制度です（福祉医療制度としての無低診事業）。

(2) 近年の貧困の拡大や、社会保障制度の動向から、ますます重要度を増す無低診事業

ア　新たな貧困層の拡大

人身取引被害者、ＤＶ被害者、外国人、刑余者、ホームレスなど、医療保障の網から漏れやすい新たな貧困層が増加しており、これらの人々は、無低診事業を活用することが有効です。

イ　近年の社会保障制度の動向

もともと病気と生活困窮、貧困は深い関わりがあるところ、近年の貧困の拡大に対して、高額な国保料のための滞納や、それを契機とした短期保険者証や資格証明書の発行(1)、また医療機関の窓口で自己負担分を払

えないための受診控えなどによる「国保からの事実上の排除」が根強い一方、最後のセーフティネットである生活保護においても、保護基準の引き下げや運用の締め付けのため「生活保護からの排除」が進行しています。すなわち、いずれからも排除される層が増大しているのです。

これらの層の医療を受ける権利を保障し医療保障を補完する無低診事業の意義は、ますます重要となっています。

(1)2018（平成30）年6月1日現在における保険料（税）に一部でも滞納がある世帯数は、267・1万世帯（14・5％）である。短期被保険者証交付世帯は75・4万世帯、医療費全額をいったん医療機関で支払わなければならない資格証明書交付世帯は17・2万世帯に達する。厚生労働省「平成29年度国民健康保険（市町村）の財政状況について＝速報＝」（平成31年4月12日）

(3) 無低診事業は、「制度の狭間」への事業であるとともに、国保ないしは生活保護等への「つなぎ」の制度

国民皆保険制度の趣旨からすれば、すべての市民は何らかの医療保障制度により受療権が保障されるべきです。したがって、無低診事業の活用と併せた国保の保険料や一部負担金の減免制度などを、その趣旨にしたがい最大限活用することが前提です[2]。

また、生活保護制度はさまざまな制約があるとはいえ、最後のセーフティネットであり、最大限の活用が求められます。

(2)一部負担金の減免措置は、国保法44条（「保険者は、特別の理由がある被保険者で、〈略〉一部負担金を支払うことが困難であると認められるもの」に対して、一部負担金を減額、免除することが可能とされている）が対応しています。国は国保法44条に

関し恒常的な低所得者も「減免対象となる」と回答するとともに、望ましい基準は「特別な事情がある被保険者」と示しているが、それより幅を広げるのは市町村の判断としています（２０１６年12月19日全国生活と健康を守る会に対する回答）。なお、国は平成28年３月31日保険局長通知により、減免基準を生保基準額×１・１倍、預貯金額を同×３倍と示しています。この減免基準の範囲内であれば、減免分の２分の１は国から補填されます。

しかし自治体においては恒常的な低所得層に対する運用を実施しているところがある一方で、多くの自治体には、国保法44条は恒常的な低所得層は対象とならず、震災などの災害時に対応する規定であるとの認識が根強くあります。また44条を適用する場合でも２週間以内の届け出を要しそれから審査が始まるため、減免決定が遅くなるという運用上の問題があります。さらに、２０１８年度からの国保の都道府県との共同運営化により独自の運用をやめる自治体も出てきています。

2 無料低額診療事業の課題

(1) 税制優遇措置と減免基準

ア 税制優遇措置

○無低診事業は減免医療費を直接補填することなく、地方税（固定資産税など）、国税（法人税）の減免による間接的な行政支援にとどまっています。

○医療機関の運営母体（法人）の種類によって税の減免に格差があります。同じ医療を行い、同様に患者の一部負担を減免しても、税の減免は異なります。はたして合理的な区別なのか疑問です。

○この結果、医療機関の「持ち出し」額が税制による減免の適用の有無によって左右され、そのことが無低診を実施するか否かの考慮要素とならざるを得ません。

イ　減免基準

○医療機関によって減免の対象や範囲（減免基準、減免率、減免期間等）に格差があり、利用者や市民にとって制度がわかりにくくなっています。実態としては、一部負担の全額免除、半額免除、一部免除ごとに、生活保護基準の120～160％程度の目安を用い、利用期間を6か月～1年程度を更新時期と設定しているところが比較的多いようです（当研究会2017年11月～12月実施「無料低額診療事業　実施状況調査アンケート集計結果」＝261頁資料2）。

○減免基準に関する問題点としては、利用期間を短くすると現状では事務負担が過重となる問題があります。減免基準を定めたとしても、調査権限のない相談対応者（MSW）にどこまで正確な調査ができるかジレンマがあります。また、制度の狭間といった場合、「恒常的な低所得者」への国保法44条の減免適用がなければ、無低診事業を継続せざるを得ません。さらに、客観的には生活保護に該当しても本人の忌避感情により生活保護申請に至らない場合も、無低診事業が継続するなどの課題があります。

(2) 無低診事業の基準（必須と選択の10基準【平成13年7月23日国通知】〈245頁①〉）

無低診に必要な以下の基準が、実際のニーズに合致しているかどうか、現行基準で十分かどうか、検証されるべきです。

【必須】

①低所得者、要保護者などの生計困難者を対象とする減免方法を定め、明示する。

②被保護者及び診療費10％以上の減免を受けた者の延数が、取扱患者総延数の10％以上である。
③医療ソーシャルワーカーを置き、必要な施設を備える。
④被保護者、生計困難者を対象に定期的に無料の健康相談、保健教育等を行う。
【病院は下記から2つ以上、診療所は7または8を選択】
⑤特別な介護を要する患者が常時入院できる体制を備える。
⑥日常生活上の特別な介護に対応する介護者を確保し、必要な費用を負担する。
⑦その他の社会福祉施設を併せて経営し、他の社会福祉施設と密接な連携を図る。
⑧夜間または休日に一定時間、外来診療体制をとる。
⑨定期的に離島、へき地等へ診療班を派遣する。
⑩社会福祉施設の職員へ、定期的に保健医療に関する研修を実施する。

各条件には以下のような問題点、改善点があります。

①低所得者、要保護者などの生計困難者を対象とする減免方法を定め、明示する。

生活困窮者に対して広報が不十分で制度が知らされていません。制度周知とともに、アウトリーチ（出張面接）による相談などのなかで知らせることが必要です。

〔広報の例〕低所得者が接する可能性のある機関などには、当該区市町村で無低診を実施している医療機関を周知すべきです。たとえば区役所の窓口や民生委員（大阪市では無低診実施の医療機関の一覧チラシを常備）、社会福祉協議会、生活困窮者自立支援窓口、またホームページ等でも広報が必要です。

〔アウトリーチの例〕京都では野宿者向けの炊き出しで無低診事業のチラシを配布し、そのチラシをもったホームレスの人が医療機関につながっています。

②被保護者及び診療費10％以上の減免を受けた者の延数が取扱患者総延数の10％以上である。

まず、延数の「10％以上」という要件は実質的に緩和されていることに留意しなければなりません。固定資産税の減免対象となる法人では、10％以上であれば固定資産税は全額免除されますが、10％未満の場合であっても、患者割合2％では固定資産税30％の減免があり、そこから患者の割合に応じて段階的に税の減免率は上がるしくみになっています。

現行の生活保護（医療扶助）の利用者を、自己負担を減免した患者と同じ扱いでカウントすることの是非については、よく検討すべき課題です。

そのほか、10％基準については以下のような問題点があります。

○高度急性期病院では、患者の母数が多く、患者延数の10％以上という基準を満たすのが困難です。病院の役割ごとに減免患者割合の基準を設定すべきです。

○後期高齢者・非課税世帯では経済的な相談が多く、これらの患者の場合は、高額療養費の限度額により自己負担がもともと診療費総額の10％未満のことがあります。そういう場合でも自己負担を全額免除すれば減免数にカウントすることを明確にすべきです。

○差額ベッド代を減免額に含めているケースがあるのは妥当とはいえません。

③ＭＳＷを置き、必要な施設を備える（おおむね２００床に1人のＭＳＷ配置とすること）。

無低診事業は、ＭＳＷ（社会福祉主事任用資格保有者）を必置とする日本で唯一の事業です。また、事業の趣旨から考えて、MSWが十分に活動できる条件が満たされているかは、無低診事業における「肝」といってもいい条件です。

MSWの資格は少なくとも社会福祉主事任用資格が必要とされています。ソーシャルワーカーの国家資格としては社会福祉士、精神保健福祉士があり、本来はそのレベルの専門職が望ましいのですが、もし診療所などに社会福祉主事任用資格者がいない場合には、事務職員、看護師らが通信課程や講習会の受講で社会福祉主事任用資格を取れば条件は充足されます。

職能団体によれば、MSWの配置数は100床に1名以上必要とされており、改善が望まれます。兼務を避けるために、医療職や事務職とは別の部門として組織内に位置づけることが必要です。また、MSW任せにせず、医師、看護師、事務職員など病院内のすべての職員が無低診事業について共通認識をもつべきです。

④被保護者、生計困難者を対象に定期的に無料の健康相談、保健教育等を行う。

生計困難者等が来やすい場所などでの開催が必要ではないかと考えられます（アウトリーチにもなる）。たとえば済生会は、大阪の釜ヶ崎で無料の健診を実施しています。

⑤その他の検討事項

○減免金額を考慮すべきです。たとえば、医療費全額を医療機関が補填した場合（オーバーステイの外国人のように保険に入れず生保も適用外の患者）は医療機関の負担が大きくなります。無低診の患者割合が10%以上でも、生活保護患者が多く、減免額が少ない医療機関がある一方で、10%を下回っていても化学療法や精密検査が多く、減免額が多い医療機関もあります。

○人身取引被害者、DV被害者、外国人、刑余者、ホームレスなど通知等に明示されている対象者は基準に組み入れ、たとえば2～3倍の実績としてカウントするなど高く評価すべきです。
○生活困窮者支援と連携して実施された場合も高く評価すべきです。

(3) 無低診事業の適用範囲、実施主体

ア　保険調剤薬局の薬代には適用されないこと

○薬代に無低診事業の適用がないため、慢性疾患などの場合、診療だけでは治療効果は期待できません。薬代への無低診事業の拡大については、大都市民生主管局長会議で要望事項として採択されているところでもあり（平成29年度予算要望[3]）、改善すべきです。
○他方、薬代の自己負担分を自治体が助成する方式により、全国の7自治体で薬局での無低診事業が実施されています。ただし、助成期間が2週間ときわめて短いなどの問題点があります（生活保護への移行を想定して2週間としている〔生活保護においては申請後2週間で保護の要否を決定し通知しなければならない。しかし生活保護への移行は3割に満たない。旭川市〕）。少なくとも、無低診事業の標準的な期間（たとえば6か月）は薬代への助成をしなければ整合性がとれないと考えられます。
○薬代については、現状でも院内処方には適用されていますが、院外処方については無低診の適用外となっています。これは、無低診が規定された社会福祉法制定時（1951年）は院内処方しかなく、その後、国が医薬分業によって院外処方を主流にしていったことが理由です。したがって、国が院外処方への無低診事業の拡大を進めるべきです。
○国は、現状のまますべての薬局に無低診を広げることになると、営利企業にも税金の減免を認めることに

なり妥当ではないと考えているようです。その考え方に立ったとしても、少なくとも、非営利型の一般社団法人などの薬局には無低診を広げることを認める必要があります。そもそも会社や個人が無低診事業を実施したとしても現行の税法上、税の減免対象にならないので、営利企業への税優遇という懸念はありません。

イ　介護保険サービスのうち、老健施設、介護医療院には無料低額利用事業が認められていますが、訪問看護を含めて他のサービスについては認められていません。

ウ　実施医療機関として、自治体病院での実施は全国では1か所のみです。

(3)大都市民生主管局長会議「平成29年度社会福祉関係予算に関する提案」（2016年7月）「無料低額診療により受診された方の保険調剤薬局での自己負担については、国が進めてきた医薬分業に起因するものであり、早期に社会福祉法に基づく第二種社会福祉事業としての位置づけが明確になることが望ましいと考えます。無料低額診療事業に係る調剤の在り方については、国が責任をもって対応すべきで検討をお願いします」

3　最近の政策動向のなかで位置づけ直す——生活困窮者支援と地域包括ケア

(1)　無低診事業の原点と生活困窮者支援

無低診事業は、本来、貧困や低所得ゆえに医療にかかれない人々への医療を提供する制度です。この趣旨からは、生活困窮者自立支援においてこそ、医療保障から漏れている層、漏れやすい層へ対応する制度として位置づけられるべきであり、生活困窮者自立支援事業の任意事業とする方向性を展望しつつ、現状でも生活困窮者支援の有力なツールとして無低診事業を活用すべきです。

(2) 地域包括ケアのために

地域包括ケアという政策動向を考えた場合、地域での医療提供を支える制度としても無低診事業を位置づけることができます。そして医療と介護を一体的に提供するには、介護サービスの経済的負担の軽減も課題になります。現在、社会福祉法人等による介護サービスに利用者負担額軽減制度がありますが、介護保険料の滞納がない、活用できる資産がないなど適用の条件が厳しく、軽減割合も本来の負担額の4分の1～2分の1にとどまります。訪問介護、デイサービスなど介護全般への無料低額利用事業の拡大と、医療保険の場合を含めた訪問看護ステーションへの拡大が必要と考えられます。

また、地域包括ケアでは住まいの確保も大切なので、たとえば有料老人ホームやサービス付き高齢者住宅の無料低額利用事業があってもよいかもしれません。

4 無料低額診療事業の改善、充実と発展の方向性

(1) 生活困窮者医療制度と生活困窮者自立支援制度

無低診事業の対象者は、生活困窮者自立支援制度が対象とする生活困窮者と重なります。けれども、生活困窮者自立支援事業には医療支援の事業がありません。

○無低診事業を生活困窮者支援の身近で重要な事業としてもっと活用する必要があります。

○無低診事業とは別に、生活困窮者自立支援制度の事業の一つとして生活困窮者医療事業（仮称）の創設を検討する必要があります。

(2) 当面の改善充実のポイント

前項の方向性を展望しつつも、現行制度を前提として、次の点で改善が必要です。

ア　無低診実施医療機関の周知・広報

自治体において、HPで広報するとともに、国民健康保険、生活困窮者相談窓口、福祉事務所、民生委員などに無低診実施医療機関一覧を常備し、市民への広報を徹底すること。また、就学援助や児童扶養手当等の周知の際に、無低診事業について実施医療機関等の周知をあわせて行うことが必要です。

イ　無低診実施医療機関の拡大

(a)　医療機関のメリット

無低診を広げるには、医療機関にとってのメリット、ミッション（使命）をどのように考えるのかについて、医療機関内での合意を形成する必要があります。

さしあたり、以下のようなメリットがあると考えられます。

①生計困難な人にも費用負担を気にせず、必要な医療を提供することができます。
②医療費を理由にした治療中断への対策などに有効です。
③窓口未収金対策や対応の気苦労が軽減されます。

④法人税・固定資産税が非課税・減額になります（ただし法人の種類により異なる）。
⑤ＣＳＲ（法人の社会的責任）のアピールと評価が高まります。

(b) 医療機関のミッション

しかし何よりも、医療機関、法人のミッションとして、たとえば「患者になれない人を患者になってもらう」（医療生協）など、それぞれの医療機関、法人にふさわしいものを掲げることが重要となります。

(c) 自治体病院等の役割

自治体病院をはじめとする公立・公的病院は、住民の命と健康を守る観点から積極的に無低診事業に取り組むべきです。

ウ　無低診事業の改善

①院外処方の薬代についても対象とするように国に求めるとともに、自治体に対しては、薬代の自己負担分について6か月を目安として助成するような制度創設を求めます。
②訪問看護ステーションの事業（医療保険、介護保険）への対象拡大を求めます。

以上

資料

1 関係通知等

○無低診関係通知等一覧

No.	発出年月日	通知レベル等	通知名等	趣旨・留意点
①	H13・7・23	社援局長	社会福祉法第2条第3項に規定する生計困難者のために無料又は低額な料金で診療を行う事業について	地方分権、社会福祉法改正に伴いS49・10・31社会・児童家庭局長連名通知を改正（内容は変わらず）。無低診は「抑制を図る」と明記。
②	H13・7・23	社援局総務課長	社会福祉法第2条第3項に規定する生計困難者のために無料又は低額な料金で診療を行う事業について	①の通知の運用上の留意事項
③	H13・7・23	社援局長・老健局長	社会福祉法第2条第3項に規定する生計困難者に対して無料又は低額な費用で介護保険法に規定する介護老人保健施設を利用させる事業について〔社会福祉法〕	①の通知と同日付で無料低額老健事業を通知
④	H11・5・17	社援局企画課長	社会福祉事業法第2条第3項に規定する生計困難者のために無料又は低額な料金で診療を行う事業及び同項に規定する生計困難者に対して無料又は低額な費用で老人保健法にいう老人保健施設を利用させる事業に係る固定資産税の非課税措置について	10％以上を本来のものとしながら、10％未満でも減免額に応じた税の減額を段階的に容認
⑤	S49・12・21	社会局庶務課長・児童家庭局企画課長	無料又は低額診療事業の基準の運用について（内翰）	S49・10・31社会・児童家庭局長連名通知の細部の運用基準。①の通知により形式的には廃止されたが内容上は参照基準として有効（2019・4・24社援局総務課確認）。ただし、室料差額ベッド料は②の通知により減免対象から削除
⑥	H17・3・8	社援局総務課長、老健局計画課長	社会福祉法第2条第3項に規定する生計困難者のために無料又は低額な料金で診療を行う事業における人身取引被害者等の取扱いについて	無低診は被保護者、ホームレスに限らず人身取引被害者、DV被害者、不法滞在外国人〔通報義務なし〕等幅広く生計困難者に適用されることを明記

⑦	H20・9・29	質問主意書（小池晃参院議員）	無料低額診療事業の拡充に関する質問主意書	
⑧	H20・10・7	同答弁書	（主な答弁）▽無低診は重要な事業、▽「抑制」方針は無低診の「必要性が薄らいでいる」という趣旨であること。届出は「受理されるべき」、▽自治事務である、▽あり方は今後検討する。	抑制方針自体は撤回されていないが、無低診の届出は受理されるべきとし、その後の事業拡大に寄与
⑨	H30・1・18	社援局総務課長・老健局老健課長	社会福祉法第2条第3項に規定する生計困難者のために無料又は低額な料金で診療を行う事業等に係る運用上の留意事項について	▽無低診事業は、広く生計困難者一般を対象とする。10％基準を上回るよう指導すること、▽施設内投薬も対象、▽自治体のＨＰ等で周知することを指示
⑩	H30・2・20	社援局長、老健局長	社会福祉法第2条第3項に規定する生計困難者に対して無料又は低額な費用で介護保険法に規定する介護医療院を利用させる事業について	無料低額介護医療院について新設
⑪	H1・3・30	意見具申	今後の社会福祉のあり方について（意見具申）―健やかな長寿・福祉社会を実現するための提言―（抜粋）	無低診事業の「見直し」（廃止）を求めた提言
⑫	H1・6・22	要望書	福祉医療制度存続に関する要望書（福祉医療制度存続全国緊急大会）	右提言に反対する関係団体からの要望書

①社会福祉法第2条第3項に規定する生計困難者のために無料又は低額な料金で診療を行う事業について

（平成13年7月23日）
（社援発第１２７６号）
（各都道府県知事・各指定都市市長・各中核市市長あて厚生労働省社会・援護局長通知）

標記の事業（以下「無料又は低額診療事業」という。）については、「社会福祉事業法第二条第三項に規定する生計困難者のために無料又は低額な料金で診療を行う事業について」（昭和49年10月31日社庶第１８０号社会局長・児童家庭局長連名通知。以下「旧通知」という。）によりその基準が定められているところでありますが、今般、「地方分権の推進を図るための関係法律の整備等に関する法律」（平成11年法律第87号）の施行、「社会福祉の増進のための社会福祉事業法等の一部を改正する等の法律」（平成12年法律第１１１号）の公布・施行等を踏まえ、標記事業の基準及びその運用等について、下記のとおり制定いたしましたので、貴職におかれましては、適正な無料又は低額診療事業の実施に御配慮いただくようお願いいたします。
なお、本通知の施行に伴い、旧通知は廃止する旨を併せて申し添えます。

記

第一　無料又は低額診療事業の基準
次の項目のうち、1、2、3及び4に該当するとともに病院にあっては、5から10までの項目のうちの二以上、診療所にあっては、7又は8のいずれかの項目に該当すること。
1　低所得者、要保護者、行旅病人、一定の住居を持たない者で、野外において生活している者等の生計困難者を対象とする診療費の減免方法を定めて、これを明示すること。
2　生活保護法による保護を受けている者及び無料又は診療費の10%以上の減免を受けた者の延数が取扱患者の総延数の10%以上であること。
3　医療上、生活上の相談に応ずるために医療ソーシャル・ワーカーを置き、かつ、そのために必要な施設を備えること。
4　生活保護法による保護を受けている者その他の生計困難者を対象として定期的に無料の健康相談、保健教育等を行うこと。
5　老人、心身障害児者その他特別な介護を要する特殊疾患患者等が常時相当数入院できる体制を備えること。
6　生活保護法による保護を受けている者、その他の生計困難者のうちで日常生活上、特に介護を必要とする者のために常時相当数の介護者を確保する体制を備え、かつ、そのために必要な費用を負担すること。
7　当該診療施設を経営する法人が、特別養護老人ホーム、身体障害者療護施設、肢体不自由者更生施設、重症心身障害児施設等の施設を併せて経営していること。又は、当該診療施設がこれらの施設と密接な連携を保持して運営されていること。
8　夜間又は休日等通常の診療時間外においても、一定時間外来診療体制がとられていること。
9　地区の衛生当局等との密接な連携の下に定期的に離島、へき地、無医地区等に診療班を派遣すること。
10　特別養護老人ホーム、身体障害者療護施設、肢体不自由者更生施設、重症心身障害児施設等の施設の職員を対象として定期的に保健医療に関する研修を実施すること。

第二　留意事項
1　この基準は、病院又は診療所ごとに適用されるが、社会福祉施設等の施設内に附置された診療所であって、専ら当該施設の利用者のために診療を行っているものについては、適用されないものであること。
2　診療施設において取り扱う患者の診療方針、診療報酬については、健康保険法の例によること。
3　診療施設の経営主体は、無料又は低額な料金による診療事業を行うために必要な資産を有すること。
4　診療費の減免は、おおむね次のような方法により行うこと。
(1)　診療施設は、無料診療券又は低額診療券を発行すること。この場合において、これらの診療券は、当該施設を利用することができる地域の社会福祉協議会等において保管し、必要に応じて第一の1の生計困難者に交付することとし、診療施設は、無料診療券又は低額診療券の提出を受けて診療費の減免を行うこと。

(2) 診療費の減免額は、診療施設において関係機関と協議の上決定すること。

(3) 診療施設において、無料診療券又は低額診療券によらない患者から診療費の減免の申出があった場合には、医療ソーシャル・ワーカーがその相談に応じ、適宜減免の措置を採るとともに、社会福祉協議会、民生委員等と十分連絡し、以後無料診療券又は低額診療券により診療を受けるよう指導すること。

(4) 以上について、その実効を確保するためには、市町村社会福祉協議会、民生委員協議会、民生委員等の十分な協力が必要であると考えられるので、各関係機関に無料又は低額診療事業の内容について周知徹底を図り、その適正な運営を期するよう指導されたいこと。

第三　今後における指導監督

1　無料又は低額診療事業を行う者について、少なくとも毎年一回その実施状況を調査し、その結果を別に定めるところにより報告するほか、その適正な運営を期するため、必要な指導を行われたいこと。

2　無料又は低額診療事業の開始に係る社会福祉法人の設立又は定款変更の認可は、社会情勢等の変化に伴い、必要性が薄らいでいるので、抑制を図るものであること。

3　社会福祉法人で、本基準により今後無料又は低額診療事業を行うことが不適当であると認められるものについては他の法人への切り替えを指導すること。

4　社会福祉法人以外の者から新たに無料又は低額診療事業に係る社会福祉法第69条の届出を受理するに際しても、第三の2に準じて、取り扱われたいこと。

②社会福祉法第2条第3項に規定する生計困難者のために無料又は低額な料金で診療を行う事業について

(平成13年7月23日)
(社援総発第5号)

(各都道府県民生部(局)長・各指定都市民生部(局)長・各中核市民生部(局)長あて厚生労働省社会・援護局総務課長通知)

標記については、平成13年7月23日社援発第1276号社会・援護局長通知(以下「局長通知」という。)によりお示ししたところでありますが、なお運用上の留意事項として下記事項をお含みの上、その適正な運営を図っていただくよう指導方よろしくお願いいたします。

なお、当該通知の施行に伴い「社会福祉事業法第二条第三項に規定する生計困難者のために無料又は低額な料金で診療を行う事業について」(昭和49年10月31日社庶第181号厚生省社会局庶務課長・児童家庭局企画課長連名通知)を廃止することを併せて申し添えます。

局長通知の各項目については、次の点に留意されたいこと。

記

1　第一の2について

(1) 診療施設において取り扱う患者のうち、生活保護法による保護を受けている者及び無料又は診療費の10%以上の減免を受けた者の占める割合は、毎年4月1日から翌年3月31日までの診療延人員(入院及び外来を含む。)について算定するものであること。

(2) 診療費の減免額のうちには、低所得階層に属する患者の療養費についての減免額のほか、当該診療施設が患者の診療のために必要なサービスとして、移送、寝具の貸与、病衣の支給、病衣類の洗濯等を実施している場合において、低所得階層に属する者のためにこれらに要する費用を減免したときは、その減免額を含めて差し支えないものであること。

2 第一の4について

無料の健康相談、保健教育等は、毎月1回程度日時を定めて実施するよう努めることとすること。

3 第一の5について

「老人、心身障害児者その他特別な介護を要する特殊疾患患者等」とは、老人及び心身障害児者のほか、老人性精神病患者、精神疾病とその他の疾病との合併症を有する患者その他例えば進行性筋萎縮症患者等をいうものであること。

また「相当数」とは、当該診療施設の入院利用者定員の30％程度をいうものであること。

4 第一の6について

「相当数」とは、おおむね50床に1人以上の割合をいうものであること。

5 第一の7について

当該診療施設と特別養護老人ホーム等の施設との密接な連携を保持する方法としては、例えば、当該診療施設がこれらの施設に対して必要に応じ医師を派遣する体制をとっていることをいうものであること。

6 第一の8について

通常の診療時間外において、週2回程度の夜間診療日又は月2回以上の休日診療日を設け、それぞれ、1日3時間以上の外来診療体制をとり、かつ、その旨を掲示すること。

7 第一の9について

地区の保健所、医師会等関係機関との密接な連携のもとに年2回以上離島、へき地、無医地区、その他専門医のいない地域等に対し、自主的に診療班を組織し、又は関係機関の組織する診療班に医師を参加させ派遣すること。

8 第一の10について

「定期的に」とは、年2回以上をいうものであること。

9 第三の1について

報告は、毎年定める様式及び期限等により行うこと。

③社会福祉法第2条第3項に規定する生計困難者に対して無料又は低額な費用で介護保険法に規定する介護老人保健施設を利用させる事業について〔老人保健法〕

（平成13年7月23日）

（社援発第1277号／老発第275号）

（各都道府県知事・各指定都市市長・各中核市市長あて厚生労働省社会・援護局長、厚生労働省老健局長通知）

標記の事業（以下「無料又は低額介護老人保健施設利用事業」という。）については、「社会福祉事業法第二条第三項に規定する生計困難者に対して無料又は低額な費用で老人保健法（昭和57年法律第80号）にいう老人保健施設を利用させる事業について」（昭和63年4月1日社庶第109号厚生省社会局長・児童家庭局長連名通知。以下「旧通知」という。）によりその基準が定められているところでありますが、今般、地方分権の推進を図るための関係法律の整備等に関する法律（平成11年法律第87号）の施行及び介護保険法（平成9年法律第123号）の施行等を踏まえ、標記事業の基準及びその運用等について、以下のとおり制定いたしましたので、貴職におかれましては、適正な無料又は低額介護老人保健施設利用事業の実施に御配慮いただくようお願いいたします。

なお、本通知の施行に伴い、旧通知は廃止する旨を併せて申し添えます。

記

第一　無料又は低額介護老人保健施設利用事業の基準

無料又は低額介護老人保健施設利用事業を行う者は、次の項目を遵守すること。

1　生計困難者を対象とする費用の減免方法を定めて、これを明示すること。

2　利用料は、周辺の介護老人保健施設と比べて入所者等に対し、過重な負担とならない水準のものであること。

3　生活保護法による保護を受けている者及び無料又は介護保健施設サービスに要した費用（介護保険法第48条第1項に規定する施設介護サービス費の支給の対象となる費用及び介護保険法施行規則（平成11年厚生省令第36号）第79条に規定する費用の合計額とする。）の10％以上の減免を受けた入所者の延数が入所者の総延数の10％以上であること。

4　通所介護事業又は通所リハビリテーション事業を実施すること。

5　家族相談室又は家族介護室を設け、家族や地域住民に対する相談指導を実施するための相談員を設置すること。

第二　留意事項

1　施設の経営主体は、無料又は低額介護老人保健施設利用事業を行うために必要な資産を有すること。

2　費用の減免は、おおむね次のような方法により行うこと。

(1)　施設は、生計困難者を対象とする費用の減免方法を関係機関と協議の上決定すること。

(2)　(1)の実効性を確保するためには、市町村社会福祉協議会、民生委員協議会、民生委員等の十分な協力が必要であると考えられるので、各関係機関に無料又は低額介護老人保健施設利用事業の内容について周知徹底を図り、その適正な運営を期するよう指導されたいこと。

第三　指導監督

無料又は低額介護老人保健施設利用事業を行う者について、少なくとも毎年1回その実施状況を調査し、その結果を別に定めるところにより報告するほか、その適正な運営を期するため、必要な指導を行われたいこと。

④社会福祉事業法第2条第3項に規定する生計困難者のために無料又は低額な料金で診療を行う事業及び同項に規定する生計困難者に対して無料又は低額な費用で老人保健法にいう老人保健施設を利用させる事業に係る固定資産税の非課税措置について

（平成11年5月17日）

（社援企第80号）

（各都道府県・指定都市・中核市民生主管部（局）長あて厚生省社会・援護局企画課長通知）

社会福祉事業法第2条第3項に規定する生計困難者のために無料

又は低額な料金で診療を行う事業（以下「無料低額診療事業」という。）及び同項に規定する生計困難者に対して無料又は低額な費用で老人保健法にいう老人保健施設を利用させる事業（以下「無料低額老人保健施設利用事業」という。）の用に供する固定資産に係る固定資産税の取扱いについては、従来より、

(1)「社会福祉事業法第2条第3項に規定する生計困難者のために無料又は低額な料金で診療を行う事業について」（昭和49年10月31日社庶第180号厚生省社会局長、児童家庭局長通知）

(2)「社会福祉事業法第2条第3項に規定する生計困難者に対して無料又は低額な費用で老人保健法（昭和57年法律第80号）にいう老人保健施設を利用させる事業について」（昭和63年4月1日社庶第109号厚生省社会局長、児童家庭局長通知）

に基づいて算定した「無料又は低額診療患者の割合」（無料低額老人保健施設利用事業にあっては、「無料又は低額利用に係る入所者の割合」をいう。以下同じ）が100分の10以上である事業の用に供する固定資産については非課税とされてきたところであるが、今般、地方税法、地方税法施行令及び地方税法施行規則が改正され、「無料又は低額診療患者の割合」が100分の10に満たない場合には、当該満たない割合に応じて段階的に固定資産税が課税されることとなり、平成13年度分の固定資産税より適用されることとなった。

すなわち、具体的には、

(1)　無料低額診療事業及び無料低額老人保健施設利用事業（以下「無料低額診療事業等」という。）を実施する者の前事業年度（当該年度に係る賦課期日の属する事業年度の前事業年度をいう。以下同じ。）（例えば、平成13年度分の固定資産税の場合であれば、前事業年度は平成11年度となる。）における「無料又は低額診療患者の割合」が100分の10以上である事業の用に供する固定資産については、従来通り非課税とすること

(2)「無料又は低額診療患者の割合」が100分の5以上100分10未満である事業の用に供する固定資産については、「無料又は低額診療患者の割合」から100分の5を減じた割合に5を乗じた割合に100分の75を加えて得た割合に相当する部分に限り非課税とすること

(3)「無料又は低額診療患者の割合」が100分の2以上100分5未満である事業の用に供する固定資産については、「無料又は低額診療患者の割合」から100分の2を減じた割合に15を乗じた割合に100分の30を加えて得た割合に相当する部分に限り非課税とすること

(4)「無料又は低額診療患者の割合」が100分の2未満である事業の用に供する固定資産については、課税とすること。

とされたものである。

ついては、管下の無料低額診療事業を行う者に対し、今般の改正の内容を周知するとともに、これらの事業が社会福祉事業として行われていることを踏まえ、今後より一層適切な事業実施に努めるよう指導されたい。

とりわけ、現在、「無料又は低額診療患者の割合」が100分の10未満である事業者に対しては、事業が社会福祉事業としての基準を満たすことに努めるよう十分指導されたい。

なお、「無料又は低額診療患者の割合」の認定は、都道府県（指定都市又は中核市の区域内において実施されている事業については、指定都

市又は中核市とする。）において行うこととするので、申し出があった場合には、書面を交付する等により課税上の扱いが円滑に行われるよう御配慮お願いする。（認定に係る書類の様式については、参考までに添付することとしたので、参照されたい。）

おって、「無料又は低額診療患者の割合」の認定に当たっては、下記に掲げる点に留意の上、遺憾のないよう取り扱われたい。

記

1 「無料または低額診療患者の割合」の認定は、次に掲げる通知に基づき、適切に行うこと。

(1) 「社会福祉事業法第2条第3項に規定する生計困難者のために無料又は低額な料金で診療を行う事業について」（昭和49年10月31日社庶第180号厚生省社会局長、児童家庭局長通知）

(2) 「社会福祉事業法第2条第3項に規定する生計困難者に対して無料又は低額な費用で老人保健法（昭和57年法律第80号）にいう老人保健施設を利用させる事業について」（昭和63年4月1日社庶第109号厚生省社会局長、児童家庭局長通知）

2 「無料又は低額診療患者の割合」の認定は、百分率により小数点第一位まで行うものとすること。

⑤無料又は低額診療事業の運用について（内翰）

（昭和49年12月21日）

（各都道府県民生主幹部（局）長あて厚生省社会局庶務課長・児童家庭局企画課長通知）

拝啓　時下益々ご清祥のこととお慶び申し上げます。

社会福祉行政につきましては、日頃からその推進に格別のご尽力をいただいておりますことを感謝いたしております。

さて、社会福祉事業法第2条第3項に規定する生計困難者のために無料又は低額な料金で診療を行う事業につきましては、先般厚生省社会局長、児童家庭局長通知をもって、その基準の改正につき、御連絡申し上げたところですが、細部の運用基準について、今般別紙のとおり定めましたので、御留意のうえ、その適正な運用を図られるようお願いいたします。

敬具

I 新基準制定の背景

1 無料又は低額診療事業（以下「本事業」という。）は、元来、経済的理由により適切な医療を受けられない人々に対して、できるだけその経済的負担を軽減して良い治療を受けさせることを主たる目的としている。

近年における社会保険制度の改善（給付率の改善、高額医療費支給制度の創設等）、公費負担医療制度の充実（結核、精神病等の医療費の公費負担、老人医療の無料化等）、医療供給体制の整備、国民所得の水準の向上等は、国民一般に医療を受ける機会を増大させたが、同時に本事業の存在意義について再検討をせまることとなった。特に昭和32年に定められた基準（①診療施設において取扱う患者のうち、おおむねその60％以上が生活保護法による被保護者又は低所得階層に属する者であること、等を内容とする）は、現状に適合しなくなった。

2 本事業のあり方は、わが国の医療制度、医療保険制度等と密接に関連しており、これらの関連諸制度の今後のあり方に左右される面が極めて大きいが、現在国民の医療をめぐっては、次のような現実の問題が存在しており、本事業について社会福祉の観点から新たにその位置づけを行う必要が生じてきた。
(1) 離島、へき地等における医療の確保
(2) 休日夜間診療の確保
(3) 健康相談、保健教育など予防活動の充実の必要性
(4) 老人、身体障害者、精神病とその他の疾病との合併症を有する患者、難病患者等の特に介護を要する患者の受入れ体制の充実の必要性
(5) 付添看護、入院料の差額徴収の問題
3　以上のような観点から、中央社会福祉審議会に対して本事業のあり方について審議をお願いしていたところ、昭和48年2月18日答申が得られた。
よって、この答申に基づき、昭和49年10月31日社庶第180号社会局長及び児童家庭局長通知（以下「両局長通知」という。）をもって新基準を通知したものである。
以下、新基準について詳述する。
II　新基準の内容について（両局長通知の第1について）
1について
生計困難者に対する診療費の減免方法は、それぞれの診療施設において、地域の福祉事務所、社会福祉協議会等の関係機関と協議のうえ、定めること。
2について
(1) 診療費の10％以上の減免とは、「診療費の総額」の10％以上であり、自己負担額の10％以上ではないものであること。
(2) 減免額のうちには、診療費の減免額のほか、移送、寝具の貸与、病衣の支給、病衣類の洗濯、日用品の支給差額徴収病床等の費用に係る減免額を含めてさしつかえないものであること。
なお、医療ソーシャルワーカーの設置、無料健康相談、保健指導等の実施、離島、へき地、無医地区等への診療班派遣及び社会福祉施設職員に対する研修の実施に要した費用は、減免額には含まれないものであること。
(3) 診療施設においては、生活保護法による保護を受けている者、無料又は診療費の10％以上の減免を受けた者及び取扱患者の総数を常時把握しておくこと。なお、入院患者は1日あたり1名と算定すること。
3について
(1) 医療ソーシャルワーカーは、社会福祉主事の任用資格をもち、かつ、病院にあっては専任であることを原則とすること。
(2) 医療ソーシャルワーカーの活動に必要な施設は、専用室であることが望ましいが、これによりがたい場合は、カーテン、ついたて等で他と明確に区別すること。
(3) 医療ソーシャルワーカーの数は、医療施設の利用人員等に対応して必要な数とするが、おおむね200床あたり1名以上とすること。
(4) 医療ソーシャルワーカーの設置に必要な経費は、医療施設の負担とすること。
4について
(1) 無料の健康相談、保健教育等は、月1回程度日時を定めて実施するように努めることとすること。
(2) 健康相談、保健教育等の実施対象としては、特に老人、妊産

婦、乳幼児、中小零細企業の従業員等について配慮すること。

(3) 健康相談、保健教育等の実施日時等については、掲示場に掲示する等の方法により広く一般に周知せしめること。

(4) 健康相談、保健教育等は、医師、看護婦、保健婦、助産婦等事業の内容に応じて必要な専門家が担当すること。

(5) 健康相談、保健教育等を実施したときは、日時、事業内容、対象人員等の事項について記録を作成しておくこと。

5について

(1) 「老人、心身障害児者その他特別な介護を要する特殊疾患患者等」とは、老人(65歳以上の者)、心身障害児者、老人性精神病患者、精神病とその他の疾病との合併症を有する患者(特に精神病と結核)、その他スモン病患者、ベーチェット病患者、進行性筋萎縮症患者等受入側の事情により入院が容易でない患者をいうものであること。

(2) 「相当数」とは、医療施設の総収容定員の30%程度をいうものであること。

(3) 老人、心身障害児者その他特別な介護を要する特殊疾患患者等から入院の申し出があった場合には、医療施設においては、かりそめにもこれらの者を拒むことなく、入院させるよう努めなければならないものであること。

6について

(1) 介護者は、看護、給食及び寝具設備の基準(昭和33年6月30日厚生省告示第178号)を満たす医療施設にあっても、更におおむね50床あたり1名以上設置すること。

(2) 介護者は、看護婦等の資格は必要としないものであること。

7について

(1) 本基準の趣旨は、医療に関係の深い社会福祉事業に協力するということにあるから必ずしも診療部門から社会福祉部門への収益の一部を繰り入れることを意味するものではないこと。

(2) 本事業に係る複数の診療施設を設置運営する法人にあっては、それぞれの診療施設が、特別養護老人ホーム等の社会福祉施設と密接な連携を保持して運営されるよう努めること。

(3) 診療施設と特別養護老人ホーム等の社会福祉施設との密接な連携を保持する方法としては、例えば、当該診療施設がこれらの施設に対して、必要に応じ医師を派遣する体制をとっていることをいうものであること。

(4) 特別養護老人ホーム等の社会福祉施設は、医療と密接な関係を有する施設に限定されるものであること。従って、例えば、保育所、経費老人ホームは含まれないものであること。

8について

(1) 通常の診療時間外において、週2回程度の夜間診療日又は月2回以上の休日診療日を設けそれぞれ1日3時間以上の外来診療体制をとり、かつ、その旨を掲示すること。

(2) 夜間又は休日の診療時間においては、おおむね通常の診療時間に準じた診療体制がとられていること。

9について

(1) 地区の保健所、医師会等関係機関との密接な連携のもとに年2回以上離島、へき地、無医地区、低所得階層地区、その他専門医のいない地域等に対し、自主的に診療班を組織し、又は関係機関の組織する診療班に医師を参加させ派遣すること。

(2) 診療班を派遣したときは、日時、場所、派遣人数、診療人員、診療内容等について記録を作成しておくこと。
(3) 診療班の派遣に要する費用は、診療施設の負担とすること。
10について
(1) 特別養護老人ホーム等の社会福祉施設の職員に対する研修は、医学、公衆衛生学等の専門的分野に関して実施すること。
(2) 研修は年2回以上実施することとし、実施期間は、1回につき3日間程度とすること。
(3) 1回の研修人員は、20～50名程度とすること。
(4) 研修に要する費用は、診療施設の負担とすること。
Ⅲ その他
1 両局長通知の第1中5から10までの事項については、各医療施設の選択に委ねられているが、項目の選択にあたっては行政機関、社会福祉協議会等と協議のうえ、地域の実情に適合したものとなるよう配慮すること。
2 両局長通知の第3の1の報告は、別紙様式により毎年5月末までに社会局庶務課長あてに行うこと。
3 診療施設においては、地域の社会福祉施設の医療、保健衛生管理に対する協力、老人健康診査、乳幼児健康診査、成人病検診・予防接種等各種の健康診断や予防接種に対する協力、老人クラブや子供会活動の保健衛生管理に対する協力等地域の保健福祉活動に積極的に参加し、地域の社会福祉及び保健衛生の向上に寄与するよう努めること。
4 社会福祉法人以外の者から新たに本事業に係る社会福祉事業法第64条の届出を受理するに際しては、あらかじめ社会局庶務課長あて協議されたいこと。

⑥社会福祉法第2条第3項に規定する生計困難者のために無料又は低額な料金で診療を行う事業における人身取引被害者等の取扱いについて

(平成17年3月8日)
(社援総発第0308001号)
(各都道府県・各指定都市・各中核市民生主管部(局)長あて厚生労働省社会・援護局総務課長通知)

社会福祉法(昭和26年法律第45号)第2条第3項に規定する生活困難者のために無料又は低額な料金で診療を行う事業(以下「無料低額診療事業」という。)については、従来より「社会福祉法第2条第3項に規定する生計困難者のために無料又は低額な料金で診療を行う事業について」(平成13年7月23日付け社援発第1276号厚生労働省社会・援護局長通知)等によりその取扱いを示しているところであります。

また、昨年12月には、「人身取引対策行動計画」(人身取引対策に関する関係省庁連絡会議決定)が策定され、婦人相談所は人身取引被害者に対し、「無料低額診療事業を行う医療機関を始めとする周辺の病院、利用可能な諸制度等について情報提供等の支援を行う」ことと規定されました。

そもそも無料低額診療事業は、広く生計困難者一般を対象とするものであり、被保護者やホームレスに限られるものではありません。

つきましては、生計困難者であれば、人身取引被害者、配偶者からの暴力(DV)被害者その他の者についても、積極的に無料低額診療事業の対象とするよう貴管内の無料低額診療事業を行う医療機関等に対し、周知・指導等していただくようお取り計らい願います。

なお、無料低額診療事業を実施する医療機関が不法滞在の状態にある対象者を治療した場合（入院する場合を含む。）であっても出入国管理及び難民認定法（昭和26年政令第３１９号）違反となるものではなく、また、その旨を通報する義務もないことを申し添えます。

この通知は、地方自治法（昭和22年法律第67号）第２４５条の４第1項の規定に基づく技術的な助言として発出するものです。

⑦質問主意書

第１７０回国会（臨時会）質問第一九号
無料低額診療事業の拡充に関する質問主意書
右の質問主意書を国会法第七十四条によって提出する。
平成二十年九月二十九日

小池　晃

参議院議長　江田　五月　殿

無料低額診療事業の拡充に関する質問主意書

無料低額診療事業（社会福祉法第二条第三項第九号に規定する事業。以下同じ）は、経済的な理由によって必要な医療を受ける機会を制限されることがないよう、医療機関が無料又は低額な料金によって診療をおこなう事業であり、医療費自己負担分を支払うことが困難な低所得者、生活保護受給者、ホームレス、ＤＶ被害者、人身取引の被害者など生活困難者の医療を受ける権利を守るために大きな役割を果たしている。実際、政府も「ホームレスの自立の支援等に関する基本指針」（ホームレスの自立の支援等に関する特別措置法に基づき厚生労働大臣が作成）の中でホームレスの医療の確保を図るため、無料低額診療事業の積極的活用をうたい、「人身取引対策行動計画」（二〇〇四年十二月。人身取引対策に関する関係省庁連絡会議決定）においても、無料低額診療事業を人身取引被害者の保護対策の中に位置づけている。

しかし、一九八七年以来政府は、「社会情勢等の変化に伴い、必要性が薄らいでいる」として、無料低額診療事業の新規事業開始の抑制方針をとり、ホームレスなど生活困難者の医療確保のため無料低額診療事業の積極的な活用を方針に掲げている一方で、抑制方針については改めようとしていない。不況の長期化、格差拡大によって生活困難者は増加しており、無料低額診療事業の意義はいっそう大きくなっている。無料低額診療事業の抑制方針を転換し、国民の医療を受ける権利保障の事業として拡大を図るべきである。

そこで、以下のとおり質問する。

一　無料低額診療事業は憲法第二十五条の具体化として生活困難者の医療を受ける権利保障のため重要な役割を果たしていると考えているが、無料低額診療事業の現状に対する評価とその意義について政府の見解を明らかにされたい。

二　新規の無料低額診療事業の抑制方針を都道府県などに通知した社会・援護局長通知（二〇〇一年七月二十三日付、社援発第一二七六号。以下「二〇〇一年通知」という。）では、「抑制を図る」という文言を用いており、社会福祉法第六十九条の届出（以下「法六十九条の届出」という。）についてもこれに「準じて、取り扱われたいこと」とされているが、この解釈について明らかにされたい。これは、どのような状況であっても法六十九条の届出を受理してはならないということなのか、それとも都道府県などが地域の状況などを考慮して当該届出にかかる無料低額診療事業を必要と考えたならば受理してもよいということなのか。

三　無料低額診療事業など第二種社会福祉事業開始に際しての法六十九条の届出の受理は自治事務とされている。ところが、無料低額診療事業の法六十九条の届出受理の抑制を求めた二〇〇一年通知は前文の中で当該通知の性格として、「都道府県並びに指定都市及び中核市が法定受託義務を処理するに当たりよるべき基準」と記されている。このため、自治体にとって無料低額診療事業に関する法六十九条の届出受理の事務については、国が定める基準に従う義務がある法定受託義務なのか、自治体の裁量によって処理することができる自治事務なのか混乱が生じかねないと考える。無料低額診療事業に関する法六十九条の届出受理の事務は自治事務であり、二〇〇一年通知を技術的助言として考慮に入れるとしても、最終的には自治体独自の判断で処理できる自治事務と考えるが、政府の見解を明らかにされたい。

四　「医療機関の未収金問題に関する検討会報告書」(二〇〇八年七月十日)においては、無料低額診療事業を生活困窮者に対する取り組みとして位置づけ「外国人、ホームレスへの対応など現代的な意義付けも含め、事業のあり方について今後十分な検討を行うべき」とされているが、速やかに検討を開始し結論を出すべきではないか。検討や結論を出す時期を含めて政府の見解を明らかにされたい。

五　無料低額診療事業の抑制方針が出された一九八七年とは社会情勢が大きく変わっている。失業者の増大、ホームレス、ＤＶ被害者の増加、国保料未納者に対する短期被保険者証・資格証明書の発行数の増加などから見受けられるように、生活困難者が必要な医療を受けることが困難となってきている。生活困難者の医療を受ける権利保障にとって重要な役割を果たしている無料低額診療事業の抑制はただちに改めるべきである。抑制方針について再検討をすべきだと考えるが、政府の見解を明らかにされたい。

右質問する。

⑧答弁書

内閣参質一七〇第一九号

平成二十年十月七日

内閣総理大臣　麻生　太郎

参議院議長　江田　五月　殿

参議院議員小池晃君提出無料低額診療事業の拡充に関する質問に対し、別紙答弁書を送付する。

参議院議員小池晃君提出無料低額診療事業の拡充に関する質問に対する答弁書

一について

無料低額診療事業については、低所得者等に対する必要な医療を確保する上で重要であると評価しており、一定の役割を果たしていると考えている。

二について

お尋ねの通知の文言は、都道府県知事等に対し、社会情勢等の変化に伴いその必要性が薄らいでいるという無料低額診療事業に関する厚生労働省の認識を示したものであり、届出の不受理を求めるものではない。御指摘のような場合にはいずれも受理されるべきものと考えている。

三について

お尋ねの事務は、御指摘のとおり、自治事務である。

四及び五について

今後の無料低額診療事業の在り方については、平成二十年七月の「医療機関の未収金問題に関する検討会報告書」における指摘や社会経済情勢の変化等を踏まえ、慎重に検討してまいりたい。

⑨社会福祉法第２条第３項に規定する生計困難者のために無料又は低額な料金で診療を行う事業等に係る運用上の留意事項について

（平成30年１月18日）

（社援総発０１１８第１号／老老発０１１８第１号）

（各都道府県・各指定都市・各中核市民生主管部（局）長あて厚生労働省社会・援護局総務課長、厚生労働省老健局老人保健課長通知）

社会福祉法（昭和26年法律第45号）第２条第３項第９号に規定する生計困難者のために無料又は低額な料金で診療を行う事業（以下「無料低額診療事業」という。）については、平成13年７月23日付け社援発第１２７６号厚生労働省社会・援護局長通知等によりその取扱いを示しているところであります。

また、社会福祉法第２条第３項第10号に規定する生計困難者に対して無料又は低額な費用で介護保険法（平成９年法律第１２３号）に規定する介護老人保健施設を利用させる事業（以下「無料低額介護老人保健施設利用事業」という。）については、平成13年７月23日付け社援発第１２７７号・老発第２７５号厚生労働省社会・援護局長、老健局長連名通知等によりその取扱いを示しているところであります。

平成30年４月１日に施行される地域包括ケアシステムの強化のための介護保険法等の一部を改正する法律により創設された社会福祉法第２条第３項第10号に規定する生計困難者に対して無料又は低額な費用で介護保険法に規定する介護医療院を利用させる事業（以下「無料低額介護医療院利用事業」という。）については、平成30年２月20日付け社援発０２２０第１号・老発０２２０第１号厚生労働省社会・援護局長、老健局長連名通知等によりその取扱いを示したところであります。

今般、無料低額診療事業、無料低額介護老人保健施設利用事業及び無料低額介護医療院利用事業（以下「無料低額診療事業等」という。）について、その実施状況や社会福祉事業として実施されている趣旨等を踏まえ、下記のとおり運用上の留意事項を通知いたしますので、よろしくお取りはからい願います。

なお、本通知は、地方自治法（昭和22年法律第67号）第２４５条の４第１項の規定による技術的な助言であることを申し添えます。

記

１　無料低額診療事業等の対象について

平成17年３月８日付け社援総発第０３０８００１号厚生労働省社会・援護局総務課長通知により無料低額診療事業に関してお示ししている通り、無料低額診療事業等は、広く生計困難者一般を対象とするものであり、被保護者に限られるものではない。ついては、被保護者に限らず、生計困難者であれば、積極的に無料低額診療事業等を行う施設に対し、周知・指導等されたいこと。

また、平成11年5月17日付け社援企第80号厚生省社会・援護局企画課長通知により無料低額診療事業及び無料低額介護老人保健施設利用事業に関してお示ししている通り、現在、「無料又は低額診療患者の割合」又は「無料又は低額利用に係る入所者の割合」が100分の10未満である無料低額診療事業等の事業者に対しては、事業が社会福祉事業としての基準を満たすことに努めるよう十分指導されたいこと。

2　診療施設内で投薬を行った場合の取扱いについて

平成13年7月23日付け社援総発第5号厚生労働省社会・援護局総務課長通知（以下「課長通知」という。）の1(2)において、診療費の減免額のうちには、低所得階層に属する患者の療養費について の減免額のほか、当該診療施設が患者の診療のために必要なサービスとして、移送、寝具の貸与、病衣の支給、病衣類の洗濯等を実施している場合において、低所得階層に属する者のためにこれらに要する費用を減免したときは、その減免額を含めて差し支えないものであることとしているところであるが、療養費には、当該診療施設内で行った投薬に係る費用も含めて差し支えないものであること。

なお、上記の事項については、課長通知の1(2)の留意事項を明確化したものであり、これまでの取扱いを変えるものではないこと。

3　無料低額診療事業等を行う施設の周知について

無料低額診療事業等を利用する生計困難者の利便性の観点から、貴管内の無料低額診療事業等を行う施設の一覧を都道府県等のホームページに掲載するなどの方法により周知するとともに、無料低額診療事業等を行う施設に対し、無料低額診療事業等を実施する施設であることを周知するよう指導等行われたいこと。その際、無料低額診療事業については、周知に当たって、診療施設内で行った投薬に係る費用を減免する取扱いを行う診療施設であれば、その旨も示されたいこと。

⑩社会福祉法第2条第3項に規定する生計困難者に対して無料又は低額な費用で介護保険法に規定する介護医療院を利用させる事業について

（平成30年2月20日）

（社援発0220第1号／老発0220第1号）

（各都道府県知事・各指定都市市長・各中核市市長あて厚生労働省社会・援護局長、厚生労働省老健局長通知）

標記の事業（以下「無料又は低額介護医療院利用事業」という。）については、その基準及びその運用等について、下記のとおり制定いたしましたので、貴職におかれましては、適正な無料又は低額介護医療院利用事業の実施に御配慮いただくようお願いいたします。

記

第一　無料又は低額介護医療院利用事業の基準

次の項目のうち、1、2、3及び4に該当するとともに5から7までの項目のうちの二以上の項目に該当すること。

1　生計困難者を対象とする費用の減免方法を定めて、これを明示すること。

2　利用料は、周辺の介護医療院と比べて入所者等に対し、過重な負担とならない水準のものであること。

3　生活保護法による保護を受けている者及び無料又は介護医療院サービスに要した費用（介護保険法第48条第1項に規定する施設介護サービス費の支給の対象となる費用及び介護保険法施行規則（平成11年厚生省令第36号）第79条に規定する費用の合計額とする。）の10％以上の減免を受けた者の延数が取扱入所者の総延数の10％以上であること。

4　家族相談室又は家族介護室を設け、家族や地域住民に対する相談指導を実施するための相談員を設置すること。

5　通所リハビリテーション事業を実施すること。

6　生活保護法による保護を受けている者その他の生計困難者を対象として定期的に無料の健康相談、保健教育等を行うこと。

7　特別養護老人ホーム等の地域の福祉施設の職員を対象として定期的に保健医療に関する研修を実施すること。

第二　留意事項

1　施設の経営主体は、無料又は低額介護医療院利用事業を行うために必要な資産を有すること。

2　費用の減免は、おおむね次のような方法により行うこと。

(1)　介護医療院は、生計困難者を対象とする費用の減免方法を関係機関と協議の上決定すること。

(2)　(1)の実効性を確保するためには、市町村社会福祉協議会、民生委員協議会、民生委員等の十分な協力が必要であると考えられるので、各関係機関に無料又は低額介護医療院利用事業の内容について周知徹底を図り、その適正な運営を期するよう指導されたいこと。

第三　指導監督

無料又は低額介護医療院利用事業を行う者について、少なくとも毎年一回その実施状況を調査し、その結果を別に定めるところにより報告するほか、その適正な運営を期するため、必要な指導を行われたいこと。

⑪今後の社会福祉のあり方について（意見具申）―健やかな長寿・福祉社会を実現するための提言―（抜粋）

（平成元年3月30日）

（福祉関係三審議会合同企画分科会）

3　社会福祉見直しの具体的方策

(1)　社会福祉事業の見直し

④　現在、社会福祉事業とされているものであっても、無料低額診療事業のような、社会福祉事業法制定当時と比較してそれぞれの事業を必要とする社会的経済的状況に大きな変化がみられるものについては、社会福祉事業への位置付けについて見直す必要がある。

⑫福祉医療制度存続に関する要望書

（平成元年6月22日）

（福祉医療制度存続全国緊急大会）

去る3月30日、社会福祉関係三審議会合同企画分科会は「今後の社会福祉のあり方について」について意見具申を行い、このなかで、「無料・低額診療事業」の社会福祉事業法における位置づけについて見直しを提言した。

確かに、生活保護法を中心とした社会福祉の時代から国民皆保険・皆年金の確立している今日、社会福祉の諸施策もまた再検討の時期を迎えていることは否定できない。
しかし、常に社会福祉の原点に立って、時代とともに派生する様々な「福祉医療」のニーズに対応してきた、我々「無料・低額診療事業」を実施する医療機関にあっては、今回の提言に対して重大な関心と危惧の念を抱かざるをえない。戦後の混乱期から今日まで「福祉医療」の使命達成に邁進してきた関係者の努力と実績を無視して、現場と関係者の意見聴取もなされないまま、「その役割は終わった」と片付けてしまうことに対し、強い憤りを感じるものである。

第一に、国民皆保険の達成以後も全国200有余の「無料・低額診療事業」を実施する病院・診療所（約50,000床）は福祉と医療の谷間で喘ぐ生活保護患者ばかりか無保険者をはじめとする低所得者、難病等の特定疾患患者、障害児者、さらには山間・離島等の医療の確保が困難な人々に対して、「福祉医療」の精神に基づき地道な活動を展開してきた。また、近年、増加傾向にある外国人労働者・留学生に対する医療についても積極的に対応している。自治体によっては「苦しい時の社福病院」という言葉があるとおり、これらの人々を受け入れる診療施設の存在は、時代がいかように変わろうとも不可欠である。

第二に、無料・低額診療事業を実施する病院・診療所は福祉的な医療を行うだけでなく福祉施設を併設するなど機構的にも機能的にも長年にわたって福祉と医療の連携・統合を実践してきた。国民皆保険の達成によりほぼ医療の確保はなされたが、21世紀に向けて本格的に保健・医療・福祉の連携および統合により福祉と医療の質の向上を考えるとき、今後とも「福祉医療」を実践してきた病院・診療所の存在価値・使命は大きいものがある。

第三に、「無料・低額診療事業」を実施する病院・診療所には医療ソーシャルワーカーが必置されており、診療・看護はもとより在宅との連絡調整・相談業務を日常的に行っている。「無料・低額診療事業」の法的位置づけが無くなり、これら医療ソーシャルワーカーの配置根拠が無くなれば、対象者に対する福祉サービスの低下につながることは避けられない。

第四に、「無料・低額診療事業」を実践してきた病院・診療所は、経営面において国や都道府県の指導により増床など規模の拡大の抑制等実施基準を守ってきた。もし、「無料・低額診療事業」の法的位置づけを無くし、税制面での優遇措置が撤廃されたなら、多くの福祉医療機関の精神的・経営的基盤の存続が危ぶまれ、結果として医療を必要とする弱者が切り捨てられることは必至である。

以上のような諸問題を踏まえ、我々は、従来の無料・低額診療事業の枠にとどまらず、現代社会に対応した新たな「福祉医療」の制度化について検討を行われるよう強く要望するものである。

2　無料低額診療事業実施状況調査アンケート集計結果

1. 実施主体　近畿無料低額診療事業研究会
2. 調査目的　無料低額診療事業の実状把握と同事業の普及検討のため。
　　　　　　無料低額診療事業近畿研究会主催のフォーラムにて結果発表。
3. 調査概要　実施期間：2017年11月14日〜12月10日
　　　　　　依頼先：近畿（滋賀、京都、兵庫、大阪、奈良、和歌山）で無料低額診療事業を実施している230の診療所と病院に郵送依頼。
　　　　　　協力数：53　回収率23%
4. 結果概要

①医療機関情報

医療機関種	一般病院	精神科病院	診療所(医科)	診療所(歯科)	その他	計
	18 34%	0 0%	32 60%	3 6%	0 0%	53 100%

開設法人	医療法人	社会医療法人	特定医療法人	社会福祉法人	宗教法人	医療生協	公益財団法人
	8 15%	7 14%	1 2%	7 14%	0 0%	14 28%	0 0%
	一般財団法人	公益社団法人	一般社団法人	日本赤十字社	公設(公設民営含む)	その他	計
	5 10%	8 15%	0 0%	0 0%	0 0%	1 2%	51 100%

病床数	50床未満	100床未満	200床未満	300床未満	500床未満	500床以上	計
	1 6%	4 22%	10 55%	2 11%	1 6%	0 0%	18 100%

所属団体	済生会	民医連	その他	計
	2 4%	38 72%	13 24%	53 100%

開始時期(実施期間)	1年以内	3年以内	5年以内	7年以内	10年以内	20年以内	20年超	計
	6 13%	8 17%	6 13%	9 19%	5 10%	6 13%	7 15%	47 100%

「1年以内」とは、無低診開始時期より1年以内（2017/12末で）のこと。平均12.7年であるが±17.9で様々。

医療機関種別
(n=53)

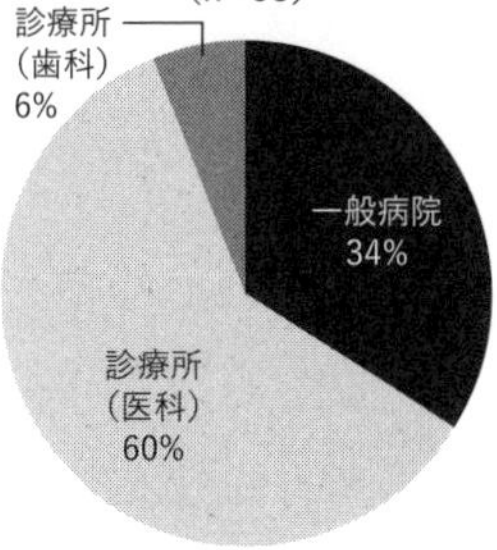

医療機関開設法人
(n=51)

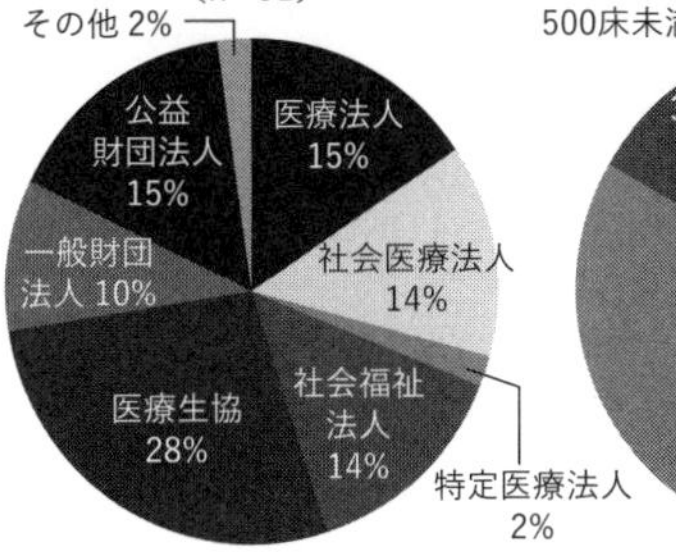

病床数
(n=18)

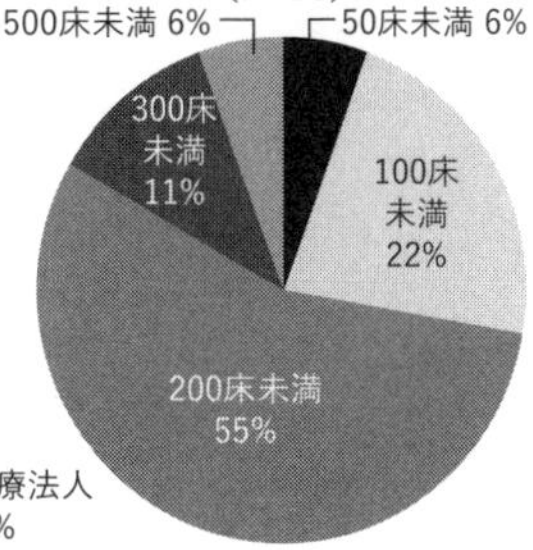

所属団体
(n=53)

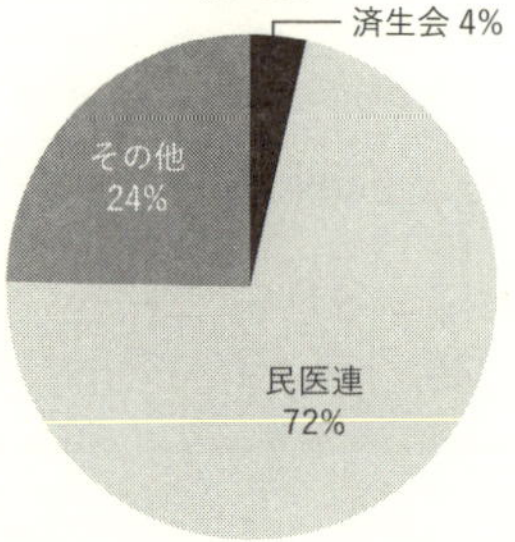

実施期間
(n=47)

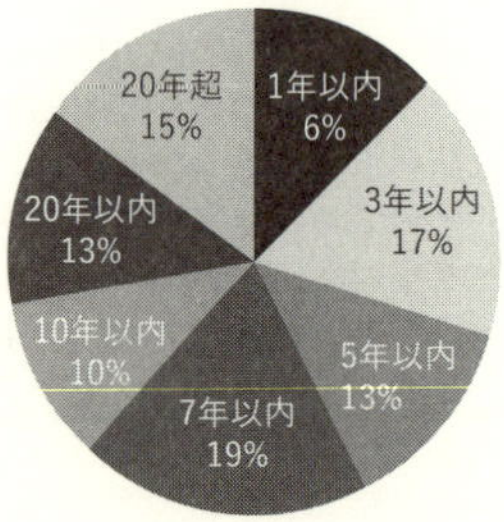

②無低診の基準

減免基準	50%以下	100%以下	120%以下	140%以下	160%以下	180%以下	計
全額免除	2 4%	1 2%	20 45%	11 25%	6 13%	5 11%	45 100%
半額免除	2 6%	0 0%	0 0%	15 45%	16 49%	0 0%	33 100%
一部免除	2 9%	0 0%	1 5%	3 13%	15 68%	1 5%	22 100%

「50%以下」とは、生保基準の50% %以下の場合、無低診を適用するとのこと。

他減免基準(アンケート記入分)	収入、貯金等が明確でない場合でも、明らかな生活困窮状態にあるものと客観的に把握できる場合は減免致します。 特別な事情があり生計困難者であると院長が認めた者(2) 柔軟に対応している(2) 就学援助適用世帯 収入、負債、生活状況、資産等アセスメントした上で、一部減免、全額減免を決定します 当院では基準の150%以下全額免除 非課税世帯

利用期間の目安	1ヶ月	3ヶ月	6ヶ月	12ヶ月	目安無	計
	2	9	12	11	16	50
	4%	18%	24%	22%	32%	100%

MSW配置数(常勤換算)	1人以下	2人	3人	4人	5人以上	計
	33	5	5	4	4	51
	64%	10%	10%	8%	8%	100%

減免基準(n=45)

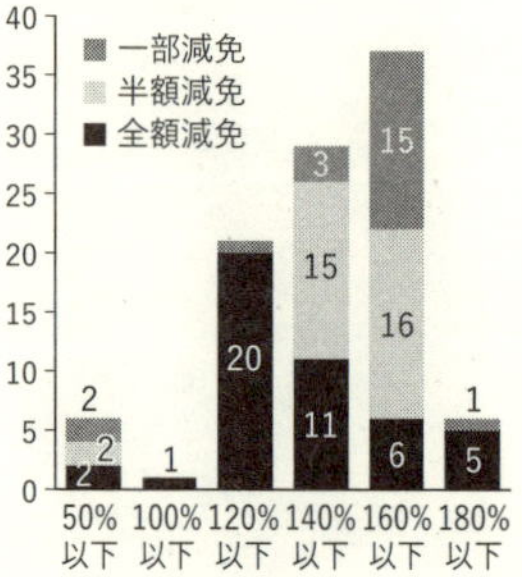

利用期間の目安
(n=50)

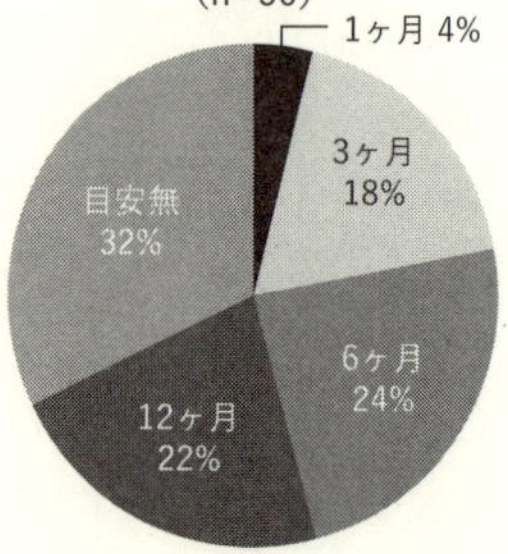

MSW配置数(常勤換算)
(n=51)

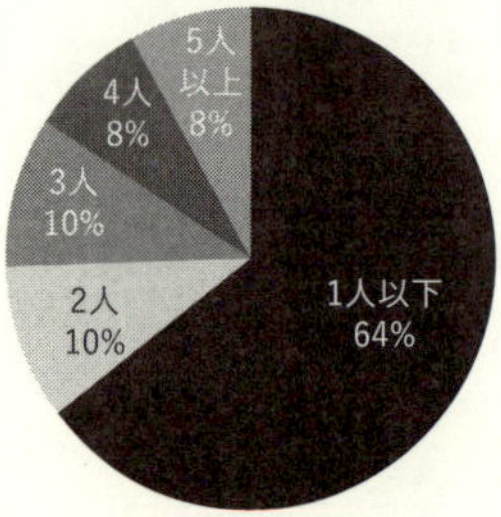

③無低診の実績（以下は回答平均値）

利用人数（2016年度）	入院	通院	計	病院	診療所	全体傾向はグラフ参照
	780	990	1,285	1,259	1,300	

減免内訳（2016年度）	全額免除		半額免除		一部免除		計	
	人数	減免額（¥）	人数	減免額（¥）	人数	減免額（¥）	人数	減免額（¥）
	945	2,292,964	65	130,795	622	2,167,758	1,093	2,490,542

減免対象比率	減免（%）	生保（%）	計（%）	病院計（%）	診療所計（%）	全体傾向はグラフ参照
	5.8	8.7	14.0	14.7	13.5	

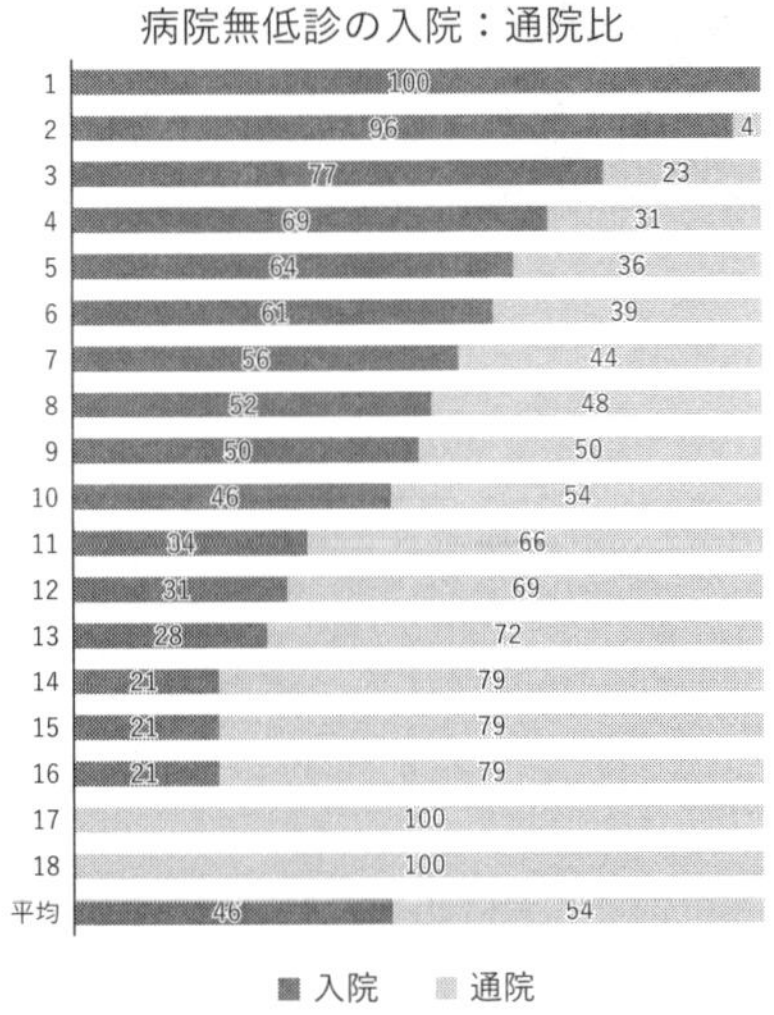

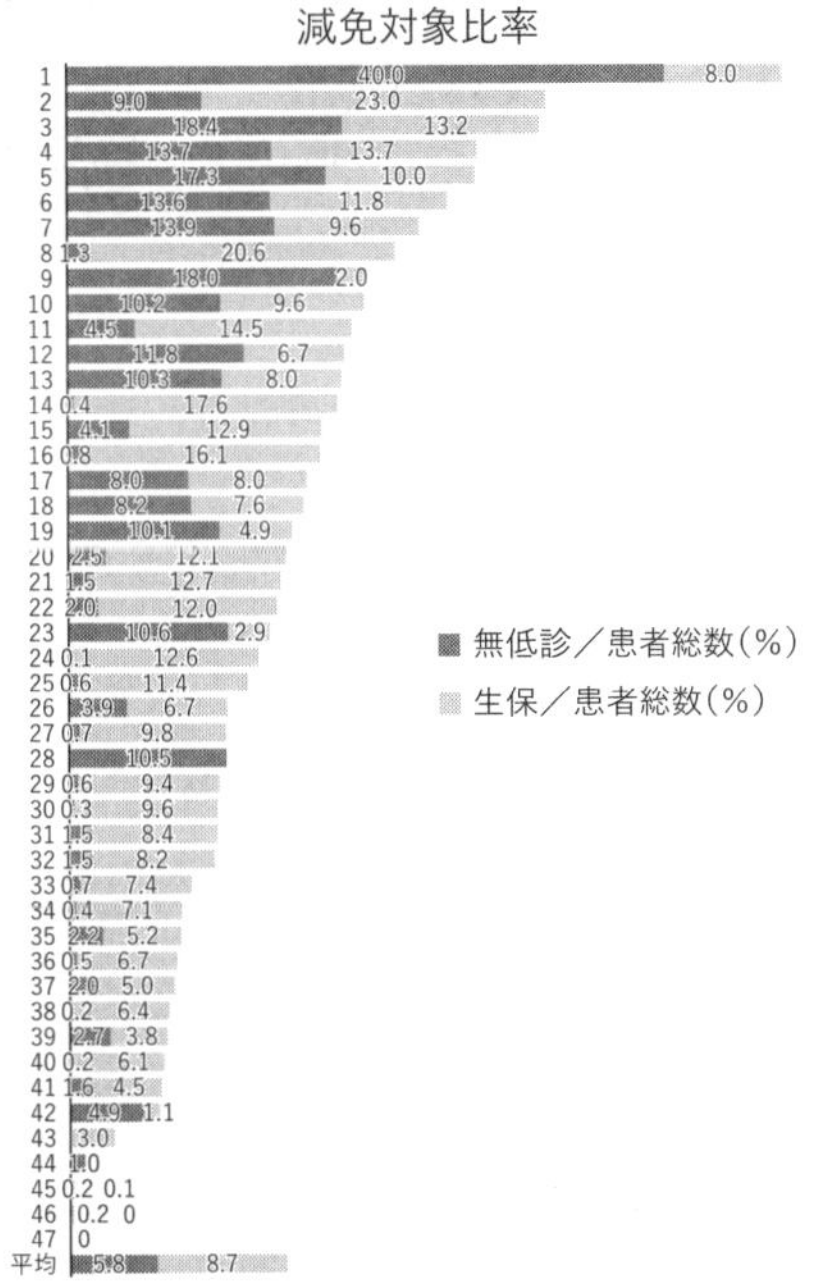

④無低診の実状

調剤について	すべて院内処方	すべて院外処方	原則院外処方・無低診院内処方	計
	15 29%	31 60%	6 11%	52 100%

無低診利用者の公的保険加入状況	国保	後期高齢者	他医療保険	国保資格証	国保短期証	無保険	他	計
	52%	31%	11%	0%	1%	2%	2%	100%

回答数の比率の平均値

無低診利用者のうち、国保44条を活用した数（2016年度）	統計有り	利用申請数	適用数	統計無	計
	7 15%	1.3	1.3	39 85%	46 100%

利用申請数、適用数は、回答数の平均値

無低診利用者のうち、生活保護の利用を支援した数（2016年度）	統計有り	生保申請数	生保開始数	統計無	計
	12 27%	2.9	2.8	32 73%	44 100%

生保申請数、生保開始数は、回答数の平均値

調剤について
（n=52）

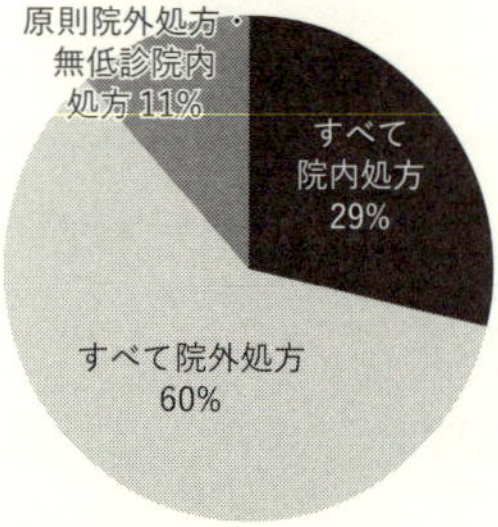

無低診利用者の公的保険加入状況

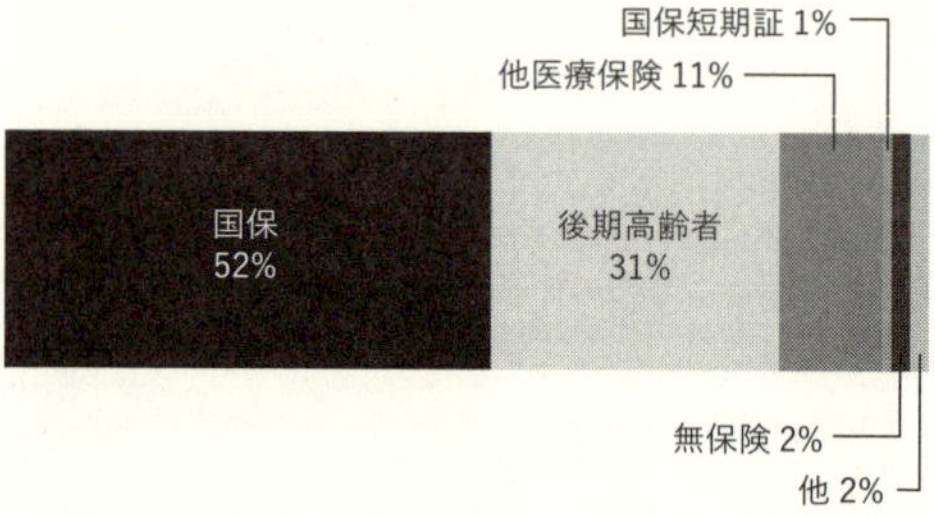

⑤無低診の運営

		受けている	受けていない			計
			もともと非課税法人のため	他理由	未回答	
無低診の実施により、免税等税制面での優遇措置を受けているか	固定資産税	11 24%	7 15%	15 33%	13 28%	46 100%
	法人税	12 27%	13 29%	8 18%	12 27%	45 100%

無低診事業の周知広報の方法（複数回答）	院内掲示	44
	ホームページ	35
	自院パンフレット	35
	無低診相談窓口で説明	20
	その他	5

貴院が無低診を実施していることを、情報入手できる関係機関（複数回答）	自治体の国保、生活相談窓口	29
	自治体ホームページ	20
	生活相談窓口	17
	民生委員	15
	地域包括支援センター	4
	社会福祉協議会	3
	ホームレス支援団体	2
	外国人支援団体	1

⑥無低診の課題

無低診事業の課題（複数回答）	薬代に適用がないこと	37
	長期間の利用になる場合がある	31
	認知度が低い	21
	実施医療機関が少ない	18
	適用基準がわかりにくい	9
	実施した場合の持ち出しが不安	9
	実施する場合の要件を満たすのが困難	5
	その他	4

日本の医療制度の課題（複数回答）	国保料が高い	37
	一部負担（3割）が高い	35
	生保以外の低所得者向け医療制度がない	30
	生活保護利用のハードルが高い	28
	国保44条の適用が困難(実施されていない)	25
	生活保護の忌避感情が強い	23
	その他	2

無料低額診療についてのご意見を自由にお書きください。	・近くに済生会の病院があり、年間300名前後の入院紹介がある（回復期、地域包括）。その中で少なからず済生会で無低の患者がおられ、当院でも無低となるケースが増加している。最近警察病院とも無低で話し合いを行い連携をすすめる確認をしている。
	・病院での医療費は、検査等がされた時は高額になるが普段の受診では負担額は少ない。しかし薬の処方がある方は薬代の負担が多くなっているのが実態。院外処方に対する調剤薬局での無低の認可が必要である。
	・無低により果たして実際に困窮者の生活改善になっているのか、はたまた困窮者の将来の自立につながる支援になっているのか、日々念頭に置きながら無低支援を行わなければならないと考えております。
	・無低実施機関の規模によりフォローの濃度に差がある。ケースワーカー（社会福祉士）が居る場合、後に継ぐ制度の活用など円滑にすすむが、小規模は無低が最終ゴールになり次の制度利用が難しくなる傾向ある。行政も無低を最終と考える傾向ある。
	・薬剤無料化にしないと結局は医療控えの現象はなくならない。自治体を巻き込んだ取り組みが必要と考えます。
	・医療生協は固定資産税が免除されているが、法人税は減免されていないのはなぜか。
	・自治体病院での実施を求めたい。 ・当院のような専門家が少ない病院で実施しても、専門治療が必要になると紹介することが難しいため、総合病院でこそ無低診を実施してほしい。 ・法人内でも様々な意見がある。無低診の患者さんの治療態度などに疑問をもつ声が出るなど「減免してあげているのに」等の思いを持つ職員もあり、法人内での意思統一も課題。
	・認知度を上げるため無低の紹介ムービーをつくってYouTubeで公開する。 ・メディアへの露出ももっと必要だと思います。例えば1/14フォーラムが取材されるとか。 ・フォーラムの案内を各政党議員案内も重要ではないでしょうか。
	・外来診察と検査料は免除、薬局代は負担発生のため、薬を間引きしていないか心配。 ・無保険の方の利用がない結果となったが、対象にすることにためらいがあった。 ・世帯収入が生保基準の120％～150％以下でも生命保険加入や貯金等がある場合、承認について意見が分かれる。 ・本人家族の状況把握が丁寧にすることが必要だが、当事者を不快な気分にさせることもある。
	・ワンポイントリリーフの制度ですが、他の制度に結びつかず結果的に長期利用になっている方が一部おられます。 ・国保44条の適用も厳格化の方向で、公的な制度から除外されて無低に頼らざるを得ないケースもみられます。 ・国保府県単位化でさらに44条が使いにくくなるのではと危惧しています。無低での実践が社会保障全般の改善につながるよう運動課題も大切と思います。

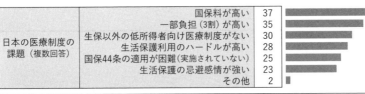

3

無料低額診療事業を始めてみませんか！あなたの病院・診療所で

目の前の生計困難者に手を差し伸べる、医療にかかわる者の本来の役割を形に！ そんな制度が無料低額診療事業です！

無料低額診療事業 リーフレット 目次

近畿無料低額診療事業研究会

無料低額診療事業とは

無料低額診療事業は、生計困難な人が経済的な理由によって必要な医療を受ける機会が制限されないよう、無料または低額な料金で診療を行うものです。

この事業は、社会福祉法第2条第3項第9号に規定する第二種社会福祉事業として位置づけられており、病院や診療所の設置主体にかかわらず医療機関が届け出し、都道府県などが受理して事業が開始されます。届け出の際には、生活保護の患者と無料または10％以上の減免を受けた患者が全患者の10％以上などの基準が設けられていますが、厚生労働省は「都道府県などが地域の状況などを勘案して判断する」としており、事前に行政窓口と相談する必要があります。

この事業の実施医療機関は多くの場合、税金の優遇を受けられます。全国でこの事業を実施している医療機関は2017年分の厚労省の集計では687施設で、その後も広がっています。

無料低額診療事業に、医療機関が取り組むメリット

すべての国民には生存権、医療を受ける権利があり、医療提供者は生命の尊重と個人の尊厳を基礎に、患者との信頼関係にもとづき、治療などにあたります。しかし、貧困が拡大しているもとで、生活困難から受診を控えたり、治療を中断したりする患者が後を絶ちません。目の前の生計困難者に直接手を差し伸べる、医療にかかわる者の本来の役割を形にする、そんな制度が無料低額診療事業です。

・生計困難な人にも、費用負担を気にせず、必要な医療を提供することができます
・医療費を理由にした治療中断への対策などに有効です
・窓口未収金対策や対応の気苦労が軽減されます
・法人税や固定資産税が非課税・減額されます（ただし法人の種類による）
・CSR（企業の社会的責任）のアピールと評価が高まります

無料低額診療事業は、地域包括ケア時代にマッチ

高齢者などが住み慣れた地域で人生を続けることができるよう、住まい、医療、介護、予防、生活支援が一体的に提供される地域包括ケアの時代がめざされています。医療だけでなく、生活全般にも目を配る時代です。

2015年から始まった、生活困窮者自立支援制度には医療に関する事業がありません。生活困窮者に対する医療支援事業としても注目されています。

無料低額診療事業は、届出制度です

第二種社会福祉事業（無料低額診療事業）の開始届は、「国及び都道府県以外の者は、第二種社会福祉事業を開始したときは、事業開始の日から一月以内に、都道府県知事（指定都市市長または中核市市長）に届け出なければならない」（社会福祉法第 69 条第 1 項）とされています。

次項の施設基準に適合（予定含め）する旨の開始届を提出すれば、無料低額診療事業を開始することができます。

無料低額診療事業の施設基準（病院・診療所）

無料低額診療事業の基準は以下となります（詳細は 社援発第 1276 号:平成 13 年 7 月 23 日）

※1～4は必須項目で、5～10の選択項目のうち病院は2項目以上、診療所は7又は8を選択

1. 低所得者、要保護者などの生計困難者を対象とする診療費の減免方法を定め、明示する
2. 被保護者及び診療費10%以上の減免者の延数が取扱い患者総延数の 10%以上ある
3. 医療ソーシャルワーカーを置き、必要な施設を設ける
4. 被保護者、生計困難者を対象として定期的に無料の健康相談、保健教育等を行う
5. 特別な介護を要する患者が常時入院できる体制を整える
6. 常時相当数の介護者を確保し、必要な費用を負担する
7. 他の社会福祉施設を経営するか、他の社会福祉施設と密接な連携を図る
8. 夜間または休日等に、一定時間の外来診療体制をとる
9. 定期的に離島、へき地等へ診療班を派遣する
10. 社会福祉施設の職員へ、定期的に保健医療に関する研修を実施する

年度報告書の作成は、院内統計と共有可能です

無料低額診療事業を第二種社会福祉事業として実施する場合、4月末までに前年度分の実績を担当する行政窓口に提出する必要があります。あわせて、「地方税非課税措置を受けるための証明書」を申請します。

提出資料は、患者月計表、低額（無料）診療事業実績表などです。患者数は、院内統計と共有が可能で、保険分類などを制度に合わせる必要があります。診療事業実績表は、レセプトソフトからデータ出力し集計するか、公開されているツールなどを利用すれば作表が可能です。

届出書、年度報告書(サンプル)

(様式)

社会福祉事業法第69条1項に基づく第二種社会福祉事業開始届出書		
届出者	主たる事務所の所在地	○○市○○区○○町○○番地
	名称	医療法人○○○○会
	代表者の氏名	理事長 ○○ ○○
届出年月日		平成○○年○○月○○日
届出の内容	事業開始年月日	平成○○年○○月○○日
	事業所の名称、所在地	○○○○○○診療所 ○○市○○区○○町○○番地
	事業の種類、内容	社会福祉法第2条第3項に規定する、生計困難者のために、無料又は低額な料金で診療を行う事業
添付書類		・社会福祉法に基づく無料及び低額診療事業計画書 ・医療法人○○○○定款 ・医療法人○○○○医療費減免規程 ・収支計画書 ・医療費減免申請様式 ・健康相談実施記録様式 ・保健教育等実施記録様式

低額(無料)診療事業実績表(その1)

(施設名) ○○診療所　　平成26年度

	社会保険 本人	社会保険 家族	生活保護	国民健康保険	後期高齢者	措置入所	自費患者	その他	計
① 患者数	[illegible]	[illegible]	A [illegible]	[illegible]	[illegible]		[illegible]	[illegible]	B [illegible]
② 減免した患者の数	[illegible]	[illegible]		[illegible]	[illegible]				C [illegible]
③ 減免した者の総診療額	[illegible]	[illegible]		[illegible]	[illegible]				D [illegible]
④ ③のうち減免額	[illegible]	[illegible]		[illegible]	[illegible]				E [illegible]
減免の内容	診療費	[illegible]	[illegible]	[illegible]		[illegible]			計
⑤ 減免額	[illegible]								[illegible]
								(A+C)/B	[illegible]

記入上の留意事項
[illegible]

様式3

患者月計表

施設名 ○○診療所　　平成26年度

		社会保険 本人	社会保険 家族	生保	国保	後期高齢	措置	自費	その他	計
4月	入院									
	外来	382	377	61	818	618		4	158	2,4
	計	382	377	61	818	618		4	158	2,4
5月	入院									
	外来	410	369	63	812	605		1	154	2,4
	計	410	369	63	812	605		1	154	2,4
6月	入院									
	外来	363	357	60	770	622		6	162	2,3
	計	363	357	60	770	622		6	162	2,3
7月	入院									
	外来	284	315	60	742	603		3	166	2,1
	計	284	315	60	742	603		3	166	2,1

医療費減免規程(サンプル)

1. ○○病院(診療所)は、無料低額診療事業施行のために以下を定める。
2. 生計困難者が受診する場合、当該者又はその家族からの申し出により、医療費の患者負担を減免することができる。
3. 生計困難者に対する医療費の減免は、当該者の属する世帯の所得の状況が、生活保護法による最低生活基準の○○%(120%～150%)に達しない場合に実施する。
4. 減免の額は総医療費の30%以内とする。
5. 医療費用の減免にあっては、当該人又は当該人の属する世帯の世帯主より医療費減免申請書による申請を求める。その際、当該世帯の所得状況の書類を併せて提出していただく。
6. 申請書類の提出があった場合は、その世帯の生活状況を聴き、その内容にもとづいて担当の医療ソーシャルワーカーより病院長(院長)の決済を受け減免金額を決定する。

※ 近畿研究会は、開始届出等をお手伝いさせて頂きます。ご連絡、ご相談ください。
※ 年度報告書のサンプル、システムツール等を公開しています。ご活用ください。

近畿無料低額診療事業研究会 代表 吉永 純(花園大学)

事務局 公益社団法人 京都保健会
〒604-8474 京都市中京区西ノ京塚本町 11
TEL:075-813-5901 FAX:075-813-1721

4 無料低額診療事業実施医療機関（2016年）

出所：厚生労働省「平成28年度無料低額診療事業実施状況」
（※自治体区分は届出先自治体別。掲載は閉院等施設を除く）

自治体区分	医療施設名
北海道	北海道中央病院
北海道	勤医協上砂川診療所
北海道	勤医協神威診療所
北海道	勤医協芦別平和診療所
北海道	勤医協当別診療所
北海道	勤医協小樽診療所
北海道	済生会西小樽病院
北海道	済生会小樽病院
北海道	小樽掖済会病院
北海道	北海道社会事業協会小樽病院
北海道	北海道社会事業協会岩内病院
北海道	北海道社会事業協会余市病院
北海道	勤医協余市診療所
北海道	黒松内町国保くろまつないブナの森診療所
北海道	勤医協室蘭診療所
北海道	勤医協苫小牧診療所
北海道	北海道社会事業協会洞爺病院
北海道	勤医協浦河診療所
北海道	勤医協厚賀診療所
北海道	ななえ新病院
北海道	北海道社会事業協会富良野病院
北海道	美幌療育病院
北海道	北海道社会事業協会帯広病院
北海道	帯広光南病院
北海道	十勝勤医協帯広病院
北海道	十勝勤医協白樺医院
北海道	帯広西病院
北海道	音更病院
北海道	帯広第一病院
北海道	道東勤医協釧路協立病院
北海道	道東勤医協協立すこやかクリニック
札幌市	慈啓会病院
札幌市	勤医協中央病院
札幌市	勤医協伏古10条クリニック
札幌市	勤医協札幌病院
札幌市	勤医協札幌西区病院
札幌市	勤医協札幌西区ひだまりクリニック
札幌市	勤医協札幌北区ぽぷらクリニック
札幌市	勤医協札幌クリニック
札幌市	勤医協月寒ファミリークリニック
札幌市	勤医協平和通クリニック
札幌市	勤医協もみじ台内科診療所
札幌市	勤医協札幌みなみ診療所
函館市	函館中央病院
函館市	共愛会病院
函館市	北海道社会事業協会函館病院
函館市	函館陵北病院
旭川市	一条通病院
旭川市	一条クリニック
青森県	健生病院
青森県	藤代健生病院
青森県	健生クリニック
青森県	健生五所川原診療所
青森県	健生黒石診療所
青森県	弘前愛成会病院
青森県	八戸生協診療所
青森市	あおもり協立病院
青森市	生協さくら病院
青森市	協立クリニック
青森市	中部クリニック
青森市	安方クリニック
青森市	津軽医院
岩手県	済生会岩泉病院
岩手県	北上済生会病院
岩手県	さわやかクリニック
岩手県	済生会陸前高田診療所
盛岡市	もりおかこども病院
盛岡市	川久保病院
宮城県	坂総合病院
宮城県	坂総合クリニック
宮城県	坂総合病院付属北部診療所
宮城県	くりこまクリニック
宮城県	古川民主病院
宮城県	宮城利府掖済会病院
宮城県	中新田民生医院
仙台市	仙台厚生病院
仙台市	泉病院
仙台市	長町病院
山形県	山形済生病院
山形県	本間病院
山形県	鶴岡協立病院
山形県	鶴岡協立病院付属クリニック
山形県	鶴岡協立リハビリテーション病院
山形県	至誠堂総合病院
福島県	済生会福島総合病院
福島県	済生会川俣病院

自治体区分	医療施設名
福島県	済生会春日診療所
福島県	医療生協わたり病院
福島県	会津中央病院
福島県	雲雀ヶ丘病院
郡山市	星総合病院
郡山市	星ヶ丘病院
郡山市	針生ヶ丘病院
茨城県	水戸済生会総合病院
茨城県	神栖済生会病院
茨城県	龍ヶ崎済生会病院
茨城県	常陸大宮済生会病院
茨城県	白十字総合病院
茨城県	城南病院
茨城県	城南病院付属クリニック
茨城県	あおぞら診療所
茨城県	サンルーナ小寺内科クリニック
栃木県	足利赤十字病院
栃木県	芳賀赤十字病院
栃木県	那須赤十字病院
栃木県	栃木県済生会宇都宮病院
宇都宮市	宇都宮協立診療所
宇都宮市	生協ふたば診療所
群馬県	松井田病院
群馬県	桐生協立診療所
群馬県	太田協立診療所
群馬県	北毛病院
群馬県	北毛診療所
群馬県	利根中央病院
群馬県	利根歯科診療所
群馬県	四分一歯科クリニック
前橋市	群馬県済生会前橋病院
前橋市	厩橋病院
前橋市	前橋協立病院

自治体区分	医療施設名
前橋市	前橋協立診療所
前橋市	協立歯科クリニック
高崎市	榛名荘病院
高崎市	高崎中央病院
高崎市	はるな生協歯科診療所
高崎市	通町診療所
埼玉県	埼玉県済生会川口総合病院
埼玉県	埼玉県済生会鴻巣病院
埼玉県	埼玉慈恵病院
埼玉県	静風荘病院
埼玉県	埼玉県済生会栗橋病院
埼玉県	済生会内牧クリニック
埼玉県	埼玉西協同病院
埼玉県	川口診療所
埼玉県	陣屋クリニック
埼玉県	秩父生協病院
埼玉県	大井協同診療所
埼玉県	みさと健和クリニック
埼玉県	みさと健和病院
埼玉県	西熊谷病院
埼玉県	熊谷生協病院
埼玉県	かすかべ生協診療所
埼玉県	行田協立診療所
埼玉県	さいわい診療所
埼玉県	あさか虹の歯科
埼玉県	埼玉協同病院
埼玉県	所沢診療所
さいたま市	埼玉精神神経センター
さいたま市	浦和民主診療所
さいたま市	おおみや診療所
さいたま市	生協歯科
千葉県	千葉県済生会習志野病院
千葉県	九十九里ホーム病院

自治体区分	医療施設名
千葉県	聖隷佐倉市民病院
千葉県	東葛病院
千葉県	東葛病院付属診療所
千葉県	市川市民診療所
千葉県	かまがや診療所
千葉県	いちはら協立診療所
千葉県	新松戸診療所
千葉県	岡永歯科
千葉県	安房地域医療センター
千葉県	やちよホームクリニック
千葉県	東葛病院附属流山セントラルパーク
	駅前診療所
千葉市	稲毛診療所
千葉市	花園診療所
千葉市	千葉健生病院
千葉市	千葉健生病院附属まくはり診療所
千葉市	北部診療所
千葉市	しょうじゅクリニック
船橋市	南浜診療所
船橋市	船橋二和病院
船橋市	船橋二和病院附属ふたわ診療所
東京都	三井記念病院
東京都	総合母子保健センター愛育病院
東京都	総合母子保健センター愛育クリニック
東京都	東京都済生会中央病院
東京都	聖母病院
東京都	浅草寺病院
東京都	橋場診療所
東京都	橋場歯科診療所
東京都	同愛記念病院
東京都	賛育会病院
東京都	東京都済生会向島病院
東京都	あそか病院

自治体区分	医療施設名
東京都	大田病院
東京都	大田病院付属大森中診療所
東京都	大田歯科
東京都	久我山病院
東京都	児玉経堂病院
東京都	有隣病院
東京都	東京都済生会渋谷診療所
東京都	代々木病院
東京都	中野江古田病院
東京都	武蔵野療園病院
東京都	救世軍ブース記念病院
東京都	浴風会病院
東京都	滝野川病院
東京都	王子生協病院
東京都	上智クリニック
東京都	日暮里上宮病院
東京都	板橋区医師会病院
東京都	小豆沢病院
東京都	大泉生協病院
東京都	勝楽堂病院
東京都	柳原病院
東京都	柳原リハビリテーション病院
東京都	江戸川病院
東京都	メディカルプラザ江戸川
東京都	立川相互病院
東京都	立川相互ふれあいクリニック
東京都	相互歯科
東京都	昭島病院
東京都	桜町病院
東京都	多摩済生病院
東京都	南台病院
東京都	東京白十字病院
東京都	緑風荘病院

自治体区分	医療施設名
東京都	国分寺病院
東京都	救世軍清瀬病院
東京都	清瀬リハビリテーション病院
東京都	信愛病院
東京都	ベトレヘムの園病院
東京都	桜ヶ丘記念病院
八王子市	仁和会総合病院
神奈川県	曽我病院
神奈川県	湯河原中央温泉病院
神奈川県	済生会平塚病院
神奈川県	鎌倉リハビリテーション聖テレジア病院
神奈川県	秦野赤十字病院
神奈川県	深澤中央診療所
神奈川県	平塚診療所
神奈川県	三浦診療所
神奈川県	葉山クリニック
神奈川県	逗子診療所
横浜市	汐田総合病院
横浜市	うしおだ診療所
横浜市	うしおだ在宅クリニック
横浜市	梶山診療所
横浜市	みどり野診療所
横浜市	清水ケ丘セツルメント診療所
横浜市	済生会横浜市東部病院
横浜市	済生会横浜市南部病院
横浜市	済生会若草病院
横浜市	済生会神奈川県病院
横浜市	育生会横浜病院
横浜市	神奈川診療所
横浜市	十愛病院
横浜市	日向台病院
横浜市	国際親善総合病院
横浜市	横浜掖済会病院

自治体区分	医療施設名
横浜市	紫雲会横浜病院
横浜市	聖隷横浜病院
横浜市	清水ケ丘病院
横浜市	戸塚病院
川崎市	川崎協同病院
川崎市	協同ふじさきクリニック
川崎市	生協歯科クリニック
相模原市	総合相模更生病院
相模原市	相模原赤十字病院
横須賀市	総合病院湘南病院
横須賀市	聖ヨゼフ病院
横須賀市	総合病院衣笠病院
横須賀市	生協衣笠診療所
横須賀市	衣笠診療所
新潟県	新潟県済生会三条病院
新潟市	下越病院
新潟市	かえつクリニック
新潟市	ときわ診療所
新潟市	坂井輪診療所
新潟市	舟江診療所
新潟市	沼垂診療所
新潟市	かえつ歯科
新潟市	信楽園病院
新潟市	済生会新潟第二病院
富山県	富山県済生会高岡病院
富山市	富山済生会富山病院
富山市	富山協立病院
富山市	富山診療所
富山市	水橋診療所
石川県	ときわ病院
石川県	寺井病院
石川県	小松みなみ診療所
金沢市	金沢聖霊総合病院

自治体区分	医療施設名
金沢市	石川県済生会金沢病院
金沢市	健生クリニック
金沢市	城北クリニック
金沢市	城北歯科
金沢市	城北診療所
金沢市	城北病院
福井県	福井県済生会病院
福井県	松原病院
福井県	光陽生協病院
福井県	光陽生協クリニック
福井県	つるが生協診療所
福井県	光陽生協歯科診療所
福井県	たけふ生協歯科診療所
福井県	さかい生協歯科診療所
山梨県	甲府共立病院
山梨県	石和共立病院
山梨県	巨摩共立病院
山梨県	甲府共立診療所
山梨県	御坂共立診療所
山梨県	竜王共立診療所
山梨県	武川診療所
山梨県	共立歯科センター
山梨県	御坂共立歯科診療所
山梨県	武川歯科診療所
山梨県	巨摩共立歯科診療所
山梨県	住吉病院
山梨県	共立診療所さるはし
長野県	諏訪共立病院
長野県	松本協立病院
長野県	塩尻協立病院
長野県	上伊那生協病院
長野県	健和会病院
長野県	やすらぎクリニック須坂

自治体区分	医療施設名
長野市	長野中央病院
長野市	豊野病院
岐阜県	こがねだ診療所
岐阜市	岐阜病院
岐阜市	みどり病院
岐阜市	すこやか診療所
岐阜市	華陽診療所
静岡県	三島共立病院
静岡県	聖隷沼津病院
静岡県	東海診療所
静岡県	農協共済中伊豆リハビリテーションセンター
静岡県	伊東市民病院
静岡市	静岡済生会総合病院
静岡市	静岡田町診療所
浜松市	浜松佐藤町診療所
浜松市	生協きたはま診療所
浜松市	天竜厚生会第二診療所
名古屋市	愛知県済生会リハビリテーション病院
名古屋市	名古屋掖済会病院
名古屋市	名南病院
三重県	済生会松阪総合病院
三重県	済生会明和病院
三重県	津生協病院
三重県	津生協病院付属診療所
滋賀県	今津病院
滋賀県	水口病院
滋賀県	滋賀八幡病院
滋賀県	セフィロト病院
滋賀県	こびらい生協診療所
滋賀県	済生会滋賀県病院
大津市	坂本民主診療所
大津市	膳所診療所

自治体区分	医療施設名
京都府	京都協立病院
京都府	長岡病院
京都府	丹後中央病院
京都府	宇治病院
京都府	まいづる協立診療所
京都府	富井眼科診療所長岡分院
京都府	済生会京都府病院
京都市	美山診療所
京都市	京都民医連第二中央病院
京都市	京都民医連あすかい診療所
京都市	川端診療所
京都市	東山診療所
京都市	大宅診療所
京都市	京都民医連洛北診療所
京都市	京都予防医学センター付属診療所
京都市	京都民医連中央病院
京都市	京都民医連太子道診療所
京都市	春日診療所
京都市	朱雀診療所
京都市	上京診療所
京都市	仁和診療所
京都市	吉祥院病院
京都市	久世診療所
京都市	九条診療所
京都市	京都工場保健会診療所
京都市	富井眼科診療所
京都市	中央診療所
京都市	川越病院
京都市	京都城南診療所
京都市	伏見桃山総合病院
京都市	嵯峨野病院
京都市	京都南西病院
京都市	京都博愛会病院

自治体区分	医療施設名
京都市	富田病院
京都市	京都桂病院
京都市	西陣病院
京都市	上賀茂診療所
京都市	紫野協立診療所
京都市	かも川診療所
京都市	西七条診療所
大阪府	寺田萬寿会寺田萬寿病院
大阪府	大阪府済生会吹田病院
大阪府	大阪府済生会千里病院
大阪府	大阪府済生会茨木病院
大阪府	大阪府警察協会北大阪警察病院
大阪府	大阪府済生会富田林病院
大阪府	クリニックいわた
大阪府	大阪キリスト教社会館診療所
大阪府	大阪府済生会新泉南病院
大阪府	さんみクリニック
大阪府	医療生協八尾クリニック
大阪府	みどり診療所
大阪府	みい診療所
大阪府	アップル歯科
大阪市	なぎさクリニック
大阪市	大阪府済生会中津病院
大阪市	大阪府済生会泉尾病院
大阪市	大阪府済生会野江病院
大阪市	石井記念愛染園附属愛染橋病院
大阪市	大阪暁明館病院
大阪市	大阪社会医療センター附属病院
大阪市	四天王寺病院
大阪市	すみれ病院
大阪市	四恩学園診療所
大阪市	大阪警察病院
大阪市	日本生命済生会附属日生病院

自治体区分	医療施設名
大阪市	大阪掖済会病院
大阪市	津守病院
大阪市	西淀病院
大阪市	のざと診療所
大阪市	姫島診療所
大阪市	千北診療所
大阪市	ファミリークリニックあい
大阪市	ファミリークリニックなごみ
大阪市	れんげクリニック
大阪市	コープおおさか病院
大阪市	いまざと診療所
大阪市	まった生協診療所
大阪市	田島診療所
大阪市	あかがわ生協診療所
大阪市	うえに生協診療所
大阪市	今津生協診療所
大阪市	蒲生厚生診療所
大阪市	城東診療所
大阪市	のえ生協診療所
大阪市	生協森の宮歯科
大阪市	みなと生協診療所
大阪市	医療生協ながほり通り診療所
大阪市	西成民主診療所
大阪市	たいしょう生協診療所
大阪市	たいしょう生協診療所（歯科）
大阪市	ツルミ診療所
大阪市	此花診療所
大阪市	伝法高見診療所
大阪市	酉島診療所
大阪市	加賀屋診療所
大阪市	住吉民主診療所
堺市	浅香山病院
堺市	耳原総合病院

自治体区分	医療施設名
堺市	耳原歯科診療所
堺市	みみはらファミリークリニック
堺市	耳原鳳クリニック
堺市	みみはら高砂クリニック
豊中市	豊中診療所
東大阪市	東大阪生協病院
東大阪市	はなぞの生協診療所
東大阪市	楠根診療所
東大阪市	生協加納診療所
東大阪市	竹井病院
東大阪市	小阪病院
兵庫県	聖隷淡路病院
兵庫県	高松診療所
兵庫県	良元診療所
神戸市	済生会兵庫県病院
神戸市	神戸掖済会病院
神戸市	東神戸病院
神戸市	東神戸診療所
神戸市	大石川診療所
神戸市	生田診療所
神戸市	柳筋診療所
神戸市	神戸協同病院
神戸市	番町診療所
神戸市	いたやどクリニック
神戸市	神戸ゆうこう病院
尼崎市	尼崎医療生協病院
尼崎市	戸ノ内診療所
尼崎市	潮江診療所
尼崎市	東尼崎診療所
尼崎市	長洲診療所
尼崎市	ナニワ診療所
尼崎市	萌クリニック
尼崎市	本田診療所

自治体区分	医療施設名
尼崎市	あおぞら生協クリニック
尼崎市	戸ノ内歯科診療所
尼崎市	生協歯科
尼崎市	第一診療所
尼崎市	小中島診療所
尼崎市	第三診療所
尼崎市	阪神医生協診療所
尼崎市	わかくさ診療所
奈良県	済生会中和病院
奈良県	済生会御所病院
奈良県	天理よろづ相談所病院
奈良県	ハートランドしぎさん
奈良県	土庫病院
奈良県	土庫こども診療所
奈良県	片桐民主診療所
奈良県	小泉診療所
奈良市	済生会奈良病院
奈良市	沢井病院
奈良市	吉田病院
奈良市	おかたに病院
奈良市	とみお診療所
奈良市	ならやま診療所
奈良市	佐保川診療所
奈良市	高畑診療所
奈良市	新大宮診療所
奈良市	さくら診療所
和歌山県	済生会有田病院
和歌山市	和歌山生協病院
和歌山市	和歌山生協病院付属診療所
和歌山市	生協芦原診療所
和歌山市	河西診療所
和歌山市	生協こども診療所
和歌山市	済生会和歌山病院

自治体区分	医療施設名
鳥取県	鳥取県済生会境港総合病院
鳥取県	錦海リハビリテーション病院
鳥取県	にしまち診療所悠々
鳥取県	鳥取医療生活協同組合
鳥取県	せいきょう歯科クリニック
鳥取県	せいきょう子どもクリニック
鳥取県	わかさ生協診療所
鳥取県	鹿野温泉病院
島根県	島根県済生会江津総合病院
岡山県	津山中央病院
岡山県	津山記念病院
岡山県	津山中央クリニック
岡山市	附属林道倫精神科神経科病院
岡山市	けやき通りメンタルクリニック
岡山市	岡山ひだまりの里病院
岡山市	岡山博愛会病院
岡山市	御幸町クリニック
岡山市	門田屋敷クリニック
岡山市	岡山済生会総合病院
岡山市	岡山済生会総合病院付属外来センター
岡山市	岡山済生会奉還町診療所
岡山市	岡山済生会県庁内診療所
岡山市	岡山済生会昭和町診療所
岡山市	済生会吉備病院
岡山市	岡山済生会国体町診療所
岡山市	岡山協立病院
岡山市	岡山東中央病院
岡山市	コープリハビリテーション病院
広島県	済生会広島病院
広島市	広島掖済会診療所
広島市	広島共立病院
広島市	協同診療所
広島市	津田診療所

自治体区分	医療施設名
広島市	沼田診療所
広島市	あすなろ生協診療所
広島市	コープ共立歯科
山口県	宇部協立病院
山口県	生協小野田診療所（医科）
山口県	生協小野田診療所（歯科）
山口県	上宇部クリニック
山口県	済生会湯田温泉病院
山口県	協立歯科診療所
山口県	済生会山口総合病院
下関市	山口県済生会下関総合病院
下関市	生協下関歯科
下関市	山口県済生会豊浦病院
徳島県	鳴門シーガル病院
徳島県	徳島シーガルクリニック
徳島県	徳島健生病院
高松市	香川県済生会病院
高松市	高松平和病院
高松市	へいわこどもクリニック
高松市	高松協同病院
高松市	生協へいわ歯科診療所
高松市	かつが整形外科クリニック
愛媛県	済生会松山病院
愛媛県	済生会高浜診療所
愛媛県	愛媛生協病院
愛媛県	済生会今治病院
愛媛県	済生会今治第二病院
愛媛県	済生会西条病院
愛媛県	済生会小田診療所
愛媛県	宇和島病院
愛媛県	今治病院
愛媛県	御荘診療所
愛媛県	広小路診療所

自治体区分	医療施設名
愛媛県	柿の木診療所（休止中）
愛媛県	周桑こころのクリニック
愛媛県	新居浜協立病院
高知市	高知生協病院
高知市	潮江診療所
福岡県	健和会京町病院
福岡県	福岡県済生会大牟田病院
福岡県	福岡県済生会二日市病院
福岡県	福岡県済生会飯塚嘉穂病院
福岡県	中友診療所
福岡県	米の山病院
北九州市	福岡県済生会八幡総合病院
北九州市	健和会大手町病院
北九州市	戸畑けんわ病院
北九州市	大手町リハビリテーション病院
北九州市	健和会町上津役診療所
北九州市	大里おおかわ診療所
北九州市	大手町診療所
北九州市	健和会大手町病院付属歯科診療所
北九州市	三萩野病院
北九州市	門司掖済会病院
北九州市	新栄会病院
福岡市	福岡県済生会福岡総合病院
福岡市	千鳥橋病院
福岡市	たたらリハビリテーション病院
福岡市	千代診療所
福岡市	千鳥橋病院付属大楠診療所

自治体区分	医療施設名
福岡市	千鳥橋病院付属城浜診療所
福岡市	千鳥橋病院付属新室見診療所
福岡市	千鳥橋病院付属歯科診療所
佐賀県	済生会唐津病院
佐賀県	神野診療所
佐賀県	多久生協クリニック
長崎県	済生会長崎病院
長崎県	長崎掖済会病院
長崎県	聖マリア病院
長崎県	さいかいクリニック
長崎県	五島ふれあい診療所
長崎県	清水病院
長崎市	大浦診療所
長崎市	花丘診療所
長崎市	上戸町病院
長崎市	香焼民主診療所
長崎市	十善会病院
熊本県	済生会みすみ病院
熊本県	菊陽病院
熊本県	天草ふれあいクリニック
熊本市	済生会熊本病院
熊本市	イエズスの聖心病院
熊本市	くわみず病院
熊本市	くわみず病院附属平和クリニック
熊本市	くわみず病院附属くすのきクリニック
大分県	大分県済生会日田病院
大分市	大分健生病院

自治体区分	医療施設名
大分市	けんせい歯科クリニック
大分市	けんせいホームケアクリニック
宮崎県	済生会日向病院
宮崎県	延岡リハビリテーション病院
宮崎市	潤和会記念病院
宮崎市	野崎病院
宮崎市	野崎東病院
宮崎市	宮崎生協病院
宮崎市	おおつか生協クリニック
宮崎市	和知川原生協クリニック
宮崎市	このはな生協クリニック
鹿児島県	済生会川内病院
鹿児島県	奄美病院
鹿児島県	奄美中央病院
鹿児島県	徳之島病院
鹿児島県	メンタルホスピタル鹿屋
鹿児島県	国分生協病院
鹿児島市	済生会鹿児島病院
鹿児島市	鹿児島生協病院
鹿児島市	谷山病院
鹿児島市	メンタルホスピタル鹿児島
沖縄県	中部協同病院
沖縄県	糸満協同診療所
沖縄県	浦添協同クリニック
沖縄県	沖縄協同病院
沖縄県	那覇民主診療所
沖縄県	首里協同クリニック

5 無料低額診療事業・無料低額老健事業の実施状況の概要 (2017年度＝平成29年度実績)

（厚生労働省社会・援護局総務課の公表資料）

1 実績

	診療事業		老健事業	
		対前年比		対前年比
無低患者（入所者）者数（人）	7,567,121	-171,516	2,223,272	＋107,726
施設数（ヶ所）	687	＋23	625	＋8

2 実施施設の内訳

(1) 法人類型 （か所）

	診療事業		老健事業	
		対前年比		対前年比
社会福祉法人	193	＋2	513	＋8
公益社団・財団法人	128	−2	9	±0
一般社団・財団法人	47	＋1	6	−2
医療法人	125	＋16	83	＋2
医療生協	180	＋6	9	±0
その他	14	±0	5	±0

※社会医療法人は、医療法人に分類
※その他：宗教法人等

(2) 診療事業における診療施設の内訳 （か所）

病院	355
診療所	332

(3) 診療事業における診療施設の院内調剤施設の有無 （か所）

有	456	無	231

3 診療事業の実施施設の取組（サービス）の内訳

(1) 選択事業の実施施設数 （か所）

特殊疾患患者の入院体制の整備	265
介護体制の整備・必要費用の負担	203
福祉施設の経営・密接な連携	501
夜間・休日診療	462
離島・へき地、無医地等への診療班の派遣	65
特別養護老人ホーム等職員に対する研修	202

(2) 無料低額診療患者（外来）への調剤 （か所）

	全体	院内調剤施設が有
全て院外	294	71
全て院内	199	199
患者の経済状況上、薬剤負担が困難な場合は院内	70	70
薬剤の種類によっては院内	22	22
診療時間内は院外、時間外は院内	48	48
保有している調剤を提供等	8	0
その他	46	46
（その他の主な内容） ・薬剤の種類や患者の経済状況により院内 ・基本は院内だが、患者の希望により院外		

編著者プロフィール

吉永　　純（よしなが　あつし）はじめに

花園大学社会福祉学部教授（公的扶助論）、近畿無料低額診療事業研究会代表、全国公的扶助研究会会長。著書に『生活保護「改革」と生存権の保障』（明石書店）、『生活保護の争点』（高菅出版）、共編著に『いのちをつなぐ無料低額診療事業』（クリエイツかもがわ）など。

原　　昌平（はら　しょうへい）やさしくわかる無料低額診療事業、第1章、第16章

ジャーナリスト、大阪府立大学・立命館大学客員研究員、精神保健福祉士、日本精神保健福祉士協会相談役。2019年9月まで読売新聞大阪本社編集委員。著書に『医療費で損しない46の方法』（中公新書ラクレ）など。

奥村　晴彦（おくむら　はるひこ）第15章

社会福祉法人 大阪社会医療センター付属病院、医療ソーシャルワーカー（MSW・PSW）、精神保健福祉士、大阪しあわせネットワーク（生活困窮者レスキュー事業）スーパーバイザー。著書に『医療福祉総合ガイドブック』（医学書院）、『ソーシャルワーカーのための病院実習ガイドブック』（勁草書房）、『日本の社会福祉の現状と展望』（岩崎学術出版）など。

近畿無料低額診療事業研究会（きんきむりょうていがくしんりょうじぎょうけんきゅうかい）

事務局

〒604-8474 京都市中京区西ノ京塚本町11 公益社団法人京都保健会内

TEL：075-813-5901 FAX：075-813-1721

執筆者一覧（五十音順）

阿川　千尋（日本女子大学人間社会学部社会福祉学科 学術研究員）第3章

芦田　麗子（大阪歯科大学医療保健学部講師、一般社団法人シンママ大阪応援団理事）第11章

ありむら潜（釜ヶ崎のまち再生フォーラム事務局長、漫画家）マンガ

井上　孝義（社会福祉法人信愛報恩会 信愛病院、MSW）第9章

上原　　玲（社会福祉法人石井記念愛染園 愛染橋病院、MSW）第4章

植松　理香（公益社団法人京都保健会 京都民医連中央病院、MSW）第5章

笠井　亜美（NPO法人Homedoor専門相談員、精神保健福祉士）第10章

蟹川　陸晴（公益社団法人京都保健会総務部長）第16章

金子　壽男（社会福祉法人恩賜財団済生会 事業部社会福祉・地域包括ケア課長）第14章

倉町　　健（執筆時：介護老人保健施設ライフポート茨木、支援相談員）第12章

岸本　貴士（尼崎医療生活協同組合）第13章

炭谷　　茂（社会福祉法人恩賜財団済生会理事長、元厚生省社会・援護局長、元環境事務次官）特別寄稿

冨澤　洪基（尼崎医療生協 生協歯科、歯科医師）第7章

長瀬　文雄（公益財団法人淀川勤労者厚生協会副理事長）第6章

觜本　　郁（NPO法人移住者と連帯する全国ネットワーク運営委員、NGO神戸外国人救援ネット運営委員）第8章

正井　禮子（NPO法人女性と子ども支援センターウィメンズネット・こうべ代表理事）第11章コラム

松田　幸久（済生会神奈川県病院、MSW）第11章事例

山本　淑子（全日本民医連事務局次長）第2章

税務の記述点検協力：NPO法人公的病院を良くする会（金井博基理事長＝税理士）

無料低額診療事業のすべて
——役割・実践・実務

2019年10月31日　初版発行

編著者●©吉永　純・原　昌平・奥村晴彦
近畿無料低額診療事業研究会

発行者●田島英二

発行所●株式会社 クリエイツかもがわ
〒601-8382　京都市南区吉祥院石原上川原町21
電話 075(661)5741　FAX 075(693)6605
URL　http://www.creates-k.co.jp
info@creates-k.co.jp
郵便振替　00990-7-150584

ISBN978-4-86342-272-8 C0036

好評既刊本

本体価格表示

救護施設からの風

「健康で文化的な最低限度の生活」施設×ゆたかな暮らし…

加美嘉史・松木宏史／監修　高槻温心寮／編著

●救護施設ってなに？　どんな人が入っているの？　救護施設とは、生活保護を頼りに、介助や介護が必要な人が施設に入って生活を立て直し、施設を出て再び地域で暮らそうとする人まで、さまざまな障害や生きづらさを抱えた人たちのための施設。　2200円

生活困窮者自立支援も「静岡方式」で行こう!! 2

相互扶助の社会をつくる

津富宏・NPO法人青少年就労支援ネットワーク静岡／編著

すべての人が脆弱性を抱える社会を生き抜くために、地域を編み直し、創り直すことで、地域が解決者になるための運動を提起する。　2000円

認知機能障害がある人の支援ハンドブック

当事者の自我を支える対応法　ジェーン・キャッシュ&ベアタ・テルシス／著　訓覇法子／訳

●認知機能障害・低下がある人の理解と支援のあり方を「自我心理学」の理論に裏づけられた対応法！　認知症のみならず高次脳機能障害、自閉症スペクトラム、知的障害などは、自立した日常生活を困難にする認知機能障害を招き、注目、注意力、記憶、場所の見当識や言語障害の低下を起こす。　2200円

発達障害のバリアを超えて　新たなとらえ方への挑戦

漆葉成彦・近藤真理子・藤本文朗／編著

本人と親、教育、就労支援、医療、研究者と多角的な立場の視点で課題の内実を問う。マスコミや街の中であふれる「発達障害」「かくあるべき」正解を求められるあまり、生きづらくなっている人たちの「ほんとのところ」に迫る！　2000円

何度でもやりなおせる

ひきこもり支援の実践と研究の今

漆葉成彦・青木道忠・藤本文朗／編著

ひきこもりの人の数は100～300万人と言われ、まさに日本の社会問題。
ひきこもり経験のある青年、家族、そして「ともに歩む」気持ちで精神科医療、教育、福祉等の視点から支援施策と問題点、改善と充実をめざす課題を提起。　2000円

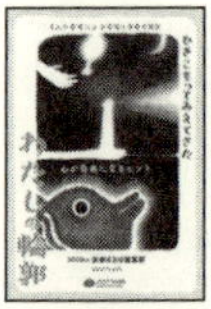

ひきもこってみえてきた わたしの輪郭

心が自由になるヒント

NPO法人京都ARU編集部／編著

「人はどのようにしてひきこもり、どのようにして脱するのか」「人はどのようにして悪循環に陥り、好循環に至るのか」「人はどのようにして自問自答にとらわれ、自問自答から脱するのか」その答えがここにあります。　1000円

いのちをつなぐ無料低額診療事業　吉永純・公益社団法人京都保健会／編著

お金のあるなしにかかわらず、必要な人に必要な医療を提供する　貧困の拡大や医療保障制度の後退で、今こそ出番の「無料低額診療事業」。医療費自己負担の減額・免除制度でなく、支払い困難になった生活問題の解決を手助けをする、医療ソーシャルワーカーの支援付き福祉医療制度です。　2000円

http://www.creates-k.co.jp/